KB083322

사회조사와
한국적인 것의
탄생

지은이

김인수 金仁洙, Kim In-soo

서울대학교 사회학과를 졸업하고 동 대학원에서 박사학위를 취득했다. 현재는 대구교육대학교 사회과교육과 조교수로 있다. 주요 논저로서 "Tacit Knowledge and the Sociological Turn in Population Studies in Korea in the 1960s and 1970s"(*Korea Journal* 63-2, 2023), "Enumerated Society : Political Implications of Tenancy Statistics in Colonial Korea in the 1930s"(*Korea Journal* 61-2, 2021), 「냉전과 지식정치-박진환의 *Farm Management Analysis*(1966)의 성립사정을 중심으로」(동북아역사논총 61, 2018), 「植民地の知識國家論-1930年代の朝鮮における社會性格論爭再考」(『思想』 1067, 2013), 『서울대학교 사회발전연구소 50년사, 1965~2015』(한울아카데미, 2015) 등이 있다.

이영진 李榮眞, Lee Yung-jin

서울대학교 인류학과를 졸업하고 동 대학원에서 박사학위를 취득했다. 현재는 강원대학교 문화인류학과 조교수로 있다. 주요 논저로서 「파국과 분노-3·11 이후 일본 사회의 脫원전 집회를 중심으로」, 「부끄러움과 전향-오월 광주와 한국사회」, 「'질병'의 사회적 삶-미나마타병의 계보학」, 「'평범한 악'과 함께 살아가기-아우슈비츠 이후의 윤리」, 『세월호 이후의 사회과학』(그린비, 2016), 『애도의 정치학』(길, 2017), 『죽음과 내셔널리즘-전후 일본의 특공 위령과 애도의 정치학』(서울대 출판문화원, 2018) 등이 있다.

사회조사와 한국적인 것의 탄생

1판 1쇄　2024년 1월 20일
1판 2쇄　2024년 10월 10일

지은이　김인수 · 이영진

펴낸이　박성모
펴낸곳　소명출판
출판등록　제1998-000017호
주소　서울시 서초구 사임당로14길 15 서광빌딩 2층
전화　02-585-7840
팩스　02-585-7848
이메일　somyungbooks@daum.net
홈페이지　www.somyong.co.kr

ISBN　979-11-5905-808-0 93300
정가　22,000원

ⓒ 김인수 · 이영진, 2024

이 책은 2015년 대한민국 교육부와 한국중앙연구원(한국학진흥사업단)의 한국학총서사업의 지원을 받아 수행된 연구입니다(AKSR-2015-KSS-123007).

The Koreanness

Reflected in

Social Survey

사회조사와
한국적인
것의 **탄생**

김인수 · 이영진 지음

1. 연구의 목적 및 필요성

이 책은 '한국적인 것The Koreanness'이 사회과학 연구에서 어떻게 문제화되고 또 무엇으로 규정되어 왔는지를 추적하고 그 의미를 밝혀내는 것을 목적으로 한다. 특히, 사회조사로 대표되는 경험적 사회연구empirical social research에서 '한국적인 것'이 발견되고 운위되어온 양상을 적극적으로 발굴하고자 한다.

이 책에서 '한국적인 것'은 요소적, 본질론적, 환원론적인 것이 아니라 실천적, 맥락적, 구성적인 것으로 자리매김된다. '한국적인 것'은 그동안 주로 인문학 부문에서 활발히 제기된 의제였고, 사회과학 부문에서는 이를 다루는 일을 다소 낯설고 생경한 것으로 간주되어왔다. '한국적인 것'에 대한 인문학적 연구는 종종 한국 민족 고유의 정서로 규정된 정情과 한恨의 문화를 추적하거나, 혹은 사회 습속 차원에 깃든 무속과 유교의 흔적을 발굴하는 일에 치중하는 경향이 농후했다. 이를테면, 갓과 한복의 의복 생활, 김치와 장의 음식문화, 한옥과 온돌의 주거 양식 등은 '한국적인 생활양식'을 대표하는 표상으로 회자되어 왔다. 문화적 내실을 직관적으로 추출하여 이를 '한국적인 것'으로 제시하는 양태를 보였다고 할 수 있다. 여기에는 이렇게 추출된 문화 요소들이 이른바 '한국인의 유전자'를 구성하고 있다는 대중적 신념의 지지가 자리하고 있다.

이에 비해, 인간의 행위와 가치에서 나타나는 법칙성이나 발현적 속성의 패턴, 그리고 사회를 움직이는 메커니즘에 관심을 가지는 사회과학의 경우, '한국적인 것'에 대한 직접적인 지시指示보다는 한국사회가 지닌 특질과 운영원리에 보다 더 깊은 관심을 보여왔다. 예를 들어, 가족 및 친족 네트워크와 농촌공동체의 역사적 특수성에 주목하거나, '한국형 발전국가'의 압축성과 속도에 주목하면서 사회적 신뢰나 네트워크, 거래비용의 측면에서 한국의 경험을 서구의 그것과 이질적인 것으로 모델화하는 입론 등이 거기에 속한다.

그런데 인문학적 연구는 한국사회 저변에 흐르는 역사적 동력을 추출하려는 관심과 노고에 비해 그 입증 능력에 많은 제한성을 안고 있다. 사회과학적 연구는 높은 이론적 추상도로 인해 인간 행위에 대한 이해사회학적 계기가 결여되어 '한국적인 것'에 대한 밀도 있는 설명으로 나아가지 못하고 있다. 무엇보다도 '한국적인 것'이 구체적인 요소나 속성이기 이전에, '한국적인 것'을 발견하고자 하는 지적 실천의 태도쟁점화와 인식관심, 분석을 개시하게 되면서 곧바로 직면하게 된 연구 단위의 설정분석단위, 세계사적 맥락 속에서의 비교비교지평, 그리고 탈식민 / 냉전 및 탈냉전 시대의 글로벌 지식 이전과 그에 대한 비판적 시각 — 탈식민 지식체계의 구축post-colonial knowledge-system building을 위한 외부자원의 이식과 그 토착화 / 한국화 — 의 산물이라는 점이 전혀 의식되지 못하고 있다.

이 책은 '한국적인 것'을 다룬 기존 연구들에서 나타나는 직관성과 추상성의 한계를 극복하기 위해, 경험적 사회연구사회조사의 결과로 얻어진 자료들에 주목하여 그 안에서 '한국적인 것'이 어떻게 쟁점화되고 또 재현되어 왔는지를 역사적으로 추적한다. 이것은 사회과학 지식생산 안에서 '한국적인 것'이 하나의 문제 관심으로 부각된 시기, 쟁점화의 양태, 재현의 기제를 분석하는 과정이 될 것이고, 이를 통해 이른바 '한국적인 것'의 생애사를 조망하는 것으로까지 진척될 수 있다. 이와 함께, 본 연구는 사회조사의 결과물이 이번에는 방향을 바꾸어 '한국적인 것'을 규정하고 구성해내는 능동적인 측면에 대해서도 분석을 진행한다. 이것은 지식체계로서 사회조사가 지니는 고유한 속성과 연관된다. 이를테면, 조사자는 조사설계의 과정에서 개념과 범주를 선택하는 능동적인 행위자인 것이다. 이러한 관점을 통해 '한국적인 것'의 형성에서 사회조사가 지녔던 인식 정치상의 의미, 그리고 그 결과물이 지식생산의 기초자료reference로 활용되면서 이후 이차적 지식생산을 인식론적으로 규정orientation하게 되는 일을 비판적으로 조망해볼 수 있는 눈을 얻게 될 것이다.

이 책은 구체적으로, 사회조사와 사회과학에서 '한국적인 것'이 재현된 층위를 다음의 네 가지로 설정하고 이를 관찰한다.

첫째, 해방 이후 한국인의 사회조사의 직접적 실행과 함께 동시적으로 출현한 것으로서의 '한국적인 것', 사회조사를 실시하게 됨으로써 비로소 절감하게 된 한국사회에 대한 진지한 질문과 문제의식 그 자체로서의 '한국적인 것', 그리고 사회조사 속에서 계속적으로 융기하는 현실로서의 '한국적인 것'.

둘째, 학술아카데미 및 학문분과 간 관계에서의 지위 경쟁의 과정에서 전유되는 '한국적인 것_{사회학에서의 사회조사 지식의 이식과 토착화 / 한국화 선언. 가족계획사업(인구학)에서의 의학계와 사회학계 간의 경쟁}'.

셋째, 인류학 연구에서 돋보이는 한국사회의 분석단위 설정에서의 '한국적인 것'.

넷째, 사회를 움직이는 동력으로서의 '한국적인 것'의 응시_{가족주의와 평등주의 연구}.

2. 선행연구 검토와 연구의 방법

사회조사가 어떤 한 사회의 고유한 특질을 반영하고 또 규정하는 중요한 인식작용임에도 불구하고, 정작 이러한 관점에서 사회조사에 착목한 연구는 부재하거나 희소한 상황이다. 국내 연구의 경우 기초자료를 수집하고 거기에 일부 해석을 가미한 것으로서, 『사회조사 10년, 1979~1988』[최명 외편, 1989], 서울대학교 사회발전연구소에서 펴낸 『압축성장의 고고학』[장덕진 편, 2015] 및 『서울대학교 사회발전연구소 50년사』[김인수, 2015], 서울대 언론정보연구소의 50년사를 기록한 『서울대학교 언론정보연구소 50년사』[서울대 언론정보연구소, 2013], 여론조사자료를 통해 한국인의 정체성을 일부 분석해낸 『한국인, 우리는 누구인가』[강원택·이내영 편, 2011], 공보부·국정홍보처·문화체육관광부에서 생산해낸 시계열자료인 『한국인의 의식·가치관 조사』(및 『질문지』) 각 년판 보고서, 그리고 사회조사자료를 체계적으로 수집하고 있는 한국사회과학자료원이 보유한 아카이빙 자료의 해제가 있다.

다음으로, 해외 연구의 경우 주로 한국사회를 사례로 한 인류학적 조사의 형태를 띤 텍스트들이 다수 존재한다. 인류학적 조사의 결과물로서 일종의 '문화론'이 계속해서 씌워지고 있다는 것은 그 사회가 끊임없이 주변으로부터의 시선을 의식하면서 자신의 현재 모습을 확인하고 성찰하며 새로운 자신의 상像을 모색해가는 과정 위에 있다는 점을 상기시킨다. 이런 점에서 해방 이후 한국사회에 대한 외국학자들의 조사, 연구와 그에 대한 반응으로서의 국내 학자들의 연구를 리뷰하면서, 해방 이후 한국성이 어떤 방식으로 서로의 텍스트들을 교환, 상호참조하면서 형성되었는지 고찰하는 일은 사회과학적 차원에서 '한국적인 것'의 구성과정을 분석하는 데에 필수적이라 하겠다.

대표적인 예로는, 미국의 대외원조기관 유솜USOM, United States Operations Mission에 와 있던 미국의 여성 인류학자 캐스린 노톤Norton, Kathryn과 한국의 이해영, 최신덕, 강신표 등 인류학자 및 사회학자들이 수행한 충북 영동지역 농촌 조사의 결과물An Introduction to Village Korea, Norton 1968, 1966~1967년에 충청남도 서산군 태안반도에서 사회적 상호작용의 양태를 기초로 그들 안에 존재하는 다양한 연대連帶, solidarity의 양식을 분석한 브란트Brandt, Vincent S. R.의 연구 A Korean Village : Between Farm and Sea, Cambridge : Harvard University Press, 1971, 경기도의 한 종족 마을에서 이루어지는 조상의례를 통해 한국사회의 정체성이 형성되는 과정을 참여관찰을 통해 분석한 자넬리Roser L. Janelli와 한국의 인류학자 임돈희의 공동연구Ancestor Worship and Korean Society, Stanford University Press, 1982 등이 있다. 이외에도, 국내외의 연구진의 공동연구에 의한 영문보고서 및 단행본이 있다. 사회학자들과 인류학자들이 서울의 도시생활을 분석한 Lee Hyo-jae ed., *Life in Urban Korea* Royal Asiatic Society Korean Branch, 1971, 서남해 및 동해안의 도서지역에 대한 현지 조사의 결과물인 Han, Sang-Bok, *Korean Fisherman : Ecological Adaptation in Three Communities*Seoul National

University Press, 1977, 전남 진도군의 가족, 친족 혼인, 사회적 상호작용을 분석한 Chun Kyung-Soo, *Reciprocity and Korean Society* Seoul National University Press, 1984 등이 대표적이다.

이 책에서 집중적인 분석대상이 되는 조사는 1960~1970년대에 걸쳐 각종 외원기관外援機關의 재정 및 학술 원조를 통해 실시된 국제적 조사인구 및 도시·농촌 관련 조사, 인류학적 조사와 1980년대 이후의 가족주의 연구와 중산층 의식조사이다. 이들에 대한 분석에서 본 연구는 '사회조사론'의 측면에서 이론적·역사적 함의를 계보학적으로 분석하는 연구방법론을 채택하고자 한다. 이를 위해, 이론적 차원에서 사회조사를 하나의 학술지식의 생산과정이라는 차원에서 접근한 민족지적·질적 연구들佐藤健二, 2011; 田中耕一·荻野昌弘, 2007; 川合隆男, 2004을 다수 참고할 것이다. 그리고 조사 및 통계에서 개념화 및 범주화, 계수화가 지닌 정치적 의미에 관한 연구들김인수, 2013a; 박명규·서호철, 2003; 최정운, 1992; Hacking, 1986도 함께 참고할 예정이다. 나아가, 사회과학 및 문화론의 지식체계에 깃들어 있는 권력의 욕망과 시선의 정치아오키, 2003; 프랫, 2015의 함의도 충실히 고찰할 것이다.

이 책은 이들 자료군 및 연구물들을 적극적으로 활용하는 가운데, 우선적으로는 '한국적인 것'이 해당 조사에서 어떻게 표상되어 왔는지를 탐문한다. 이것은 특정 사회조사가 수행되는 시기의 사회성이 해당 조사에 어떻게 반영되어 있었는지를 분석하는 작업이 될 것이다.

이와 함께, 이 책은 사회조사를 수행했던 연구자들이 '한국적인 것'과 관련하여 어떤 이론, 개념, 범주, 척도, 질문이 선택하고 있었는지를 확인하고자 한다. 조사의 설계과정에 대한 분석은 통상 객관성의 외양을 띤 사회조사가 실제로는 조사자의 능동적인 선택과 판단 위에 자리할 수밖에 없음을 확인하게 해줄 것이다. 이외에도, 사회조사를 둘러싼 안팎의 환경, 예를 들어 조사에 대한 각종 논쟁'학문의 토착화 논쟁'과 편견들, 학술장 안에서 경합적 지위에 선 조사자의 의식구조, 조사에 필요한 재정연구비의 출처와 조사 안의 질문양식 간의 관계 등이 '한국적인 것'의 발견, 구성, 재현에 어떻게 작용하고 있었는지를 분석하고자 한다.

3. 분석을 위한 틀 한국의 사회조사의 흐름 개괄

이 책에서 설정하고 있는 한국의 사회조사의 시기별 특성을 개괄하면 아래와 같다. 사회조사의 주체, 연구비와 질문지의 출처, 인식관심, 개념과 방법, 비교 지평의 차원에서 시기별 특성을 간략히 제시해둔다.

'한국적인 것' 재현의 물리적 조건 - 구조와 주체

	1920~1930년대	1960~1970년대	1980~1990년대
기금(Funding)의 제공	조선총독부 · 태평양문제연구회(IPR)	미국 민간재단 (록펠러, 포드, 아시아재단 등)	국내 연구비(문교부, 공보처, 삼성 등 기업, 방송과 신문 등 언론사)
질문문항(Schedule)의 출처	독일 / 일본 / 미국	미국	미국, 자체 개발
실행주체	조선총독부 행정기구(촉탁) 경성제대 일본인 교수진 기독교 계통 조선 지식인	한국 국가행정기구 한국인 신진학자(이만갑, 이해영, 김경동, 권태환, 홍승직, 한상복 최재석 등)	대학 / 학계 네트워크를 활용한 전국 단위의 사회조사
분석단위	촌락 농촌 / 농가 도시 / 학교	농촌 / 마을, 도시(표본 추출 개념 제한적, 전수조사, 인류학 조사)	전국 단위 조사 대규모 표본(sampling) 조사
자료 수용 및 활용	조선총독부 일본인 교수진 조선 지식인	외원기관과 재단 미국 사회과학연구회(SSRC) (*영문보고서)	국내 학계와 언론계 정치권 국민
자료(References) 활용의 장	'조선성'의 관제적 재현 vs '조선인의 조선학', 〈조선사회성 격논쟁〉	지식장(예 : 아세아문제연구소회의 (1965), "지역사회개발사업"	학계 정부 정당
조사지식 생산체제의 성격	독점	OEM / 과점	경쟁과 자기화(Koreanization)
지식국가	식민성	왜소성(외원기관에 의한 국가기능의 벌충)	완결성(· 민주화의 검증장)
비교의 지평과 담론	아시아사회론 (봉건성론, 정체사회론)	저개발 후진사회론	아시아 NICs OECD 비교

차례

제1장

'한국적인 것'에 관한 질문의 출현,

1950~1970년대

사회조사론 재고

해방 이후 초기의 사회조사와
'한국적인 것'의 쟁점화

'한국적인 것'의 압박과 사회조사에의 반영
현실적합성의 추구

가족계획사업에서의 '사회조사의 한국화' 기획

1. 사회조사론 재고

이 책은 사회조사의 내적 속성에 기초하여 사회조사자료의 해석에서 다음과 같은 관점을 채택한다.

첫째, 사회조사자료는 특정 시대의 인식과 가치를 재현하고 반영한다. 종전까지 사회조사자료는 객관적인 실증의 토대라는 관점에서 이해되어 왔다. 그러나 이 책은 이를 역사적, 사회적 재현물로 간주한다. 이를테면, 각 시대마다 '한국적인 것'이 기입되어 있는, 따라서 이를 역으로 활용해 그 흔적을 발굴할 수 있는 일종의 징후로 사회조사자료를 이해하고 관찰한다.

둘째, 사회조사는 일종의 수행적 실천이다. 사회조사의 실행과정을 생각해보면, "사회조사에서 구사되는 개념, 범주는 조사를 수행한 후의 최종단계에서 작성되는 것이 아니라, 조사를 시작하기 이전부터 결정되어 있어야 하는 것들이다."Hacking, 1986; 최정운, 1992; 김인수, 2013a 동시에, 사회조사는 재정적, 학술적 토대 또는 제한 속에서 진행되는 실천이기 때문에, 질문지 분석과 함께 누가 어떤 취지와 목적 하에, 어떤 재정적 지원을 받아 어떤 조사방법론측정도구, 지표화, 개념화, 범주화을 구사하여 조사했는가에 대한 분석이 필요하다.

셋째, 사회조사의 결과물은 학술장과 사회에 일종의 '지식권력Knowledge Power(Foucault, 1980)'으로 작동한다. 사회조사의 결과물은 종종 사회정책의 근거evidence-based policy나 사회과학 지식실천의 일차 자료로 활용된다. 심지어 사회운동의 의제와 방향성을 규정하기도 한다. 사회조사자료를 통해 생산되는 '한국적인 것'의 담론을 살펴볼 필요가 있다.

넷째, 사회조사에는 물질적 조건이 작용한다. 사회조사는 언제든 누구나 자유롭게 수행할 수 있는 것이 아니라, 조사에 필요한 재정과 사회조사의 학술적 능력이 구비되었을 때에만 수행할 수 있다. 또, 본격적 사회과학의 조사에서 표본이 추출되기 위해서는 모집단의 정보가 구체적으로 확보되어 있어야 한다. 본 연구는 "외원기관外援機關의 지원을 받은 사회조사 속에서 '한국적인 것'은 어떤 형태로 의식되었을까?"와 같은 질문을 제기할 것이다.

다섯째, 사회조사자료와 다른 역사 자료들 간의 담론상의 동조성conformity, 또는 경합성competition의 문제를 생각해볼 필요가 있다.

여섯째, 사회조사는 사회의 문해력Literacy 수준에 따라 다른 실행 절차와 효과를 낳는다. 피조사자들이 이 조사라는 사건event을 어떻게 마주했는가, 사회조사는 어떻게 (불)가능했는가 등의 질문이 의식될 필요가 있다.

2. 해방 이후 초기의 사회조사와 '한국적인 것'의 쟁점화[1]

한국에서 이른바 '사회조사'가 등장한 것은 1950년대 말로 알려져 있다. 일제하 식민지시대에도 조사가 없었던 것은 아니지만, 주로 법률의 제정을 위한 민사관습의 조사나 인구센서스, 그리고 농촌경제의 관행에 관한 포괄적인 조사에 국한되었다. 조사의 주체도 조선총독부와 관변단체 등 식민권력에 의한 것이었고 조선인이나 순수한 민간단체에 의해 수행된 것은 찾아보기 힘들었다. 이러한 상황은 1945년 해방 이후에도 크게 달라지지 않았다. 새로 수립된 국가기구에 요구되는 몇몇 지식에 관해 매우 제한된 인력과 재원을 기초로 부분적인 조사가 이루어지는 데에 그쳤던 것이다. 해방 이후의 사회적 혼란과 그에 이은 한국전쟁1950~1953의 참화 속에서 한국의 국가기구는 기능부전의 상태에 처해 있었고, 국가통치의 다른 영역에서와 마찬가지로 사회조사에서도 그 필요에 비해 수행 능력이 크게 제한되었다. 1950년대까지 한국사회에서 이루어졌던 각종의 조사는 현대적인 의미에서의 사회조사, 특히 학술적인 연구를 위해 이루어지는 체계적이고 조직화된 사회조사

---

1   이 부분은 김인수, 『서울대학교 사회발전연구소 50년사』, 한울아카데미, 2015를 참고하여 서술한다.

의 모습과는 크게 거리가 먼 것이었다.

　본격적인 사회조사로서, 한국사회학에서 명실상부하게 '최초'
라고 불릴 만한 체계적인 사회조사는 1959년 1월에 아세아재단^{the}
Asia Foundation의 연구비 보조로 고황경, 이만갑, 이효재, 이해영의 4
명의 교수가 주관하여 실시한 "한국 농촌가족 조사"라고 할 수 있
을 것이다. 현지 조사는 경북 군위군은 이만갑, 전남 담양군은 이
해영, 충남 천안군은 고황경의 지휘 아래[2] 서울대학교 사회학과
학생들^{주로 56, 57학번}과 이화여자대학교 사회학과 학생들의 조력으로
면접이 실시되었다.[3] 그 이전에 예비조사를 겸한 기초조사가 각각
경기도 여주^{고황경}, 충북 중원^{이만갑}, 경북 영양^{이효재}, 전북 익산^{이해영}에
서 행해졌다. 1963년에 서울대 출판부에서 출간한 이 연구의 보고
서인 『한국 농촌가족의 연구』의 「서문」에는 다음과 같은 글이 실
려 있다.

2　　이만갑 교수의 회고에 따르면, 천안군의 조사는 이효재 교수가 현지 조사를 지도한 것으로
　　되어 있다(이만갑, 『세계일보』, 2004.6.10; 이만갑, 『삶의 뒤안길에서』, 2004, 21쪽 재수록).

3　　이와 거의 동시에, 이만갑 교수는 독자적으로 경기도 광주와 용인 지역을 대상으로 본격적
　　인 농촌 조사를 실시하였다. 이 조사의 결과는 『韓國 農村의 社會構造―京畿道 六個村落
　　의 社會學的 研究』(한국연구도서관 편, 1960)로 출간되었다. 이후 이만갑 교수는 11년 뒤인
　　1969년에 같은 6개 촌락에서 같은 내용의 조사표를 가지고 현지 조사를 실시했고, 다시 11년
　　이 지난 1980년에 마찬가지 방식으로 현지 조사를 실시했다. 그간 한국 사회가 경험한 도시
　　화와 도시-농촌 간 격차, 새마을운동과 지역개발, 서울의 팽창 등으로 해당 촌락사회 역시
　　크게 변화하였으며, 이 변화의 양상이 조사를 통해 목격되었다.

과학적 조사연구다운 사회조사가 전국적으로 실시된 적이 없었던 하나의 미개척지를 향하여 감히 개척의 일보를 대담하게 내어 디딘 것은 사회학도로서의 의무감과 그 의무감의 만분의 일이라도 실천에 옮기고 싶은 욕망에서 비롯된 것이었지마는, 이 사실이 실천적 단계로 옮겨진 것은 재정적 뒷받침이 생긴데 크게 힘입었음은 사실이다.

　　권태환[2006]에 따르면, 위의 서술로부터 3가지의 사실을 확인할 수 있다. 첫째, 이것이 사회학 분야에서의 최초의 사회조사였다는 것이다. 둘째, 사회조사를 통해 사회현상에 대한 새로운 '과학적' 자료를 축적해 나가는 것이 사회학자의 의무라고 생각했다는 점이다. 이러한 표현은 당시 여러 사람의 글, 특히 사회조사자료를 기초로 작성된 논문이나 사회조사 교제의 서문에 으레 등장하는 말이기도 하였다. 셋째, 사회조사는 조사비용이 들고 이에 대한 지원이 절실히 필요하다는 점이다.

　　사회조사와 '한국적인 것'의 쟁점화 과정에서 중요성을 갖는 것은 이 가운데 두 번째와 세 번째 측면이다. 해방 이후 한국의 사회과학자들은 그동안의 추상적이고 담론 안에 국한된 '한국적인 것' — 일제강점기에 기원을 둔 '조선적인 것' — 논의에서 벗어나 현장field에 직면直面하는 경험을 하게 되었다. 이들에게 '한국적인 것'은 식민지시대에 '조선적인 것'의 탐색이 그러했듯 비단 조사의 결과를 비판적으로 정리하여 얻게 되는 결론으로서만이 아니라, 연구 대상을 직접 선택하여 그곳에 나아가는 체험을 통해 그리고 실질적인 조사의 과정을 통해 현장field으로부터 '융기'하는 것이었다. 한국사회가 어떤 곳인지에 대한 실감을 이들 사회과학자는 조사과정에서, 때로는 당혹스러운 발견을 통해 절감하게 된 것이다.

또, 당시 국내의 사회조사 연구비 지원이 거의 전무한 상태였다는 점, 미국 정부를 위시한 국제적 외원기관外援機關 — 미 국무부, 포드 재단The Ford Foundation, 록펠러 재단The Rockefeller Foundation, 아시아재단The Asia Foundation 등 — 의 연구비 원조의 형태로 사회조사가 수행될 수밖에 없었다는 점, 사회조사가 주로 미국에서 활성화되었고 조사방법론 역시 일종의 '학술원조'의 형태로 미국으로부터 수용되었다는 점 등을 함께 고려할 필요가 있다. 실제로, 고황경 등이 수행한 농촌가족 조사는 아시아재단의 연구비 지원으로 이루어졌고, 이 연구에 이어 1960년대 초에 나타나는 많은 조사·연구들이 하버드대학 옌칭연구소의 연구비 지원에 의존하고 있었다.[최경동, 1964 : 1; 이상백·김채윤, 1966 : 3]**4**

이렇듯 조사의 재원 마련에 미국 등 외국에 의존할 수밖에 없었음은 물론이거니와, 한국에서의 사회조사방법론의 수용은 젊은 사회학자들의 미국유학 경험을 통해 이루어졌다. 초기의 양상을 대표하는 이들로 이만갑, 이해영 교수를 꼽을 수 있다. 이 두 교수는 록펠러재단 사회과학부 담당 로저 에반스 박사Dr. Roger F. Evans의 내한을 계기로 하여 해당 재단의 장학금으로 1955년 10월에 도미하였다.최문환, 1957 : 175 이 가운데 특히 이만갑 교수는 미국 코넬대학Cornell University에 유학하여 사회조사방법을 집중적으로 학습했고 농촌사회학에 관한 원리적인 지식을 습득했다. 이만갑 교수는 코넬대학에서 '조사설계' 강좌를 수강하면서 빈농가 조사에 참여했던 경험을 기초로, 귀국 이후 이른바 '사회조사의 전도사'로서의 역할을 수행했다. 이만갑은 자신의 회고에서 자신이 미국에서 사회조사방법을 공부하려 한 이유를 다음과 같이 언급했다.

---

4   하버드대학 옌칭연구소(연경학사, Havard-Yenching Institute)는 중국이 공산화(1949)되기 전에 하버드대학이 연경대학(현재의 베이징대학)과 자매결연을 맺고 하버드대학이 기금을 만들어 연경대학과 학문적 교류를 활성화시키면서 출범하였다. 그런데 미국과 중국 간의 국교가 1948년 이후 끊어져 이 기금을 애초 목적에 따라 사용할 수 없게 되면서, 그 대안으로 한국, 일본, 대만 등 동아시아 3개국의 인문사회과학 계통의 학자들을 하버드대학에 초청하여 1년 간 연구활동을 하는 데 지원하는 것으로 용도가 바뀌었다. 한국에서는 1955년부터 학자들의 파견이 시작되었다. 그리고 1957년에 옌칭연구소는 한국, 일본, 대만 각각에 '동아문화연구위원회'를 설치하여 그 운영자금을 제공하였다. 한국지부의 연구위원회 위원장은 국립박물관장 김재원 박사가 되었고, 위원으로 이상백, 이숭녕 교수가 위촉되었다. 그 밑에 조기준, 고병익, 이만갑 교수가 간사일을 맡았다. 이후 위원에 양주동, 김상협, 김동욱 교수가 추가로 보강되었다. 이 연구소의 재정지원을 통해 인문사회과학 분야의 한국학자들은 연구비 조달에 상당한 도움을 받았다(이만갑, 『세계일보』, 2004.6.22; 이만갑, 『삶의 뒤안길에서』, 26쪽 재수록).

내가 미국에서 사회조사방법을 공부하려고 한 이유는 한국사회의 실상을 알아야 하겠다는 염원 때문이었다. 일정日政시대에 접한 사회학은 원론적인 것이었고 사회학자들이 현실 사회를 관찰해, 학술적인 용어로 좋게 말하면 사변적으로 생각한 것을 그럴듯한 논리로 체계화한 지식의 집합이었다. (…중략…) 거기에는 과학적인 검증의 방법과 절차가 결여되어 있었다. 나는 한국사회가 착실하게 발전하려면 정책이나 계획을 직관에만 의존하지 말고 가급적 실증적인 지식에 입각해 수립해야 한다고 굳게 믿고 있었다.[5]

이 당시 질문지Questionnaires의 작성에 방법론적으로 참고가 되었던 책은 Goode W. J.와 Hatt P. K.의 *Methods in Social Research*[1952년 초판] 발행였다. 이 책은 한국의 사회조사사 및 농촌 조사사에서 대단히 중요한 의미를 갖는 초기 방법론 교과서이다. 이 책을 한국에 본격적으로 소개한 이 역시 이만갑 교수였다.

이만갑 선생님이 미국 다녀오셔가지고 당시 미국에서 유행하는 조사방법이라는 것을 갖고 와서 초기 소개를 하셨는데, 그게 1960년대 초야. 당시 유명한 대학원생들을 다 동원해가지고 책을 번역해서, 번역을 하

5   이만갑, 『삶의 뒤안길에서』, 16~17쪽 재수록.

다시피 해서 책을 냈어. 그게 『사회조사방법』인데, 거기에 왠만한 사람
이 다 개입되었어. 한완상 선생, 김경동 선생, 한상복 선생 해가지고 당시
대학원생들로 그래도 조금 이름이 있다 하는 사람들 다 개입이 되어 있
지. 그게 최초로 나온 것이나 마찬가지고. 그보다 시기적으로 조금 일찍
행정대학원에 김해동 선생이라고 그 양반이 했는데 …….[6]

여기서 번역을 했다시피 해서 이만갑 교수가 펴낸 책이 『사회
조사방법론』민조사, 1960이고, 그 출처가 되는 책이 바로 Goode W. J.와
Hatt P. K.의 *Methods in Social Research*였던 것이다. Goode W. J.와
Hatt P. K.의 이 책은 이미 그 전에 서울대학교 행정대학원의 김해
동 교수가 『사회조사법社會調查法』윌리암 J. 구대·폴 K. 헬, 金海東 역, 1959 이라는
제목의 책으로 번역을 해두었으나, 이만갑 교수가 서울대학교 사
회학과 대학원생들과 함께 학습한 뒤 재구성하여 사회조사방법론
교과서로서 출간했다.[7]

그런데 당시 사회조사가 사회학의 제도 안으로 수월하게 통합
된 것만은 아니었다. 데이터수집의 방법으로서 그에 바쳐진 열광
과 찬사는 곧바로 '철학과 이론의 부재'라는 비판을 마주하게 되

---

6   권태환 교수 인터뷰(2014.4.15 11:00~12:30, 춘천 자택).

7   1979년에 이 책의 개정증보판 『社會調查方法論』(韓國學習教材社)이 나왔는데, 이때 저자
     에 한완상, 김경동 교수가 추가되었다.

었다. 이에 대해, 이만갑 교수는 뒤르켐과 베버의 사회학적 방법론이 미국의 사회조사방법론에 지대한 영향을 미쳤다는 점을 강조하며 이를 방어하기도 하였다.[이만갑, 1958a] 그는 "사회조사방법이 단지 사실의 수집과 나열, 의미 없는 통계적 조작에 그치는 것이라는 그릇된 인식"이 유포되고 있는 것 같다고 하면서, 그러나 사회조사방법은 절대로 거기에 그치는 것은 아니라고 주장하였다.[이만갑, 1958b : 7~8] 이 점은 초기 한국사회학에서 사회조사방법론이 처한 위치와 의미에 대한 단편적인 모습을 보여준다. 사회조사방법론을 둘러싼 몇몇 논란이 그 안에 투영되어 있었다고 할 수 있다. 이만갑 교수의 이러한 대응은 사회조사방법론을 학문적 아카데미즘으로서 결격으로 바라보는 관점에 대한 방어적 태도를 보여주는 동시에, '연구방법론의 외래성'으로 말미암아 한국에 관한 통합적인 시각, 다시 말해 '한국적인 것'의 발견과 의미화에 치명적인 약점이 있는 것은 아닌지에 관한 논란이 당시에 팽배해 있었음을 암시한다.

특히, 이 두 번째의 문제는 쉽사리 해결될 수 있는 성질의 것이 아니었다. 초기 사회조사에서 재원財源의 확보와 인력의 충원은 전적으로 서구미국의 재단과 협회, 국제기구에 의존할 수밖에 없었던 실정이었고[김경동, 2005 : 148; 이만갑, 2004 : 26; 최문환, 1957 : 175], 이것은 종종 '사회과학의 토착화 / 주체화' 또는 '한국적 사회과학'이 필요하다는 비판적 문

제의식을 야기하곤 했다.김진균, 1997; 한국사회과학연구협의회·유네스코한국위원회,
1979; 황성모, 1977; 신용하, 1976 예를 들어, 1963년에 한국사회학회는 "한국
사회학의 연구와 문제점"이라는 공통주제로 토의를 가졌고, 이어
1965년에는 한국사회학회 창설 10주년을 맞아 "한국사회구조 분
석에서의 방법론적 문제"라는 주제로 토의하기도 했다. 한국사회
를 분석하는 방법론, 도구가 한국사회의 진정한 모습을 외면하거
나 무시할 수 있다는 점, 한국인들은 통상 서구인들과는 달리 양
면적인 태도the dual attitude를 보이고 있기 때문에 경험적 연구방법
론은 한국사회에 좀 더 적합하게 조정될 필요가 있다는 점 등이
제기되었다.강신표, 1958

　요컨대, 초기 한국사회과학에서 사회조사방법론은 이른바 '사
회조사의 시대1958~1963년'로 불릴 정도로 크게 성행하여 시대를 풍미
하는 한편, 이와 동시에 심각한 논란의 대상으로 부상하는 사태를
맞이했던 것이다.양춘, 1967 : 66 사회과학자들은 사회조사를 통해 '한국
사회의 현실'에 직면하게 되었고, 자신이 구사하는 방법론의 현실
적합성을 지속적으로 탐문하고 검증해야 하는 지위에 처하게 되었
다. 한국사회가 어떤 곳인지를 자문해야 하는 상황, 자신의 방법론
이 한국사회를 이해하는 데에 과연 적합하고 타당한가를 가늠해야
하는 상황, 이것이 1960년대 사회조사의 수행자가 마주한 '한국적
인 것'의 문제계였다. 특히, 사회조사방법론이 갖는 원천적 외래성

으로 말미암아, '한국적인 것' — 넓은 의미에서의 '한국적 / 토착적 문제의식' — 의 추적과 의미화가 과연 그 방법론을 통해 가능할 수 있는가에 관한 논란이 이후로도 쉽게 수그러들지 않았다.

3. '한국적인 것'의 압박과 사회조사에의 반영
현실적합성의 추구

이상에서 살펴본 바와 같이, 이만갑 교수는 사회조사방법론과 '한국적인 것' 간의 간극이라는 문제제기에 대해 '사회조사의 과학성'을 옹호하는 것으로 문제의 성격을 전환하고자 했다고 볼 수 있다. 한편, 한국의 모습'한국적인 것'을 제대로 포착, 발견해내기 위해서는 한국의 현실에 맞는 사회조사방법론이 요청된다는 점을 강조한 이들도 있었다. 사회조사방법론을 매개로 사회과학의 제도화를 추구했던 일군의 학자들 역시 조사의 설계과정에서 연구방법론과 한국의 현실 간의 격차를 의식할 수밖에 없었던 것이다. 예를 들어, 저명한 인구학자이자 사회조사 전문가인 권태환 교수는, 다음과 같이 말한 바 있다.

외국에서 각 국제지원센터들이 우리한테 관심을 많이 가졌다고. 어떤 잡음까지 생기냐면 록펠러, 포드 재단에서 연락이 오는 거야. 너희 왜 이번에 지원 안 하느냐, 자기들 기분 나쁘다고. 내가 뭐라고 편지를 썼느냐면, 우리는 너희들 것 싫다, 너희들 것 심사하려면 아주 정교한 통계기법을 써야 하고 그걸 못해내면 그걸 아주 모자란 연구, 열등한 연구처럼 생각하는데, 우리는 맞지 않는다. 현재 우리의 지식의 상태에서 가장 적합한 것을 생각하고 가장 적합한 연구방법을 생각하고 그러는데, 그건 너희들 기준에 맞지 않는다. 왜냐하면, 프로포잘이라도 처음에 기준이 오거든. 그러니까 우리는 너희들에게 관심이 없다. 우리에게 중요한 것에 대해 하겠다. 이렇게 썼어.김인수, 2015 : 283[8]

사회조사방법론의 존재 양식 그 자체에 한국사회의 제3세계성, 후진성이 투영될 수밖에 없었다는 점을 이 증언은 말해준다. 또 다른 글은 개발도상국 인구문제가 지니는 고유성을 해명해야 한다는 문제의식이 존재하고 있었음을 확인해준다.

현재 많은 사람들이 개발도상국에 맞는 모형의 개발을 추진하고 있다. 그러나 가장 중요한 문제점은 개발도상국의 경우, 그 사회의 체계에 대한 이해가 근본적으로 부족하다는 점이다. 모델을 만들고 고치는 일

---

8   권태환 교수 인터뷰(2014.4.15 11:00~12:30, 춘천 자택).

은 기술적인 것이다. 한편, 사회체계에 대한 이해는 발전적 맥락 속에서 인구문제를 해결하는 데에 본질적인 중요성을 갖는다. 개발도상국에 우선 요구되는 것은 그들 각각의 사회의 여러 구조, 제도, 문화, 가치, 환경에 대한 이해가 아닐 수 없다.^{이해영·권태환 편, 1978 : 서문}

이러한 인식은 '한국적인 것' — 한국적 문제의식 — 을 질문지에 적극적으로 반영해야 한다는 주장과 실천으로도 이어지고 있다. 다음과 같은 증언은 대단히 인상적이다.

1974년 세계출산력조사^{World Fertility Survey, WFS}가 다케시타라고 DC에서 파견된 외국인 교수가 있었는데,[9] 일본인인데, 그 양반이 한국을 스터디하다가 이천 조사자료 퀘스처네어^{Questionnaire}가 굉장히 좋다는 것을 알고 그걸 중심으로 해서 질문표를 개발을 했어. 세계적인 input이 이루어졌다고 해도 과언이 아니지. 그 당시에 WFS에서는 굉장히 의욕적으로 했어. 기본 코어 퀘스처네어^{Core Questionnaire}가 있고 온 나라가 다 채택해야 하는 것이 있고, 그 다음에 두 번째는 모듈^{Module}이 있어, 그 나라에 사정에 따라서 관심에 따라서 경제적인 모듈, 문화적인 모듈, 심리학적인 모

---

9   Dr. Yuzuru Takeshita : 미시건대학에 재직했고 WFS 스텝으로서 한국(과 필리핀) 담당이었다. 1976년 중반에 한국을 방문해서 Country Report No.1 초고(앞부분의 두 챕터)의 교열을 보았다.

들. 1974년에 실시를 했고. 그 배후에는 잘 알려지지는 않았지만, (서울대) 인구및발전문제연구소의 (이천) 조사가 많은 영향을 주었지. 왜냐하면 다케시타가 나랑 친해서 맨날 와서 여기서 직접 이야기를 한 것이니까.[김인수, 2015 : 103][10]

여러 국가들을 대상으로 한 국제조사에서 일부 질문항목을 "각 나라의 사정과 관심에 따라서" 구성했다는 대목은 사회조사를 통한 사회과학의 제도화 과정에서 이른바 '사회과학의 토착화 / 한국화' 의지를 암시한다. 물론, 인식론적 측면에서의 구조적인 제한성과 한계란 너무도 여실한 것이었지만, 적어도 사회조사의 주체들에게도 '한국적인 것', '한국성'은 내적 고민을 불러일으키는 중요한 지식생산의 동기이자 요소였으며 그들이 어떤 형태로든 이에 응답하고자 했다는 점은 정당하게 평가될 필요가 있다. 요컨대, 이들 역시 '사회과학의 토착화 / 한국화'라는 1960~1970년대의 시대적 문제의식의 자장 안에 자리하고 있었으며, 자신의 지적 작업의 의미를 그 안에서 찾고자 했던 것이다.

그럼에도 불구하고, 당시 사회조사방법론을 매개로 한 사회과학 지식생산을 둘러싼, 그리고 그것이 처한 조건들은 결코 만만

---

10   권태환 교수 인터뷰(2014.4.15 11:00~12:30, 춘천 자택).

치 않은 것들이었다. 연구를 발주한 외원기관들이 연구 결과물의 실질적인 청중audience이자 소비자였기 때문에 이들이 알고자 했던 것앎의 의지과 그네들의 문제관심이 전반적인 연구 흐름을 정향Orientation하고 있었고,[11] 한국의 사회조사자들은 이러한 요청에 응답하는 주체로서, 사회조사의 '비대칭적 국제관계' 속에 노출되어 있었다고 할 수 있다. 말하자면, 그것은 일종의 '주문형생산OEM'이기도 했던 것이다. 당시 '한국적인 것'은 일종의 비교지평 위에서 드러나는 것이었는데, 이것은 전적으로 외원기관이라는 외부로부터의 '조사주문자'의 앎의 의지에 응답하여 그들의 이해를 돕고 그들로부터 평가를 받아내기 위한 글쓰기의 모습을 가질 수밖에 없었다. '한국적인 것'을 주체적으로 도드라지게 할 수 있는 정당한 비교는 애초부터 불가능했던 것이다. 따라서 이때 '한국적인 것'은 단지 서구로부터의 거리를 측정해내는 지표이자 언어에 불과했다. 요컨대, 사회과학 지식생산에서 — 어쩌면 '인식폭력epistemological violence'이라고도 할 수 있는 — '질문권력'의 힘김인수,

---

11 당시 사회조사의 결과로서 작성된 각종 보고서와 단행본은 통상 영문으로 작성되든지, 그렇지 않은 경우에는 반드시 영문요약문이 권말에 붙어 있었다. 영문요약문의 경우, 요즘 우리가 학술지에서 보는 초록의 수준보다 훨씬 더 상세하고 구체적인 내용이 기재되었다. 이것을 필요로 하고 주의 깊게 들여다보는 이는 사회조사의 발주자이자 평가자이며 한국에 관한 지식을 필요로 했던 실질적인 오디언스(audience)로서의 '외원기관 / 미국'이었다.

2013b의 문제성 위에 이들의 지식생산은 자리하고 있었던 셈이다.

4. 가족계획사업에서의 '사회조사의 한국화' 기획

한국의 초기 사회과학에서 '한국적인 것'은 외원기관의 연구비, 학술지식의 원조를 받아 사회조사를 실시해가면서 비로소 한국의 현장, 현실에 직면할 수 있었던, 아니 직면할 수밖에 없었던 이들의 의식 속에서 출현했다. 이때 '한국적인 것'은 정련된 개념이나 소재로 제시되는 것이 아니라, 많은 영감을 지닌 거친 단서에 가까운 형태로 제출되었다. 미국 사회과학의 총아인 사회조사 '방법'으로 한국사회의 '현실'을 정말 잘 분석할 수 있는지에 대한 안팎의 논란과 미심쩍은 의심, 심지어는 조사를 수행해가면서 느끼게 된 어떤 절실함이 이 '한국적인 것'에의 문제의식을 자극했다. 이것이 외부적으로 발현되는 형태는 분과학문들 간의 경쟁과 비판 속에서였다. 예를 들어, 가족계획사업 및 연구활동에 대한 의학계열과 사회과학계열 간의 이견 속에서 사회조사에서 '한국적인 것'의 문제성이 실감된다.

한국사회학회 주관으로 1972년에 열린 심포지엄 '한국 가족계획 연구활동의 사회학적 평가'에서 이를 실감할 수 있었다. 이 심포지엄은 아시아재단의 후원으로 1972년 3월 10~11일간 서울에서 열렸다. 게재된 글은 다음과 같다.

이해영·김진균, 「한국 가족계획사업의 회고와 전망」

윤종주·정경균, 「정부기관이 실시한 가족계획사업의 조사활동과 연구결과의 분석」

고영복·김대환, 「농촌에서 있어서의 가족계획사업에 대한 분석 및 평가」

정철수·유시중, 「「농촌부인에 있어서 먹는 피임약 수락률과 효과에 관한 연구」에 대한 평가」

이만갑·김영모, 「도시 가족계획연구사업의 평가」

임희섭, 「「근대적 태도와 출산행위」에 대한 평가」

홍승직, 「한국에 있어서의 인공유산연구의 평가」

한완상, 「사회조사의 논리적 측면 ─ 가족계획 연구 조사의 논리적 향상을 위하여」

김일철, 「가족계획에 있어서 콤뮤니케이션」

이효재, 「출산행위의 사회학적 요인」

흥미로운 것은 이 회의 자체가 기존의 가족계획사업, 조사활동에 대한 사회학적 비평의 형태를 띠고 있다는 점이고, 또 자료집에 토론회의 녹취록이 함께 실려 있다는 점이다.

조은주[2018]에 따르면, 한국의 가족계획사업과 조사를 주도적으로 실시한 것은 의사그룹이다. 연세대 예방의학교실의 양재모, 서울대 예방의학교실의 권이혁이 중심적인 인물로서, 이들은 미국인구협회[The Population Council]로부터 조사비용을 받아 각각 경기도 고양과 김포, 서울 성동구에서 출산력조사[fertility survey]를 실시했다. 록펠러 3세의 동아시아 방문순회에 동반했던 발푸어[Marshall C. Balfour]가 이들을 직접 교섭하고 출산력조사를 의뢰했다.[조은주, 2018 : 157~159]

그런데 이러한 조은주의 논의에서 사회과학으로서의 인구학의 영역은 소거되어 있거나 왜소하게 재현되어 있다. 조은주는 의사그룹이야말로 서구에서 교육받은 비서구 엘리트들의 주체성과 행위성을 잘 보여준다고 하면서, 이들은 제3세계의 서구적 시선과 토착민의 시각과 변별되는 제2의 시야를 획득한 존재라고 평가했다.[조은주, 2018 : 165] 그러면서 양재모의 회고록『사랑의 빛만 지고』에서, "그 자신이 의사이기도 했던 밸푸어가 1962년에 한국가족계획협회 연구진에 포함된 사회학과 교수들의 명단을 보고 '사회학의 숲 속에서 길을 잃지나 말게[Don't be lost in the forestry of sociology]'라고 양재모에게 충고"했다는 부분을 인용하고 있다.[조은주, 2018 : 322, 각주65]

그런데 위의 한국사회학회 주관의 심포지엄 내용을 보면, 사태가 그리 간단하지 않았음을 확인하게 된다. 제3세계에서 경제성장이 이루어지기 이전에 인구과잉상태가 지속되면 문제가 심각해지기 때문에 피임이라는 적극적이고 기술적인 방법에 기초한 산아제한이 필요하다는 것이 미국 쪽 외원기관의 입장이었고, 한국의 의사그룹은 그에 대해 충실히 실행자, 조력자 역할을 수행했다. 의사들이 실시한 가족계획사업은 그 자체로 조사연구와 피임시술 서비스가 병행된 산아제한의 실천action research이었다. 이에 대해, 사회학자들이 제기한 문제는 한국적 상황, 한국의 현실에 적합한 '인구조절'의 문제였다. 이들은 의사그룹에 의한 산아제한 일변도의 기술적technical 해결이 갖는 한계와 부작용을 지적하는 동시에, 의학 기반 연구자들이 한국의 상황을 오해하고 오도하고 있다고 비판했다.

한국사회과학자들의 이견은 우선은 가족계획을 오로지 산아제한으로 한정짓는 사고를 비판하는 데에 초점이 맞춰졌다. 그런데 보다 근본적인 차원에서 보면, 이들의 이견은 제3세계의 발전경로에 대한 서구 학자들의 논의에 대한 비판에서 출발했다.

우리가 생각하기에는 출산력 감소현상이 1960년대 이전에도 급격히 일어났고 1960년대 이후의 급격한 감소경향은 가족계획사업보다 오히려 이 때 일어난 급격한 도시화 및 공업화의 결과와, 급격한 가치관의 변화에서 초래된 것이 아닌가 한다. 농촌과 농업문화에 기초한 가족형태는 대가족제도가 필요하나 도시와 공업문화는 오히려 개별노동 및 소가족이 필요하기 때문이다. 이것은 전술한 도시가족계획의 연구사업에 대한 평가에서도 실증되고 있는 것이다.^{한국사회학회 이만갑·김영모, 1972 : 86}

(연간인구증가율의 하락이) 정부의 가족계획사업의 성과라기 보다는 초혼연령의 급속한 상승, 교육수준의 향상, 사회문화적인 환경의 변화, 전통적 생활의식이나 행위양식의 해체, 대가족제도의 붕괴 등 가족계획 이외의 요인들의 영향이 오히려 컸었다는 것이다.^{한국사회학회, 1972 : 147}

출산행위의 복잡하고 다양한 결정요인, 또는 독립변수를 발견하고 그 결정요인들의 작용 및 효과를 가족계획사업의 계획과 실천에 반영하려는 노력이 결핍되었다는 것은 관심 있는 인사들 사이에 흔히 지적되어온 사실이다. (…중략…) 가족계획사업의 대상인구는 단순히 인구학적 또는 생물학적 대상이 아니고 심리학적, 사회학적, 정치학적, 경제학적 특성을 지닌 인간인 것이다. (…중략…) 개인의 출산행동이 단순히 가족계획사업에 의해서 뿐만 아니라 심리학적, 사회학적, 정치학적, 경제학적 제 특성에 의해서 크게 영향받을 것이라고 하는 것은 분명한 사실이다.^{한국사회학회 임희섭, 1972 : 90}

제3세계 한국의 인구정책을 산아제한 일변도로 이끌어가는 서구의 관점, 그리고 그 충실한 실행자인 의사그룹에 대한 비판이 제출된 것이다. '한국적인 것'은 명시적으로 표시되지는 않았지만, 중심의 시선과 주변의 현실 간의 괴리라는 형태로 가시화되고 있다. 이때 담론은 이를 '한국적인 것'을 직접적으로 정의하고 지시하는 방식이 아니라, 조사의 결과인 정책이 한국사회에 적합하지 않다는 형태, 그러니까 '현실의 융기'를 그대로 드러내어 정책의 효용성을 의문시하는 형태로 구성되었다.

물론 조사 설계의 문제 그 자체를 직접적으로 지적한 논평도 제출되었다.

> 평가사업 담당자들은 조사항목의 변화는 그때그때의 필요 때문에 불가피했으므로 비교가 힘들다거나 일관성이 결여되었다는 비난을 받을 수 있다는 것을 시인했다. 그러나 일부 학자들은 이 '그때그때의 필요가 한국의 필요가 아니고 주로 연구비를 대준 외국의 필요'가 아니었느냐는 반문과 함께, 다른 회의에서 이제는 한국의 필요에 따라 조사가 행해져야 한다는 주장이 나오게 되었다.^{한국사회학회, 1972 : 152}

연구비를 제공한 미국 인구학회의 관심이 주로 반영되었고 한국의 가족계획사업이 마주한 사회학적 문제는 애초부터 고려대상이 아니었기 때문에 이러한 비판이 제출된 것이다. 나아가, 가족계획사업이 조사단위로 설정하고 있는 농촌의 전일성, 균질성, 그리고 사례의 대표성에 대해서도 비판이 이어졌다.

　　1926년에 부르너는 우리나라 촌락의 수를 2,600여 개라 했지만 이것
은 40년이 지난 1963년에는 남한만 해도 리와 동이 18,523, 그리고 자연
부락은 53,238로 늘어나있다. (…중략…) 자연촌 중심의 한국농촌은 제각
기 역사, 입지, 생업, 규모에 따라 다른 특성을 갖고 있다 하겠다. 그런 점
에서 서울 근교인 고양, 김포지구를 조사하여 얻어진 결론으로 한국 농
촌 전부를 대상으로 하는 가족계획사업의 하나의 모델로 삼는 것은 매
우 위험한 시도라고 지적되어야 할 줄로 안다.^{한국사회학회 고영복·김대환, 1972:53}

　　한편, 조사대상을 가임기 기혼여성으로 한정한 것이 조사의 효
용을 오히려 떨어뜨린다는 점을 지적하면서, 가부장제가 팽배한
한국 농촌의 현실에서 출산은 남편의 기대에 의해 좌우되는 실정
이라고 하면서 조사대상에는 남편이 꼭 포함되었어야 했다는 의
견도 제시되었다.^{한국사회학회, 1972:153} 그런데 보다 본질적인 차원에
서 한국 현실을 반영한 가족계획사업, 조사의 필요성을 제기한 이
는 이화여대의 이효재 교수였다.

　　한국인들 사이에서는 이상적인 자녀수를 정하는 데에 있어서나 가
족계획을 실천하는 데에 있어 아들의 존재가 중요한 요인으로 작용하고

있음이 여러 연구조사의 결과를 통해 거듭 제시되었다. (…중략…) 한국인의 출산행위에 영향을 주는 중요한 변인의 하나이며 대한가족계획협회가 자녀 둘 낳기 운동을 추진하는데 있어서 가장 문제시되어야 할 문제는 아들절대주의가치관이다. (…중략…) 1966년 서울시에 사는 가임주부들을 상대로 한 조사자료에서 피임법을 사용하는 응답자의 비율을 현존하는 아들, 딸의 수에 따라 분석한 것을 보면, 피임법을 사용하는 비율이 가장 높은 집단은 아들 둘 딸 하나를 가진 사람들인 것이다. 이들의 사용자 비율은 80.8%이며 이와 대조적으로 딸만 셋을 둔 집단에서 피임법을 사용하는 비율은 22.6%이다. 한국사회학회 이효재, 1972 : 133~134

이효재의 논의는 봉제사에 관한 조사자료를 통해서도 그 설득력을 인정받았다.

제사를 지내는 비율 (단위 : % (N=350))

연령	30대 이하	74.7
	40대	75.3
	50대 이상	71.1
교육	무학, 초등학교	74.0
	중고등학교	72.6
	대학	76.4
직업	전문관리직	70.2
	사무판매직	76.1
	서비스 노동직	81.3
	직무	68.7

생활정도	상	72.3
	중	76.5
	하	76.6
종교	무종교	80.7
	불교	89.6
	기독교	34.4

출전 : 이효재, 「도시인의 친족관계」, 한국연구 총서 제27집 한국연구원 발행, 1971, 161쪽;
한국사회학회(이효재), 1972, 139쪽에서 재인용

이 자료는 1969년 서울시 주민을 대상으로 한 조사의 결과물에서 가져온 것인데, 한국인들의 이상 자녀수 결정에는 연령, 교육, 직업, 생활정도가 전혀 유의미한 변수가 되지 못하고 종교변수만 출산행위에 큰 영향을 미치는 것으로 나타나 있다. 당시 빈민층을 대상으로 한 조사에서 아들을 원하는 이유 중 가장 많이 언급된 것이 노후생활보장이었던 실정이효재·이동원, 1972도, 사회복지체계의 불비不備를 가족자원을 통해 벌충해온 이후 한국사회의 현실, 구조적 메커니즘을 예언하는 것 같다.

이처럼 한국의 초기 사회조사에서 '한국적인 것'은 명시적이고 소재적인 것으로 직접적으로 제시되었다고 보기는 어렵지만, 외원기관의 주문order 하에 질문지를 만들고 조사를 실행하면서 정작 현실에서의 난점과 기대치 않은 속성을 목격해가는 조사과정 그 자체를 통해 가시화되고 담론화되었다고 할 수 있다. 1950~1960년대의 한국사회조사자들은 일제시대 내내 자신들의 선배들이 해내지 못했던 일,[12] 그러니까 사회조사의 '실천'을 직접 수행할 수 있는 행운을, 비록 외원기관의 연구비를 통해서나마 거머쥘 수 있었다. 사회조사를 해볼 수 있었다는 이 행운은 사회조사자들에게 연구대상인 한국사회에 대한 실감을 갖게 했고, 다시 조사 자체를 상대화하여 비판할 수 있는 능력을 그들에게 장착시켰던 셈이다. 당시 사회과학에서 '한국적인 것'은, 비록 어렴풋하고 정리되지 않은 언어이기는 하지만, '한국사회과학의 토착화와 한국화'와 같은 선언들과 공명하는 형태로 사회과학자들의 뇌리에 각인되었다고 할 수 있다. '한국적인 것'은 직관적 소재, 정의와 규정이기에 앞서, 문제의식 그 자체였던 것이다.

---

12   식민지시대 조선인 지식인들은 조사를 직접 수행할 수 없었다. 그들은 조선총독부가 조사해놓은 자료를 제한적으로 수집하여 이를 새롭게 개념화, 범주화하는 방식으로 전유(appropriation)만 할 수 있었다. 1930년대 조선 지식인들이 주도한 이른바 '조선사회성격논쟁'이 그 대표적인 예이다. 이에 대해서는 金仁洙, 「「植民地の知識國家」論－1930年代の朝鮮における社會性格論爭再考」, 『思想』 1067号, 岩波書店, 2013을 참고할 것.

제2장

연구 대상으로서의 촌락사회

초기 사회학의 촌락사회 연구

초기 인류학의 촌락사회 연구

브란트(V. Brandt)와 한상복

1. 초기 사회학의 촌락사회 연구

여러 제한적 조건 위에서 진행된 사회조사라고 해서 그 의미를 완전히 무시하는 것은 매우 부당하고 반지성적인 일일 것이다. 사회조사의 현실적 조건에 제약된 '한국적인 것'의 의미의 한계에도 불구하고, 당시 사회조사의 결과물로 남은 일련의 자료는 오늘날 우리가 그 시대를 들여다볼 수 있는 대체 불가능한 자료로서의 지위를 갖고 있다. 또, 그 속에 비록 종속적이고 편파적이며 주변적인 형태로 자리하고 있기는 했지만 그 '한국적인 것'은, 여전히 해방 이후 '한국적인 것'의 인지와 구성이라는 측면에서 기원적인 의미소意味素로서 중요한 의미를 지닌다.

초기 한국사회과학의 주된 문제관심은 농촌문제와 인구문제였다. 식민지시대 내내, 그리고 해방 이후인 1950년대 내내 한국의 농촌인구는 7~8할을 넘나들었다. 냉전기 미국의 세계정책이 식량문제와 인구문제를 중심으로 진행되고 있었던 점 역시 식량의 생산처이자 과잉인구의 보유처인 한국의 농촌에 대한 관심을 고조시켰다. 여기에서는 당시 아세아재단으로부터 연구비를 지원받아 실시된 농촌 조사의 결과물인 이만갑의 『한국농촌의 사회구조』1960, 재단법인 한국연구도서관와 고황경·이효재·이만갑·이해영의 『한국 농촌가족의 연구』1963, 서울대 출판부를 중심으로 그 안에서 재현된

'한국적인 것'의 의미를 고찰해보기로 한다.

이만갑의 연구는 근래 이영훈 교수에 의해 '1950년대론'으로 재발굴되어 조명된 바 있다.[1] 이 책은 1958년 8~12월 사이에 서울대학교 사회학과의 이만갑 교수와 학과의 대학원생들이 경기도 광주군과 용인군의 접경에 있는 여섯 마을오늘의 성남시의 사회경제적, 문화적 실태를 주민과의 면접을 통해 조사한 결과물이다. 이영훈은 이 책이 담고 있는 내용을 다음과 같이 정리한 바 있다.

사람들이 믿고 의지하는 신뢰관계는 친족이 기본이었습니다. 피가 통하지 않는 사람들의 신뢰관계로서 사회단체는 그 종류가 많지 않았고 기능도 약했습니다. 농촌사회를 통합한 가장 중요한 힘은 친족이었고 그 다음이 마을이었습니다. 그 바깥으로 나가면 면 단위의 관료기구가 있었습니다만, 일정日政 시대에 비해 권위나 효율이 많이 떨어져 있었습니다. 학교와 교회가 있었지만 농촌 사회의 내부 질서로 정착한 상태는 아니었습니다. 교사와 목사는 어디까지나 손님으로 머물렀을 뿐입니다. 경제활동과 관련하여 축산조합, 채소조합, 산림조합 등 여러 단체가 있

---

1 『한국농촌의 사회구조』의 요약본이 이만갑 교수의 허락 하에 "1950년대 한국 농촌의 사회구조"라는 제목으로 이영훈 외편, 『해방 전후사의 재인식』(책세상, 2006)에 실렸다. 이영훈 교수는 『대한민국 이야기─〈해방전후사의 재인식〉 강의』(기파랑, 2007)에서 그 함의를 "마지막 소농사회(小農社會)"라는 키워드로 정리하였다.

었지만 농민들의 참여 의식은 약했습니다. 농촌주민들이 가장 많이 가입한 단체는 자유당이라는 지배 정당이었습니다. 면접의 대상이 된 336명 가운데 무려 66명이 자유당의 당원이었습니다. 그러나 그 대다수는 관료기구와 마을의 유력자에 의해 정치적으로 동원된 수준을 넘지 못했습니다. 어쨌든 농촌사회를 통합한 가장 규정적인 질서는 친족과 마을과 관료제였습니다. 그 외에 인간이 믿고 의지할 수 있는 관계나 단체는 희박하였습니다. 친족과 마을을 벗어나면, 심지어는 마을 내부에서조차, 사람들은 대개 고독하였습니다. 농민들은 농지개혁으로 그들의 삶이 개선되었음을 인정하지만, 농촌의 가난과 관료기구의 무관심과 무능력에는 강한 불만을 드러내었습니다.이영훈, 2007

이영훈은 이만갑의 연구를 매개로, 1950년대 후반의 한국농촌이란 곳은 친족이라는 '피의 연결혈연'을 제외하고는 열성을 불러일으키거나 신뢰할 만한 것을 그 어디에서도 찾아볼 수 없었던 곳,[2] 그래서 토크빌Tocqueville, Alexis de이 미국에 가서 경탄해 마지않

2   "가장 열성적으로 참여하는 단체는 교회, 종친회, 사친회 등이고, 축산조합, 야채조합, 산림조합 등의 경제적 단체에 대해서는 그리 열성적은 아니지만 방관적인 것도 아니며, 관청과 밀접한 관련성을 갖고 있는 단체에 대해서는 열성적인 사람보다 방관적인 태도를 취한다고 응답한 사람이 훨씬 많다."(이만갑, 1960, 160쪽) 또, "경제적인 목적을 위한 조합활동은 농촌에 있어서 극히 미약하며 다른 어떤 단체보다도 가입인원이 적었다. 이것은 극히 주목할 만한 사실이라 아니할 수 없다. 선진국가의 농촌에서는 조합중심의 단결이 크게 발전하는 모

던 '결사체association' 따위는 전혀 찾아볼 수 없는 '고독한 개인'들의 단순한 집합처, 그리하여 "마지막 소농사회"였다고 주장한다. 이것은 (이만갑도 언급하고 있는데) 서구 선진국이나 심지어는 같은 동아시아에 위치한 일본과도 크게 차이가 나는, 한국에서만 목격되는 고유한 현상이라고 볼 수 있다. 이영훈은 또 이 한국농촌이야말로, 대학을 졸업한 마을 엘리트들, 그러니까 더 이상 반상의식班常意識을 당연시하지 않았던 이들에게서 이후 1960~1970년대 농촌사회의 개발과 협동으로 나아갈 수 있는 동력이 발아하고 있었던 공간이었다는 점도 함께 강조하였다.

이만갑은 일제시대 관학아카데미즘의 농촌 조사를 대표했던 젠쇼 에이스케善生永助, 스즈키 에이타로鈴木榮太郎와 기독교계의 농촌 조사의 실행자인 부르너Brunner, E. S. Rural Korea의 저자의 연구성과를 언급하면서 논의를 시작한다. "한국에서는 본래 부락의 발생에 부족정치의 색채가 극히 농후하며, 따라서 동족이 집단을 이루고 있는 취락이 아주 많고", "부락이 커뮤니티 활동의 중심에 있는데, 이것은 자기봉쇄적이며 가족생활이 그 안에 뿌리박혀 있다"이만갑, 1960 : 2는 것을 전제로, 다만 전쟁1937년 중일전쟁~1953년 한국전쟁을 거치는 동안 이

양이며, 가까운 일본만 하더라도 그런 경향은 근자에 와서 퍽 현저해지고 있는 듯하지만, 한국농촌에서는 아직 농민들이 경제적인 이익을 공동으로 추구하는 목적적 기능집단의 형성을 희구할 만한 조건이 마련되어 있지 못하다"(이만갑, 1960, 163~164쪽).

러한 속성이 점차 약화되고 있다는 점에 착안하였다. 이만갑은 한국 농촌의 과거를 구성한 3대 요인, 즉 ① 혈연적 요인동족결합, ② 신분적 요인반상의 사회신분, ③ 경제적 계층일제시대에 구축된 지주 / 소작인 관계이 여전히 작용을 하고 있기는 하지만, '양반이 상여를 메게 되는 세태'에서도 보이듯 이러한 요인들이 점차 약화되고 있다고 판단했다. 여기에다가 해방 이후 농촌사회에 퍼진 '민주주의 사조'가 봉건적 잔재를 불식시키고 있고 인민들의 정치참여선거제도와 경제체제의 민주화농지개혁가 그 자체로 시대를 변화시키는 하나의 강박관념이 되었다고 보았다.이만갑, 1960 : 9

그런데, 이영훈이 주목하지 않은 것 가운데 특기할 것으로, 특히 '한국적인 것'의 문제설정에서 중요한 점으로서, 농촌사회의 연줄에 관한 이만갑의 주목이 눈에 띈다.

농촌인들은 성공할 것이 확실시되는 경우가 아니면 좀처럼 타지에 전출하기를 여간 꺼리고 있지 않는 것 같이 보인다. 그런 경향은 특히 비농가보다 농가에서 심하다. 타지에 이동을 고려하지 않을 수 없는 경우, 좋은 연줄만 있게 되면 그것을 실천에 옮기려고 한다. 그러나 여간 긴급한 사태가 아니면 튼튼치 못한 연줄에 그냥 매달리지는 않는 듯하다. 주된 연줄은 자녀와 친척이다. 얼마큼 재력과 특수한 기능을 가진 사람조차도 연줄 없이는 서울 같은 대도시에는 가기를 두려워한다. 이와 같이 연줄이라는 것은 농촌에서 전출轉出할 때 사람들이 고려하지 않을 수 없는 가장 중요한 요건의 하나인 것이다. (…중략…) 전출에서는 가족의 성원 중 별거하여 단독으로 타지방에 나가 있는 사람이 중요한 역할을 하게 되는 경우가 많다.^{이만갑, 1960 : 152~153}

이 연줄의 문제는 한국의 초기 산업화과정에서 '한국적 속성'으로 가장 많이 언급되어온 것으로서 '노동력 충원의 연줄망'에 직결되는 것인데, 이것은 통상 노동력충원과정에 필요한 인적 신뢰人사업무의 거래비용을 친족연결망을 통해 대체하여 삭감할 수 있었다는 분석으로 이어지기도 했다. 산업화 국면에서 혈연적 연줄망이 가졌던 의미가 비단 한국만의 것인지, 아니면 모든 초기 산업화 사회에서 두루 목격되는 보편적인 현상인지는 역사적·사회적 비교를 통해 다시 분석해야 할 필요가 있겠지만, 이만갑이 이를 전환기 국면에서의 '전통의 지속'으로 포착한 점은 매우 인상적이다.

또 한 가지, 이만갑의 분석에서 특기할 점으로 새로운 지위결정 요인으로서 '교육' 변수가 중요해졌다는 점이 지적되고 있는데, 이것은 최근에까지 이어지는 '한국식 교육열'의 출현국면을 지시한다. 이만갑에 따르면, 농촌사회의 권위구조, 지배, 집단결집 등에서 교육이야말로 모든 쇠퇴하는 전통적 요인을 대체하는 새로운 변수이다. 국가의 공공기관에 대한 출입과 교류, 매스미디어의 수용도 및 활용도 등 지역 정치의 자원을 결정짓는 것은 교육이라는 것이다. 이러한 분석은 "세상에서 사람들의 지위가 높다든가 낮다든가 하고 말합니다만, 그것은 보통 무엇으로 정해진다고 생각하십니까?"라는 질문에 대한 대답을 소개하는 국면에서 절정에 이른다. 그 답은 다음과 같다.^{이만갑, 1960 : 171}

학식이 많다	194명	57.7%
돈이 많다	31	9.2
재주가 좋다	30	8.9
명망이 높다	29	8.6
직업이 좋다	18	5.4
가문이 좋다	6	1.8
기타	14	4.2
모르겠다	11	3.3
무응답	3	0.9
합계	336	100

지위결정 요인으로서 학식, 다시 말해 신분, 명망, 직업, 돈이 아닌 교육이라는 변수가 가장 중요한 것으로 농촌 사람들에 의해 평가되고 있는 것이다. 아울러, 돈을 벌기 위해서라도 교육을 많이 받아 학식이 많은 것이 전제가 되어야 한다는 답변들도 수집되어 있다.

소위 '전환기'에 왜 혈연연줄과 교육이 중요해졌으며 그것이 이후에 가져온 영향이 무엇이었는지는 추후 별도의 연구를 요청하는 주제가 되겠지만, 이 두 가지 요소가 1950년대 후반의 사회조사를 통해 추출된 '한국적인 것'의 한 양태라는 점만큼은 부정할 수 없을 것이다. 아울러, 이 사회조사의 공간이야말로 한국사회가 반세기 넘게 대내외적으로 갖게 된 지배적인 표상으로서의 '한국적인 것' — 부정적인 것이었든 긍정적인 것이었든, 이미 널리 회자된 것으로서의 연줄사회, 정실자본주의crony capitalism, 교육만능주의 — 이 탄생하는 공간이기도 했다는 점을 확인해둘 필요가 있다.

덧붙여, 농촌 가족에 관한 고황경·이만갑·이해영·이효재의 조사[3]1963는 위의 연구의 주장들을 재확인하는 장이 되었다. 다만 한 가지, "혈연에서 지연으로"라는 주장을 새롭게 보태고 있다는 점을 특기할 만하다. 한국의 농촌사회가 대체로 '동족부락'으로 편성되어 있다는 점에서 혈연과 지연의 연결혈연의 지연으로의 확대은 하나의 가능성으로서 충분히 의미가 있는데,[4] 이는 다른 한편으로 '기존의 종적 관계에서 횡적 관계로의 전환'을 내포하는 것이기도 했다. 예를 들어, ① 무조건 자손창성子孫昌盛이 부모에게 효라는 생각보다 남 못지않게 살아야겠다는 생각, 즉 남의 생활수준에 뒤떨어지지 않게 살아야겠다는 인식이 두터워지는 것예를 들어, 자녀의 만혼, 봉제사의 간소화 경향, ② 나의 가문 속에서도 대소가大小家의 상하관계, 동리에서도 반상班常의 상하관계가 점차 약화되고 있는 것, 또 종가에 대한 종속관계가 희박해지고, 이제 양반의 자식이 상민의 상여

---

3   조사의 실시기간은 1959년이다.

4   고황경 등은 한국농촌이 "문중 중심의 단결에서 촌락 중심의 단결로 전환"되고 있는 것이 새로운 현상이라고 분석하였다(고황경 외, 1963, 248).

를 메게 되어도 무방하게 된 것, ③ 며느리와 사위를 고르는 기준에서 혈통 가문보다 인격이나 교육이 첫 번째로 고려되는 것 등이 자신들의 조사를 통해 새롭게 발견된 사실이라고 저자들은 말한다.고황경 외, 1963 : 247

2. 초기 인류학의 촌락사회 연구 브란트V. Brandt와 한상복

1960~1970년대 인류학의 촌락 연구의 경향에 대해 문옥표2000는 한국인류학에 대한 학사적 정리를 시도한 한 논문에서 그 특징을 아래와 같이 세 가지로 정리한 바 있다. 이를 거칠게 요약해본다면, 첫째는 친족 및 가족의 제도적 성격에 대한 연구제도주의적 접근 경향, 둘째는 한국문화의 기본원리를 '대대적 인지구조'로 개념화하는 작업, 셋째는 한국문화에 대한 이중모델 내지 유형론적 접근이었다. 여기서 한국문화에 대한 이중모델 내지 유형론적 접근이란, 한국문화를 대전통 / 소전통, 유교 / 무속샤머니즘, 양반문화 / 상민문화, 위계원리 / 평등원리, 종족부락 / 각성부락 등으로 분류구분하면서, 한국문화의 특성을 정리하는 식의 서술을 의미한다.

물론 이러한 정리는 당대 연구에 대한 비판을 수반하는 것이었다. 친족 및 가족의 제도적 성격에 대한 연구가 갖는 한계는 그 현대적 의미에 대한 분석이 수반되지 못했다는 점, 그리고 한국문화의 기본원리를 대대적 인지구조로 파악하는 것의 한계는 한국 문화의 단성성univocality을 잠정적으로 전제하면서, 지역, 계층, 성, 세대 등에 따른 문화적 차이나 혹은 그들 간의 갈등·충돌의 가능성을 고려하지 않았다는 점이 그 비판의 주요 요지이다. 나아가 한국문화에 대한 이중 모델 내지 유형론적 접근이 현재와 과거의 한국사회의 본질을 흐리게 한다는 점과, 전통적 위계 시스템 모델이 현대 사회를 설명하는데 적용될 수 있을 것인가의 문제가 한계로 지적되었다. 또한 이러한 이분법적 접근은 한 공동체 내의 두 전통들 사이에 존재하는 역동적 관계를 파악하기 힘들다는 비판도 제기되었다.김광억, 2000; 문옥표, 2000 참조

물론 현재의 관점에서 1960~1970년대 인류학적 작업이 갖는 문제점은 그 외에도 무수히 열거할 수 있을 것이다. 하지만 우리의 작업에서는 그 한계에 대한 비판들은 잠시 접어두기로 한다. 이 글의 목적이 무엇보다 한국사회를 필드로 해서 연구했던 초기의 인류학자들이 중시하고, 또 찾고자 했던 것, 즉 '한국적인 것한국문화'의 윤곽을 그려내는데 있기 때문이다. 기어츠의 말처럼 인류학자들은 마을 자체를 연구하는 것이 아니라 마을에서in the village 연구한다. 즉, 연구의 위치가 곧 연구의 대상은 아니다.기어츠, 1998 : 37 그렇다면 당시 인류학자들은 한국의 마을들에서 무엇을 발견하고

자 했던 것일까. 이 글에서는 그 중에서도 1960~1970년대 초기 인류학의 농촌사회 연구에서 바깥으로부터의 관점과 내부로부터의 관점을 대표하는 두 명의 인류학자 빈센트 브란트와 한상복의 연구를 검토하면서 그들의 발견을 재발견하고자 한다.

1) 구조적 모델의 탐구 빈센트 브란트의 연구

해발 200피트 정도까지 오르막을 이룬 오솔길은 산의 마지막 능선 언저리에서 마침내 휘어졌다. 내 밑으로는 지금까지 봤던 것 가운데 가장 아름다운 장소들이 펼쳐져 있었다. 사면이 바다로 둘러싸여 있고 좁은 모래톱으로만 육지와 연결된 곳에 석포 마을이 자리 잡고 있었다. 서쪽으로 햇살을 머금은 바다가 흰 파도와 함께 반짝거렸다. 동쪽으로는 평온한 만이 어선들과 석포만큼 외진 다른 섬들로 가는 배들의 쉼터를 제공하고 있었다. 바다 바람을 막아주는 언덕과 산들 뒤편으로 초가지붕을 얹은 작은 부락들이 듬성듬성 보였다. 제일 가까운 부락으로 난 길을 따라가고 있을 때 남성들이 일을 멈추고 나를 진지하게 쳐다봤고 여성들은 집안으로 사라졌다. 그들 사이에서 힐끔거리며 웃어대던 아이들은 건물 뒤로 숨었다. 나에게 그것은 최초로 목격한 민족지학적 사랑이었다. 나는 목가적인 산업화 이전의 세계로 시간 이동을 했다고 느꼈다.브란트, 2011 : 19

이 장에서 빈센트 브란트의 작업을 첫 분석대상으로 선택한 이유는 그가 무엇보다 1960년대 중후반[1966~1967] 한국의 촌락사회에 대한 인류학적 필드워크를 통해 민족지 작업을 수행한 1세대의 해외 한국학 연구자이기 때문이다. 빈센트 브란트는 한국전쟁기에 외교관으로 일하면서 한국과 인연을 맺기 시작하여 인류학자로서 한국의 농촌, 도시빈민, 새마을운동, 민주화운동 등 다방면에서 초기 한국학을 일군 학자[이동헌, 2011 : 3]로 알려져 있다. 1960년대 후반 충남의 석포라는 한 마을에서 수행한 현지 조사 결과는 *A Korean Village : Between Farm and Sea*[1971] 라는 이름으로 하버드대학 출판부에서 출간되었다. 이 책은 해방 이후 한국사회에 대한 외국인 연구자의 초기 인류학적 민족지라는 점에서 학사적 가치도 있다.

그가 충남의 석포리를 연구대상지로 선택한 이유는, 충남지역이 양반으로 대표되는 조선의 전통적이고 보수적인 문화 전통을 충실히 보존하고 있는 지역이라는 점, 사회조직과 이념의 전통적 형태가 비교적 잘 보존된 한산한 촌락이라는 점, 그리고 여기에 더해 농민과 어민의 수가 거의 균형을 이루는 지역의 소공동체라는 점이 잘 맞아떨어졌기 때문이라고 한다. 실제로 당시 석포리는 전통적인 양반 가문을 비롯한 주요한 4개의 씨족이 농업과 어업에 종사하면서 자급자족에 가까운 생활이 유지되는 지리적으로 고립된 마을이었다. 또한 석포리는 일제의 식민지배와 해방, 한국전쟁 등의 커다란 정치적 격변에도 불구하고, 1966년 당시까지 전통적인 사회체제가 커다란 변동 없이 유지되고 있었고, 이제 막 근대화라는 새로운 도전이 시작되고 있는 곳이기도 했다.[이동헌, 2011 : 9]

브란트의 저서를 관통하는 핵심 테마는 한국사회의 이중모델을 통한 한국문화의 유형 파악이라고 할 수 있을 것이다. 브란트는 석포에서의 필드워크를 통해 사회의 여러 다양한 요소들이 2개의 주요한 중점 혹은 기본테마를 중심으로 집중되는 경향이 있음을 발견한다. 이를 도해하면 다음과 같다.[Brandt, 1971 : 22~23]

씨족(氏族)	사회공동체
농업	어업
위계조직	평등주의
혈통적 지위	개인의 카리스마
공식적	비공식적
유교적 가족의례	무속·정령숭배

그가 발견한 석포의 모델은 이데올로기적 측면에서 이원적이다. 그는 석포에서 상이한 윤리적 체계가 평범한 일상생활의 행위에 영향을 주고 있다고 주장한다. 하나는 공식적이며 명백한 것이다. 이것은 크게 보아서 혈통적으로 오리엔테이션되어 있는 것으로 한국의 양반적인 전통과 밀접히 연결되어 하나의 분명한 구조를 이룬 계층과 권위의 위계체계를 표명한 것이다. 다른 하나는 "평등주의 공동체 이론"이라고 지칭되는 것으로, 비공식적이며 도

덕의 원칙으로서는 규범화되지 않은 것을 말한다. 이러한 모델에 있어서 고도로 평가되고 권위 있는 공식윤리는 때때로 부족주의라고 불리는 제도적인 여러 측면들을 가진 하나의 통속적인 평등주의적 전통에 의해 도전을 받는다.

하지만 1960~1970년대 이루어진 대부분의 한국사회구조에 대한 논의와는 달리, 촌락 내에 위계적인 씨족 이데올로기와 평등주의적 공동체 윤리가 서로 영향을 미치며, 사회조직에 성격을 부여한다는 그의 논의는 지금 보더라도 참신한 면이 있다. 그는 한 마을 내에서 유교적, 씨족적 위계원리와 공동체의 평등주의적 이데올로기는 상호영향을 미치고 있다는 사실에 특히 주목한다. 저자의 논지를 따라간다면, 석포 마을의 결속은 바로 양자의 이데올로기가 서로 균형을 이루는 가운데, 특히 평등주의적 공동체윤리가 위계적인 씨족적 이데올로기를 압도하는 상황에서 이루어진다.Brandt, 1971 : 230~232

물론 그는 자신의 모델이 가지는 한계 역시 어느 정도 인정하고 있었다. 그 한계 중 하나는 씨족적 가치관과 공동체를 지향하는 가치관이 복잡하게 얽힌 사례에서 볼 때, 어떤 행위를 두 규범 중 어느 하나에 속한다고 한정하는 식의 이원적 구분이 반드시 타당하지 않다는 것이다. 다른 하나는 석포의 모델이 변동, 특히 근대화 이후의 변화를 설명하기 힘들다는 것이다. 두 윤리체계 ―

씨족적 가치관과 공동체를 지향하는 가치관 — 는 모두 개인의 이익을 집단의 이익에 종속시킬 것을 요구하는 반면, 근대화에 따라 나타나는 개인주의, 경쟁적 성취욕구의 보급은 새로운 변화를 예고하는 것처럼 저자에게는 비추어졌기 때문이다.Brandt, 1971 : 233~234

이러한 모델의 한계는 브란트 자신이 농민들의 삶에 활력을 불어넣었던 협동 관행들과 평등주의적 정서로 대변되는 공동체 전통에서만 평등주의를 찾고자 했기 때문일 것이다. 하지만 존 리John Lie가 주목하는 것처럼, 1950년대 후반 무렵 한국사회에 등장한 근대적 이상으로서의 평등주의는 결코 과거의 평등주의적 전통에서 연유하는 것만은 아니었다. 그렇다면 이러한 평등주의를 가능하게 한 정치경제적 요인은 무엇일까. 존 리는 해방 이후의 토지개혁과 대대적인 이농離農이란 쌍둥이 현상이 남긴 영향이 수많은 마을에서 평등주의를 조장한 요인으로 파악한다. 한국전쟁으로 인한 황폐화는 애초에는 모두가 평등했었다는 널리 퍼진 의식을 더욱 공고하게 할 따름이었고, 그러한 의식은 남한 사람들의 동질성 그리고 그러므로 평등함을 강조한 민족주의에 의해 끈기 있게 조장되었다는 것이다.존 리, 2022 : 77[5] 물론 한국사회의 평등주의에 대한 브란트

---

5   물론 평등주의, 그리고 뒤이은 물질주의에 대한 존 리의 분석은 1950년대라는 절망의 문화 (위의 책, 72쪽)가 지배하는 한국 사회에서 4·19라는 엄청난 대중 봉기가 일어나게 된 이데올로기적 기원을 추적하는 과정에서 나온 것이지만, 분석을 뒷받침할 만한 실증적인 자료는

의 관심은 그 이후에도 지속되어, 1981년 이만갑과의 공동연구에서, 그는 1970년대 한국사회의 농촌에서 도시로의 인구 이동에서 도시로 떠나는 이들이 시골 사회의 최상위 부유층 출신이거나 아니면 최하위 빈곤층 출신인 경향이 있었으며, 그들이 떠남으로써 시골에 남은 사람들 간에 평등주의가 강화되었다는 흥미로운 분석을 제시하고 있다.Brandt·Lee, 1981 : 111

마지막으로 책의 결론부에서는 근대화로 인해 촌락사회에 나타나게 될 새로운 정치적 갈등에 대한 분석이 제시되고 있다. "촌락 수준에서의 이러한 두 개의 상반되고 상호작용하는 전통적 이데올로기를 위에서 이미 언급한 가설집단 간의 갈등은 지배적인 씨족조직과 관련이 있다는과 합쳐서 고려할 때에 이러한 것들이 한국사회에 만연한 일반적인 파벌派閥의 문제를 설명하는데 어떠한 도움을 줄 수 있을 것인가?"의 문제이다. 그는 한국의 과거나 현재의 국가적 불행의 대부분이 풍토화된 파벌주의 때문이라는 일반적 통설이 받아들여지는 상황에서, 파벌의 근본적인 사회학적 요인과 이러한 요인들이 어떻게 작용하고 있는가에 대한 체계적인 연구는 거의 이루어지지 않았음을 지적한다. 결론부터 이야기한다면 석포의 사례

제시되지 않았다. 1950년대 한국 사회에 등장한 이 새로운 평등주의적 이상의 기원, 그리고 이 새로운 평등주의적 이상과 과거의 평등주의 공동체 전통과의 관계에 대해서는 조금 더 세밀한 사회과학적 논의가 필요할 것이다.

를 통해 볼 때, 오랜 전통의 하위계층적 윤리^{평등주의}가 한국사회의 전 수준에 존속했었음에도 불구하고, "오랜 역사적 발전과정을 통해 유교 이데올로기와 양반적인 구조의 원칙들이 촌락 자체뿐만 아니라 촌락 단위 이상의 제도와 변화를 너무나 지배했기 때문에, 평등주의와 이에 수반되는 관용의 정신이 사회조직의 기본적 통합요소로서 제거되거나 혹은 파묻혀 버리고 만" 것이라고 그는 이야기하고 있다.^{Brandt·Lee, 1981 : 239~240}

그러나 이상의 흥미로운 논의에도 불구하고 그의 작업은 몇 가지 측면에서 한계를 노정하고 있다. 가장 우선적으로 제기될 수 있는 비판은 석포라는 촌락이 모델로서의 전형성을 확보할 수 있는가 하는 문제이다. 물론 필자는 유형론이 가지는 한계를 인정하지만, 그것이 가질 수 있는 장점은 받아들여야 한다고 생각한다. 유형론은 특수한 한 문화의 대체적인 윤곽, 사람들의 가치관, 행동패턴 등을 설명해 주는 데 있어 가장 효과적이 기 때문이다. 일본사회의 원리를 '장'에 의한 집단적 특성이나, '종'적 조직에 의한 서열로 설명한 나카네 지에^{中根千枝}의 작업은, 실상 현대 일본사회가 반드시 그런 방식으로 작동한다고 말할 수는 없다 하더라도, 하나의 모델로서의 이론적 함의는 분명하다. 그 전형성의 근거는 물론 일본 사회의 이에^家 및 무라^村와 기타 서구나 중국, 인도의 사회조직과의 비교사회학적 연구였다. 그러나 아직 한국촌락의 전형에 대한 이론적 논의가 사실상 별로 이루어지지 않은 상황에서 반농반어촌半農半漁村인 석포를 하나의 전형으로 볼 수 있을 것인지에 대해서는, 나아가 전형적인 한국 농촌촌락과 석포와의 관계에 대해서는 좀 더 많은 논의가 필요하다.

둘째로, 한국사회의 기초단위를 촌락으로 단정 지을 수 있는가 하는 문제가 제기된다. 이 문제에 대해서는 2장에서 본격적으로 다루겠지만, 촌락이 왜 한국사회의 기초단위인지, 이러한 접근은 어떤 학문적 전통에서 만들어진 것인지, 그리고 흔히 단일하고 폐쇄적인 촌락을 넘어서는 다른 기초 단위 — 예를 들어 장시, 혹은 군과 같은 다른 행정구역 — 와 촌락은 어떤 관계를 맺고 있는지에 대한 이론적이고 실증적인 연구가 전제되지 않은 채, 촌락을 한국사회의 기초단위로 무의식적으로 설정하는 접근은 지양되어야 할 것이다.

셋째로, 브란트는 두 가지 윤리체계가 상호영향을 미친다고 지적하면서 이중모델이 지니는 한계에서는 벗어나고 있지만, 양반계층이든 상민계층이든 동일한 구성원들 간에 존재하는 내적 차이를 간과하고 있는 듯하다. 즉 한 개인이 현대적 맥락에서 자신들에게 열려 있는 다양한 문화적 자원들을 선택적으로 활용하여 사회적, 경제적, 정치적 전략으로 발전시켜 가는 과정에 대한 구체적 분석문옥표, 2000이 그의 작업에서는 드러나지 않는다. 양반문

화와 상민문화라는 유형론적 설명은 가능하지만, 그 유형론이 제
자리를 찾기 위해서는 그 유형 내부의 구성원들의 동질성과 차이,
그리고 그 차이가 가져오는 역동성을 분석해야 한다. 물론 이러한
비판은 현대 인류학의 주요한 경향인 과정process, 실천practice, 인간
행위human agency에 대한 천착에서 영감을 받은 것이다.

　넷째로 한국의 전통 촌락의 구조를 설명하는데 있어, 브란트의
작업은 한국의 촌락이 같은 동아시아권인 중국이나 일본의 촌락
과 어떻게 다른지에 대해, 그 유형별 차이를 설명해줄 수는 있지
만, 그러한 차이를 야기한 구조적 요인혈에 대해서는 그다지 설명
을 해줄 수 없다. 중국과 동일하게 국가의 힘이 지방에까지 미치
지 못하는 특성을 지녔음에도 불구하고, 한국에서는 중국의 거대
한 종족과 같은 그런 조직특히 동남부에서 빈번했던 종족 간 계투나, 심지어 국가에 대한
저항의 사례를 본다면이 나타나지 않은 이유는 무엇일까? 한국의 촌락에
서 평등주의적 공동체 윤리가 나타나게 된 원인은 무엇인가? 그
리고 양반 중심의 씨족윤리와 평등주의적 공동체윤리 사이의 갈
등은 어떤 식으로 전개되었으며, 이는 지역에 따라 어떠한 차이를
보이는가에 대한 여러 질문들에 대한 답을 이 책은 일목요연하게
제시하지 못하고 있다.

　이러한 비판들 이외에도 그의 저서 구석구석에서는 여러 아쉬
움의 편린들이 남아 있다. 예를 들어, 한국의 촌락에 대한 첫인상을

기술하는 부분에서 엿보이는 후진적 아시아에 대한 서구적 편견과 오리엔탈리즘이 혼합된 인상들은 1960년대 아시아의 벽지 한국에 온 미국인이라는 위치position를 감안한다 하더라도 역시 조금은 아쉬운 대목이다(물론 그는 현지 조사를 수행하면서 이러한 편견에서 벗어나는 듯이 보인다). 또한 '근대화론소위 테이크 오프, take off'에 대한 경도, 민족지적 현재ethnographic present에 입각한 서술의 한계, 그리고 촌락의 발전에 있어 리더십leadership의 중요성을 이야기하는 대목은 왠지 후진국의 권위주의 발전모델을 긍정하는 듯한 느낌도 준다. 사실 그가 조사를 수행하던 시기는 박정희 정권에 의한 '새마을운동'이 한창 진행되던 시기와 일치하고, 저자의 약력을 보더라도, 그가 '새마을운동'에 깊숙이 개입했던 흔적을 찾아볼 수 있다.[6] 브란트를 위시한 초기 서구 학자들, 나아가 일본 학자들의 한국학 연구에 대한 포스트식민주의적 접근이 요청되는 이유도 여기에 있다.

하지만 그의 작업이 한국사회에 대한 민족지적 기술의 시도가 전무한 시기에, 외국인 학자에 의해 이루어진 거의 최초의 인류학적 연구였다는 사실은 부인할 수 없는 사실이다. 또한 그의 작업은 1960~1970년대 수행된 한국사회의 구조적 성격에 대한 대부분의 유형론적 기술을 넘어서는 단초들을 제공하고 있다는 점에서, 현대 한국사회에 대한 인류학적 연구에 미친 영향력 역시 크다고 하겠다.

2) 적응이라는 관점 한상복의 연구

마지막 경유지인 하태도에서 승객이 내리고 나니, 소흑산 가거도까지 가는 승객은 엿장수 한 사람과 나 두 사람뿐이었다. 목포에서 정기여객선으로 16시간 이상을 항해하여 다음날 오후 1시에 소흑산 가거도에 도착하였다. 가거도에는 객선이 정박할 항만시설이 없기 때문에, 이 동력객선은 오늘 저녁까지 다시 홍도항이나 대흑산도 예리항까지 돌아가서 일박하고 내일 목포로 돌아가야 한다. 목포에서 가거도까지 풍력범선으로는 순항을 만나야 6~7일이 걸리고, 바람과 파도 길을 잘못 만나면 열흘이고 보름이고 표류해야만 하는 절해고도絶海孤島가 바로 가거도이다. 한상복, 2017[1963] : 46~47

한상복은 자타가 공인하듯, 해방 이후의 척박한 한국사회의 학문적 풍토에서 인류학 연구를 수행하면서 동시에 많은 학문 후속

6　　브란트는 1970년대 중반, 이만갑 교수 등 한국인 연구자들과 함께 새마을운동과 농촌개발사업에 대한 연구를 수행했다. 1975년에는 유네스코 본부의 연구사업인 「한국 새마을운동 이론 정립을 위한 비교연구」 프로젝트의 연구위원으로 위촉되어, 1980년까지 새마을운동과 농촌개발사업에 관한 연구를 수행했으며, 이 연구 결과는 『한국의 농촌개발』(이만갑·브란트, 1979)이라는 단행본 보고서로 발간되기도 했다. 하지만 이러한 활동이 박정희의 개발독재 및 권위주의에 대한 정치적 지지에서 비롯된 것은 아니었던 것 같다. 이는 1980년대 한국의 민주화운동에 대한 저자의 깊은 관심과 조사활동에서도 확인할 수 있다(이동헌, 2011, 7~8쪽 참조).

세대를 길러낸 한국 인류학계 1세대를 대표하는 학자이다. 자신의 학문적 이력을 회고하면서 그는 학부 전공은 사회학이었지만 김택규 교수의 민속학 조사, 사회학 이만갑 교수의 농촌 조사에 참여하면서 인류학 조사로 전환했다고 회고한 바 있다. 그리고 초기 연구는 산촌山村에 대한 개인조사였지만, 점차 어촌, 농촌으로 확대되었다고 한다.한상복, 2011 그의 학부 졸업논문은 「한국 산촌주민의 문화와 사회적 성격」1961이었다. 그리고 평생 처음으로 행한 자신의 독자적인 현지 조사 연구이자 석사논문의 테마이기도 했던 강원도의 한 촌락에 대한 연구「한국 산간촌락의 연구」, 1964의 서문에서 그는 사회인류학의 연구대상으로서의 촌락을 다음과 같이 정의하고 있다.

이 조사에서는 분석단위를 전체로서의 한 촌락으로 규정하고 그것의 하위단위로서 가족과 개인의 행동을 보았다. 앞서 사용한 '고립'이라는 말은 분석단위인 촌락이 다른 외부의 지역사회와 지리적으로 격리되어 있고, 동질적이며, 경제적으로 자급적이고, 사회조직이 촌락 내에 중층적으로 누적되었다는 것, 촌락의 성원들이 전통적으로 행동한다는 것 등에서 추상한 것이다. 그러나 엄밀한 의미에서 볼 때 이 촌락은 문자 그대로 완전히 고립된 사회라고는 말할 수 없다. 그 촌락 자체가 한국이라는 전체 사회의 일부요, 국가와 법률과 정치에 의해서 지배되며, 한국이 역사와 전통을 공유하고 있는 한 그것은 독립적인 전일 사회가 아니라 수평적으로나 수직적으로나 의존적인 사회라 할 것이다. 다만 그것이 정도에 따라 이와 같은 용어법을 사용했다는 것을 밝혀둔다.^{한상복,}

1964 : 133~134; 한상복, 2011 : 17~18에서 재인용

실제로 그는 인류학적 현지 조사 방법과 양적인 사회학적 통계 분석방법을 병용해서 엄밀한 의미에서 정통적인 인류학적 현지 조사를 수행한 1세대 한국의 인류학자이다. 1960년 첫 조사로부터 50년 만에 다시 과거 연구 지역을 재방문해 조사를 수행한 결과물인『평창 두메산골 50년』2011은, 50년 전 당시 수행한 조사방법론이 그대로 기록되어 있어, 그 자체만으로도 한국사회조사방법론의 역사를 이해하는데 있어 중요한 사료적 가치를 가지고 있다. 그는 현지 조사에서 관찰하고 질문할 항목을 빠뜨리지 않도록 미리 조사내용을 대 / 중 / 소 항목으로 분류해 목록화하고, 통계자료가 필요한 인구학적 내용, 토지 소유, 수입과 지출 등의 내용에 대해서는 질문지를 작성하여 가구주를 대상으로 전수조사를 실시했으며, 질문지의 응답내용은 편집과 부호화 과정을 거쳐 맥비 카드 분류법에 따라 통계처리 하는 등, 엄밀한 과학적 방법론에 입각해 촌락 조사를 수행했다고 쓰고 있다.^{한상복, 2011 : 18~20 참조}

봉산리와 용산 2리라는 두 산촌 마을을 연구대상지로 선정한

이유에 대해 그는, 1959년 당시 봉산리는 강원도에서뿐만 아니라 한국 전체에서도 제일가는 오지 중의 오지 두메산골로, 오랜 전통 문화와 생활관습이 상대적으로 많이 남아 있다는 점, 그리고 대조 적으로 용산 2리는 한국의 일반 산촌에 비하면 오지이긴 하지만 봉산리와 비교하면 상대적으로 외부와의 접촉이 쉽고 빈번하며 변화의 속도와 정도가 커서 두 마을의 비교연구가 가능하다고 판 단했다고 밝히고 있다.[ibid., 20-21]

하지만 이렇듯 촌락을 중요한 연구대상으로 설정하면서도 왜 촌락 연구인가, 촌락이란 무엇인가에 대한 엄밀한 연구사적 정의 에 대한 의식은 적어도 이 글에서 명확히 나타나 있지 않다. 촌락 연구의 계기를 밝힌 글에서도 사회학이나 인류학이나 학문의 기초 가 촌락이며, 하나의 사회집단이면서 씨족도 있고, 경제활동도 모 두 함께 이루어지므로 중요한 단위 정도로 촌락 연구의 의의를 밝 히고 있는 정도이다. 어찌 보면 그의 연구 관심에서 촌락이라는 연 구단위 자체에 대한 고민 자체는 그다지 중요하지 않았던 것으로 보인다. 제3장에서 다루겠지만 그는 식민지기 경성제대의 일본인 사회학자 스즈키 에이타로의 조선 촌락 조사[7]에 대해서도 잘 알고

---

7   이 조사는 경성제대에서 1942년부터 새로운 사업으로 조직한 '남선조사대(南鮮調査隊)' 활
   동의 일환으로 이루어졌다. 경성제대에 그 해 부임한 사회학 조교수 스즈키 에이타로와 이
   시카와 타이조, 이상욱, 신종식 3인의 학생이 참여한 이 조사는 자연부락인 '둔산부락(屯

있었고, 1970년대 당시 그가 재직하던 서울대 인류학과의 학생들과 함께 당시 스즈키가 조사했던 마을을 재방문하여 조사하여 새로이 보고서를 작성하기도 했다. 그러나 스즈키의 중요한 연구 질문이었던 "조선사회에서 촌락이란 무엇인가"라는 물음 자체에 대한 깊이 있는 천착은 그의 연구에서 잘 드러나지 않는다. 한상복의 작업은 사회의 가장 기초적 단위는 촌락이며, 촌락사회를 전통문화를 보존하고 있는 자족적인 소우주라는 인류학의 기본 전제를 그대로 수용하면서 이러한 관점에서 한국 촌락의 특징을 규명하고자 했던 시도라고 평가하는 것이 옳을 것이다.문옥표, 2000 : 75

한편 그는 산촌 연구에 뒤이어 어촌 연구를 시작했다. 당시 대다수의 한국 촌락 연구가 농촌에 집중되어 있었기에, 어촌 마을의 사회경제적 조직과 변화에 대한 연구를 통해 전통적인 한국 농촌 촌락과 다른 특성을 밝혀내고자 했던 한상복의 작업은 중요한 연구사적 의의를 지닌다. 초기 저작인 *Korean Fishermen : Ecological Adaption in Three Communities*[1977]는 자연환경에 대한 생태적 적응 ecological adaptation에 초점을 맞춰, 전라남도의 가거도와 함구미, 그리고 경상북도의 석병 이렇게 세 어촌마을의 가족, 친족, 마을구조,

---

山部落)'에서 주로 이루어졌고 현지 조사 결과는 "둔산부락의 사회학적 연구"란 제목으로 1943년 총독부 기관지인 『朝鮮』에 네 차례에 걸쳐(338~341호, 1943) '남선조사대 사회조사반'의 이름으로 실렸다(김필동, 2020, 57~58쪽 참조).

기술과 경제적 교환관계, 의례와 신앙을 총체적으로 분석한 민족지 연구이다. 이후 한국 인류학계의 연구방법과 기술방식에 있어 전범이 되었으며, 외국 인류학자들의 한국 연구에도 많은 영향을 끼친 중요한 저작이다.

세 연구 대상지 중에서도 가거도는 1960년대 당시 목포에서 배를 타면 꼬박 16시간, 그 당시 왕복 1박 2일이 걸릴 만큼 격리된 어촌마을로 순전히 어업에 의존해 생계를 유지하던 공동체였다. 특히 생계수단인 미역을 채취할 권리가 개인 단위가 아닌 가구 단위로 주어지기 때문에, 이 마을은 다른 한국의 전통 촌락과는 달리 핵가족으로 분화되는 양상을 보인다.[8] 혼인을 한 후 빨리 부모의 가족으로부터 분가해서 하나의 독립된 가족을 만드는 것이 권리 획득에 유리하기 때문이다. 실제로 세대별 가족구성을 보면 가거도의 가족구성은 2세대의 핵가족이 지배적인 형태로 장자의 가족이 부모와 미혼의 형제자매들과 함께 살면서 규모가 큰 확대가족 형태를 취하는 전통 농촌 촌락의 가족형태와는 커다란 차이가 난다.

이러한 사회경제적 구조는 친족관계에도 영향을 미친다. 한국의 전형적인 농촌마을들과는 달리, 가거도에서는 종족 조직들 간

---

8   저자는 이를 가족(family)과 가구(hold)가 일치한다고 표현하고 있는데, 이는 가족과 가구의 개념을 이론적으로 엄격하게 구분해야 한다는 최재석의 논의(1966, 16~19쪽)에 대한 반론이기도 하다.

의 위계적 차이에 따른 갈등이 나타나지 않고 종족조직의 내부 구성원들 간의 관계도 훨씬 취약한 양상을 띤다. 그 이유는 지리적으로 너무나 고립된 가거도에서 부계친족외혼의 혼인연결망이 사실상 섬의 경계를 벗어나지 못하면서 가거도 사회에서 부계친족과 인척관계가 복잡하게 뒤얽히기 때문이다. 다시 말해 가거도에서는 거의 모든 사람들이 친척, 외척, 사돈 관계로 상호관계를 맺고 있기 때문에 그런 관계들에 대해 별로 중요성을 부여하지 않는다는 것이다.Han, 1977; 한상복 2017 : 124~125에서 재인용

또한 이 마을이 다른 농촌마을들처럼 '조상의 땅', 즉 위토 ancestral estates라는 형태의 공동자산이 없는 것도 마을 내부에 강한 종족조직이 생기기 힘든 한 요인이 된다. 대신 마을의 구성원들 사이의 유대는 여타의 농촌마을보다 훨씬 강한데, 그 이유는 미역 채취나 멸치잡이 등과 같은 협동적인 작업의 성격 때문이다. 다시 말해 강력한 촌락 연대가 친족 연대를 약화시키는 양상이 가거도 사회의 한 특징이다. 그래서 가거도에서는 가족 단위의 보호와 상호부조도 친족집단에 의해서 제공되기보다는 총체로서의 마을에 의해서 제공되고 있다.ibid., 125~126

이러한 어촌 마을의 사회·경제적 구조는 혼인에도 영향을 미친다. 당시 한국의 전형적인 농촌마을에서는 부계친족제도에 입각한 외혼外婚, exogamy이 실시되는 것이 일반적이었다. 하지만 이 마

을은 외부와 철저히 고립되었다는 특성상, 내혼內婚, endogamy 비율
이 높다. 한국의 다른 지역에서는 보기 어려운 친사촌과 이종사촌
간의 평행사촌혼이나 내외종 간의 교차사촌혼도 종종 이루어진
다. 저자는 비록 전적으로 한정교환에 입각해서 여성이 교환되지
는 않지만, 많은 수의 성씨들이 서로 호혜적으로 여성을 교환하는
경우를 살펴볼 수 있다고 분석한다.ibid., 59 전통적으로 부계친 한국
사회는 모변이나 인척관계affinal relationships가 공식적 이데올로기로
인정되지는 않지만, 실제적인 수준에서는 매우 중요하다는 것은
일반적으로 알려진 사실이다. 가거도 사람들의 경우는 외부의 세
계와 고립되어 있다는 지리적 특성 때문에 이러한 모변이나 인척
관계가 더욱 중요하다.

이렇듯 한상복의 연구는 모든 문화현상을 심층구조의 기계적
반영으로 해석해버리는 1960~1970년대 대부분의 한국 가족, 친
족 연구와는 달리, 사회제도 및 경제적 조건에 따른 적응adaptation
의 양상에 주목하면서 마을 내부의 경제, 가족과 친족 및 혼인, 신
앙과 의례 등 전체 문화를 총체론적으로holistic approach 파악하는 고
전적인 민족지의 한 전범을 보여주고 있다. 나아가 이는 문화를 더
이상 주어진 인지구조나 혹은 심리적 성향이 아닌, 물적 조건이나
경제적 기회, 기술발달의 정도, 활용 가능한 자원의 유무 등 외부
적 조건에 의해 결정되는 그 무엇으로 바라볼 수 있는 인식의 지평

도 열어주었다.문옥표, 2000 다시 말해, 세 어촌 마을이 전형적인 한국 농촌 마을과는 다른 가족, 친족구조가 나타나는 이유는 그 사회·경제적, 그리고 생태적 특수성에 기인하는 것이다. 그렇다면 이 세 어촌 마을은 한국적인 농촌 마을의 기준에서 '예외'에 해당하는 것일까, 아니면 한상복의 논의 속에는 애초부터 '한국적인 것'이라는 규정이 존재하지 않는 것일까. 그러나 어촌 마을들의 특징을 기술하면서 항상 비교의 준거점으로 일반적인 전통 한국의 촌락사회를 상정하고 있는 것으로 보아, 한상복의 논의 속에는 여전히 전형적인 한국 농촌 촌락의 모델이 자리하고 있다는 것을 알 수 있다.

마지막으로 가족과 친족, 그리고 혼인에 대한 분석을 정리하면서, 앞서 언급한 것처럼 전통적 부계친 사회와 달리 가거도에서는 모변이나 인척 관계가 중시된다는 흥미로운 고찰을 제시하면서도, 그의 연구에서는 정작 사회 내의 행위자를 위한 이론적 장소가 상대적으로 발견되지 않는다. 가거도지역의 독특한 결혼 풍습인 '치마자리혼인', 즉 신부 쪽 가족의 자매나 사촌 또는 먼촌 자매인 여성을 신랑 쪽 가족의 형제나 사촌형제 또는 먼촌 형제들 중의 한 남성과 혼인시키는 결혼 풍습에 대한 흥미로운 분석을 제시하면서도, 그는 여러 가지 사회경제적, 지리적, 생태적 요인들 때문에 사회구조 자체가 독특한 특성을 나타내도록 재조정된 것이라고 결론을 내리고 있을 뿐,Han, 1977; 한상복, 2017 : 130에서 재인용 실제로 가거도 주민들이 공식적 친족과 실제적 친족 사이에서 어떻게 전략적으로 혼인을 선택하는가, 즉 행위자적 관점으로까지 나아가지는 않는다.

물론 행위자들이 친족 관계를 어떻게 활용하는가, 행위자들은 실제로 친족 계보도를 어떻게 읽어나가는가라는 실천의 논리logic of practice에 대한 관심이 인류학의 주요한 이론적 흐름이 된 것은 그로부터 한참의 시간이 지난 1980~1990년대 무렵이다. 공식적으로 부계 평행사촌혼을 이상적인 혼인으로 간주하는 베르베르 사회에서 계보도상 부계 평행사촌혼으로 보이는 교차사촌혼이 여성의 관점에서는 인척 관계의 논리로 치환될 수 있다는 흥미로운 사례를 제시하면서 공식적 친족official kinship과 실제적 친족practical kinship의 분리와 겹침, 나아가 실천의 논리를 이론화한 프랑스 인류학자 피에르 부르디외Bourdieu, 1990의 작업은 그 대표적인 연구이다.[9] 그렇다면 과연 실천의 관점에서 1960년대 이루어진 인류학

---

9   실천 개념은 주지하다시피 프랑스의 인류학자 피에르 부르디외(P. Bourdieu)의 논의를 빌려온 것이다. 부르디외는 *Logic of Practice*(1990)에서 현지인의 제보(提報)를 통해 인류학자들이 깔끔하고 완벽에 가까운 개요적 도형을 그려내는 것(이 때, 가능한 한 '생생한 현실'을 그대로 그려내겠다는 열망이 강할수록 그 도형은 가능한 모든 변이형들을 결합시킨 완벽한 것이다)이, 사실은 (역설적이게도) '실천의 논리'와는 거리가 먼 '종이 위의' 작업임을 비판하면서, 그럼에도 불구하고 '과학'의 이름으로 수행되어야 할 작업으로서 이러한 도형을 그려내야 한다는 역설(irony)로부터 논의를 시작한다. 친족 논의와 관련하여 더 주목해야 할 작

적 작업을 비판하는 것은 정당할까. 아마 이러한 질문 앞에서 당대의 인류학자들은 "그건 우리의 주된 관심이 아니었어"라며, 푸코M. Foucault적인 웃음을 지을지도 모르겠다.[10]

업은 이 책에 실린 '친족의 사회적 사용(The social uses of kinship)'이라는 장이다. 여기서 부르디외는 아랍과 베르베르 사회에서 널리 행해지는 평행사촌혼에 대한 분석을 통해 친족을 사람들이 생산하고 재생산하는 '실천'으로 바라볼 것을 제안한다. 친족을 사회에 질서를 부여하고 그 질서를 정당화하는 기제로 이해하는 것은 그것과는 전혀 성격이 다른 실천적인 사용들(practical uses)을 무시하는 것, 다시 말해 인류학자들이 구성해놓은 친족관계의 계보적 도식은 단지 사회구조의 공식적인 표상만을 재생산할 뿐, 실천의 논리를 포착할 수는 없다는 것이다. 친족의 범주는 현실을 구성한다. 일반적으로 순응주의라고 불리는 것은 현실 감각의 모습이다. 사촌과의 결혼은 이상의 구현이라는 측면에서 지지된다. 여기서 현지인의 이야기를 그대로 받아들이면 실천의 표준으로서의 공식적인 진실에만 매달리게 된다. 하지만 그것을 무시할 경우, 공식적인 것의 추구가 가져다주는 효과를 과소평가 하게되고, 규칙에 순응한다는 베일 하에서 그들의 전략과 이익을 위장하는 행위자들의 이차적 전략을 이해하는 데 실패하게 된다. 결혼의 협상과 축하(기념)의 자리는 '공식적 친족'과 '실제적 친족'의 분리를 명확히 나타낸다(Bourdieu, 1990 참조).

10 여기서 푸코적인 웃음은, 『말과 사물』의 서문에서 미셸 푸코가 언급했던 보르헤스의 텍스트에 인용된 과거 중국 백과사전의 한 동물 분류의 경이로움, 즉 근대 서구인들의 사유의 친숙성을 깡그리 뒤흔드는 자리에서 터져 나오는 웃음을 떠올리며 차용한 것이다. 근대 서구의 에피스테메의 역사를 추적해나가는 이 어마어마한 저작의 첫머리에서 푸코가 환기시키고자 했던 것은 우리의 (근대적) 사유가 갖는 한계, 즉 "무엇을 사유하는 것이 불가능하고, 어떤 불가능성이 문제인가"라는 중요한 인식론적 물음이었을 것이다. "이 책의 탄생장소는 보르헤스의 텍스트이다. 보르헤스의 텍스트를 읽을 때, 우리에게 존재물의 무질서한 우글거림을 완화해주는 정돈된 표면과 평면을 모조리 흩어뜨리고 우리의 매우 오래된 관행인 동일자와 타자의 원리에 불안정성과 불확실성을 오래도록 불러일으키고 급기야는 사유, 우리의 사유, 즉 우리의 시대와 우리의 지리가 각인되어 있는 사유의 친숙성을 깡그리 뒤흔들어놓는 웃음이다(푸코, 2012, 7쪽)."

제3장

종족

가장 전통적인, 하지만 여전히 중요한 정치집단

1. 분석대상으로서의 종족

종족宗族, Lineage은 단계출계집단UDG : Unilineal Descent Groups, 이하 UDG의
대표적인 형태로서, 지금까지 가장 많은 인류학적 연구가 이루어
진 대상 중 하나이다. 아프리카 사회누어(Nuer), 탈렌시(Tallensi)를 연구한
에반스 프리차드Evans-Pritchard나 포르테스Fortes와 같은 영국의 사회
인류학자들에 따르면, 종족은 대부분이 부계父系로 이루어진 공동
운명체이자 영속집단이며, 정치 / 경제 / 종교적인 기능을 수행하
는 특징을 지닌다. 또한 대체로 동일한 지역에 모여 사는 지역집
단인 경우가 많으며, 형제간의 분절分節, segmentation 과정을 거치면
서 보다 근친으로 이룩된 독립적인 하부집단을 구성하게 된다. 이
렇게 단계출계율單系出系律에 의한 친족원리가 부족사회의 기본을
이루는 아프리카 사회에서, 종족은 정치·의례 등 사회제도의 여
러 양상을 설명하는 가장 중요한 연구 단위였다.

하지만 우리가 잘 알고 있는 것처럼, 한국, 그리고 중국의 경
우, 중앙집권적 정치제도가 오랫동안 존속해왔고, 이질적 요소들
계급, 계층, 직업의 다양성, 상업 발달, 중국의 경우 다민족 등이 혼재하는 복합사회complex
society임에도 불구하고 종족은 오랜 세월을 거쳐 존속해오며, 사회
내에서 중요한 역할을 수행해왔다. 이는 UDG의 기본 성격이 "정
치적"인 것이기 때문에특히 중앙집권적 통제체제가 존재하지 않는 상황에서, 종족과

복합사회는 양립하기 어렵다고 이야기해온 영국 구조기능주의자들의 주장과는 배치되는 사례이다. 그런 점에서 중국의 종족체계를 연구한 모리스 프리드만을 위시해, 많은 서구와 한국의 인류학자들은 오랜 기간 동안 한국사회의 대표적인 조직으로서 종족이 존속하게 된 요인과 그 기능 및 역할에 대해 연구해왔다.프리드만, 1996; Janelli·Janelli, 1978; 유명기, 1977; 김광억, 1987·1991a·2000; 김성철, 1997

하지만, 산업화와 도시화가 가속화되면서 전통사회의 중요한 조직 원리였던 종족조직은 통념상, 변화에 적응하는데 있어 취약하며 점차 그 기능이 약화되고 있는 것처럼 보인다. 예를 들어 1960년대의 농촌 조사 보고는 대개 이농이 상층과 하층을 중심으로 이루어져 농촌의 동질성이 증대된다는 점을 강조해왔다. 이러한 보고는 1970년대의 새마을 사업을 비롯한 지역개발정책에 영향을 주었으며, 사업수행도가 계층 간의 차이가 적은, 즉 동질성이 높은 마을에서 더 효과적임이 지적되었다.조옥라, 1987 : 748 이러한 접근에 동의하는 학자들은 한국농촌의 특징을 수평적 원리와 수직적 원리가 공존하는 사회로 보는 경향이 강하다.Brandt, 1971 이들은 현대의 산업구조가 수직적 요소를 농촌사회에서 완화시켜 수평적 요소가 강화되었으며, 이러한 수평적 요소가 전통적 협동방식에 근거한 협력을 강화시켜 경제 및 지역 발전에 긍정적인 기능을 했다고 본다. 조옥라1981a 역시 1970년대 초 이래 새마을운동을 비롯하여 관주도형 생활개선 운동이 이루어지면서, 농촌사회에도 많은 변화가 일어났으며, 특히 새롭게 등장한 영농지도자나 새마을 지도자들이 부각과 이들이 행정당국과 맺는 밀접한 관계는 현대 농촌부락의 사회구조를 잘 시사해주고 있음을 지적하고 있다. 즉 마을 지도자들은 행정당국과의 접촉을 어느 정도 통제하고 있으며, 당국과 마을 간의 종속적 관계는 한국 재래부락의 자치력을 감퇴시킨 경향이 있다는 것이다.조옥라, 1981a : 62

그러나 종족집단의 강인성이 전통마을로 하여금 현대사회에 적응하는데 장애요인으로 작용한다는 통념은 실제와는 다르며, 현대 사회에서도 종족조직은 생명력을 가지고 있고, 오히려 전통적인 종족조직의 효율적인 관리는 오히려 변화에 대한 효과적인 적응기제를 마련해주고 있다는 해석도 동시대에 제기된 바 있다.김광억, 1987 인류학자 김광억이 조사한 의성 김씨 종족부락의 경우, 일견 많은 인구이동이 있었고, 타성받이 사람의 숫자도 상당하여 동족마을이라고 보기 어려운 측면도 있지만, 타성받이의 거의가 옛날 이 마을의 노비 및 머슴 출신의 영세농으로서 현재에도 의성 김씨들의 소작인으로 지낸다는 점을 볼 때 사회경제적 측면에서 이 마을은 전형적인 동족마을에 해당된다. 그런데 이 마을은 잘 조직된 문중과 강한 동족 관념이 마을 생활의 모든 영역에서 중요한 영향을 미치고 있으며, 새마을운동으로 국무총리상을 받고,

1979년에는 정부의 전국경제동향 보고대상 마을로 선정되는 등, 현대적이고 진취적인 면모를 보이고 있다는 것이다.[김광억, 1987 참조]

조옥라[1987] 역시 후기의 연구에서 이전의 관점이 농촌의 변동과정에서 야기되는 문제들의 심각성을 간과하는 경향이 있다고 지적하면서, 전라북도 정읍의 한 마을에 대한 조사를 토대로 사회경제적 변화에 따른 계층구성, 그리고 그러한 계층 형성과 사회관계 특히 친족관계에 주목한다. 나아가 김광억[1991a]은 촌락의 경계를 넘어서서 보다 넓은 지역사회에 걸친 공동체를 형성하는 종족집단이 지역사회의 정치구조와 문화에 지배적인 영향력을 행사하는 과정을 안동 지방의 사례연구를 통해 잘 그려내고 있다.

이상의 연구들은 "전통 = 종족조직"이라는 통념이 실상과는 다르며, 오히려 전통적인 조직이 현대사회에 어떻게 적응하고 있는지를 잘 보여주고 있다는 점에서 흥미로운 문제를 제기하고 있다. 이 장에서는 1970년대부터 본격적으로 연구되기 시작한 촌락사회의 변화와 이에 따른 종족조직의 적응/변화에 관한 연구들을 리뷰하는 방식으로 종족조직의 형성과 변화과정을 통시적으로 기술하고자 한다. 우리가 흔히 '전통적'인 것이라고 생각하는 동족촌락은 사실 조선 중기에 접어들면서 형성되기 시작한 역사적인 구조물이다. 따라서 이 장에서는 동족촌락이 형성되기 시작하는 조선시대를 기점으로 해서, 일제시대, 그리고 현대사회까지의 변화과정을 다룰 것이다. 나아가 한국의 종족 조직에 대한 인류학적 연구 문헌들에 대한 리뷰를 통해, 현대 한국사회에서 종족의 정치적 역할에 대해서도 검토하고자 한다.

2. 동족촌락[1]의 형성과 변화 조선시대

향촌 지역이 적극 개발되어 촌락이 형성되기 시작한 것은 여말선초 이래, 지방양반인 재지사족在地士族이 이족吏族의 신분에서 분화되기 시작하면서부터라고 알려져 있다. 재지사족은 여말선초 이래 이족에서 분화되어 사족화하는 과정에서, 그들이 거주하고 있던 읍치지역을 벗어나 외곽 촌락지역이나 인근 타읍의 외곽지대로 이주하여 새로 터를 잡는 것이 일반적인 현상이었다.정진영, 1999 : 155 하지만 그 때까지도 촌락의 구조는 우리에게 잘 알려져 있는 동족촌락의 형태는 아니었으며, 다양한 성씨가 함께 거주하고 있었다.

---

1   씨족부락은 동족부락(김택규), 동족마을(이해준), 동성촌락(정진영), 동족촌락(정승모), 종족
     마을 등 다양한 이름으로 불려왔다. 이 글에서는 씨족부락, 혹은 동족촌락, 종족부락이라는
     명칭을 구별하지 않고 사용하며, 해당저자의 글을 인용할 경우는 그 저자가 사용하는 용어
     그대로 기술하기로 한다. 정승모(1993)는 동족촌락을 다음과 같이 정의하고 있다. "同族村
     落이란 그 구성원 다수가 동족관계에 있는 마을을 말한다. 同族은 공동조상으로부터의 出
     系가 相互確認되는 同姓同本의 父系親族들로 구성된다(정승모, 1993, 41쪽)."

동족촌락의 형성을 살펴보기 앞서, 먼저 향촌사회에서 재지사족 층의 위상변화를 살펴볼 필요가 있다. 16세기 이후 본격적으로 진행되는 둑과 제방, 저수지 개발 등으로 농경지역이 평야 저지대로 확산되었다. 그에 따라 이를 주도하는 재지사족들의 위상강화를 배경으로, 몇 개의 자연촌락이 우세한 중심촌락 = 사족촌락에 부수된 형태로 연결되어 성장하는 추이[이해준, 1993 : 264]를 관찰할 수 있다. 이러한 촌락간의 관계와 사족지배질서를 반영하는 증거가 바로 16~17세기에 일반화된 동계洞契와 동약洞約 조직의 발달이며, 이 시기 재지사족에 의해 편찬되는 사찬읍지들에서 마을관련기록이 충실한 점 또한 그러한 추이를 반영하는 것이다. 특히 기층민들의 촌락조직을 상계上溪 주도의 상하합계上下合溪의 형태로 포섭하려던 16~17세기 사족들의 동계 조직은 본질적으로 사족중심의 향촌재편을 목적하면서 수령권의 촌락혹은 사족지배력에 대한 통제를 방어하기 위한 노력의 일단이기도 했다.[ibid., 268]

또한 친족제도와 관련하여 상속제도의 변화, 『주자가례朱子家禮』의 보급과 예학의 발달, 종법적宗法的 가족제도의 수용 등도 16~17세기에 나타난 중요한 변화이다. 조선 전기만 하더라도, 아들·딸 또는 친손·외손의 구별이 엄격하지 않았으며, 재산상속 또한 자녀균분子女均分을 원칙으로 했다고 알려져 있다. 하지만 조선 전기의 이러한 가족제도는 16~17세기를 거치면서 적장자 중심의 종법적 가족질서로 확립된다. 이에 따라 남계친 체제가 확립되어 가기 시작했고, 상속제도 또한 장자 중심의 차등상속으로 변화했다. 부모의 재산이 적장자 중심으로 상속됨으로써 비로소 장자가 부모의 터전을 계승할 수 있게 되었고, 이에 따라 특정 마을에 점차 동성동본 친족집단의 형성이 가능해지게 되었던 것이다.정진영, 1999 : 162~163 중요한 점은 이 시기 특정 성씨가 경제적·사회적 기반을 확보하면서 이에 따라 촌락 주도권을 배타적으로 장악하는 과정이 동시에 진행되었다는 점이다. 특정 성씨가 상대적으로 열등한 성씨를 촌락사회에서 점차 소외시켜 가면서, 상대적으로 열등한 성씨는 다른 곳으로 이주移住하게 된다.

이렇게 형성되기 시작한 동족촌락을 보편적인 마을의 형태로 발달시킨 계기는 18, 19세기이해준은 시기를 앞당겨 17, 18세기로 잡고 있다의 사회경제적 변화였다. 즉 18, 19세기17, 18세기에 접어들면서 상품경제의 발달, 이에 따른 농민층의 성장과 저항, 양반층의 증가에 따른 신분질서의 동요 등, 사회경제의 각 부문에 있어 변화가 나타나기 시작했다. 동시에 동성촌락의 내부에서도 동성 상호간의 경제적인 계층분화와 적서간의 신분적인 갈등, 그리고 소작농민을 중심으로 한 하층민의 저항이 전개되기 시작했다. 즉 사족들의 물적 토대가 취약해지고 새로운 계층이 경제력을 바탕으로 성장하여 사족들과 경쟁적인 위치에 서게 되자, 중앙정부 및 그 대행자로서의 수령은 소위 신향세력을 끌어들여 궁극적으로는 사족지배권을 약화시키면서 관官주도적 통제를 강화하고자 하였다.이해준, 1993 : 277 기층민 촌락을 통제하기 위한 상하합계와 같은 재지사족들의 대응방식도 사족들의 간여를 배제한 채 중앙정부에 의해 추진되는 일련의 촌락 직접통제방식에 의해 해체되어갔다. 이는 사족들이 중심이 된 동계洞契, 동약洞約 조직들이 부세 단위인 공동납 체제로 변화하는 과정이나, 그 결과 나타난 촌락의 분화혹은 분동(分洞)에서 잘 드러난다.

하지만 이런 국가의 지방지배가 촌락의 수준까지 그대로 관철되었다고 보는 것은 너무 순진한naive 생각이다. 재지사족의 경우 존재방식은 지역에 따라 차이가 있었으나 대부분이 한 지역사회에서 지속적으로 권력의 중심적인 위치를 차지해왔고, 국가권력과는 별도로 또는 상호묵인 하에 직접생산자인 농민들에게 경제적 · 경제외적 강제를 행사한 사실은 역사적 고증을 통하여 확인된 바 있다.정승모, 2001 또한 이 시기 사족들이 서원書院을 조직하여, 향교郷校를 기피하는 현상이나, 유향소留郷所가 약화儒 · 郷의 분지(分枝) 되는 등의 현상은 모두 이들 사족 세력의 약화가 아니라 강화의 결과이며 관권과의 대등한 관계로의 발전으로 보아야 한다는 해석도 존재한다.정승모, 1989 사족간의 분열도 다른 각도에서 보면 집단화되기 이전의 결사체적인 단계에서는 일어나기 힘든 현상이라는 것이다.

즉 후기향촌사회의 지배성씨들은 향교와 같은 공조직公組織, 서원·사우祠宇와 같은 사조직을 통한 인적 교류망을 형성함으로써 기득한 사회적 지위를 유지하였고, 지배층을 지향하는 사회세력들특히 친족집단화한 '향족'들은 이러한 조직범주에 편입함으로써 그 목표를 실현하였다. 따라서 이러한 현상은 향촌사회에서 사족집단이 양적으로 확대되어 가는 현상과 일치하는 것으로 지방 세력의 강화와 동시에 국가권력의 약화현상으로도 볼 수 있는 것이다.정승모, 1989

이러한 이견異見들은 향촌사회의 전반적인 변화를 17, 18세기로 볼 것인가, 18세기, 심지어 19세기에 와서도 국가의 지방지배는 관철되지 못했으며 오히려 재지사족의 영향력은 강화되었는가로 볼 것인가에 따른 차이들이다. 이러한 이견들에 대한 일치된 견해가 아직 나오지 않는 상황에서 이를 규명한다는 것은 필자의 능력을 넘어서는 것이다. 하지만 향촌사회의 전반적인 변화와 맞물려 위기의식은 분명히 존재했으며, 이러한 위기의식이 양반들 사이에서 동성간의 결합을 더욱 절실하게 했음에 틀림없고, 이것이 바로 동족촌락의 강화현상으로 구체화되었을 가능성은 충분히 미루어 짐작할 수 있다.정승모, 1993; 미야지마 히로시, 1995; 정진영, 1999

이 시기, 문중조직의 형성[2]이나 족보편찬에 있어서 남계와 여계를 구별하고, 철저히 남계친 중심으로 계보를 추적하는 방식상의 변화는 동족결합 강화의 양상을 잘 보여준다. 그 한 예로 안동 권씨의 초기 족보인『성화보』는 혼인관계를 통해 다른 유력 혈연 집단과 결합되어 있는 열려진 집단으로서의 안동 권씨의 위세를 보여주는 것인데 반해, 후기의 족보는 출가한 딸에 대해서는 그 사위와 아들의 이름만 씌어 있을 뿐, 그 이후 자손들은 수록범위에서 제한된다던가, 남계의 자손에 대해서는 족보 편찬 시점까지의 계보를 수록한데 비해 여계의 자손에 대해서는 안동 권씨의 딸이 낳은 아들 대까지만 수록하는 등 동족 집단으로서 안동 권씨의 결속력을 강화하기 위해 작성되었다는 성격이 강하게 드러난다.[2]

야지마 히로시, 1995 : 230~232 이는 족보라는 것이 단순히 한 사람의 선조에서 현재의 자손에 이르기까지 일족의 역사를 계보의 형식으로 기록한 결과물만이 아니라, 일족의 현재 상황임을 반영하는 것이다. 이렇듯 족보편찬 당시 살아 있던 사람들이 자신들의 위신, 사회적 지위를 과시하기 위해 자신들의 출신이 얼마나 유서 깊은지, 일족의 사람이 현재 얼마나 높은 사회적 지위에 있는지를 나타내

---

2   문중조직이란 "어떤 동족집단 내에서 시조보다 훨씬 아래 세대의 특정 인물을 공통의 조상으로 삼는 자손들로 구성되는 동족집단의 하위조직이다. 미야지마(1995)는 유곡 권씨와 저곡 권씨의 문중조직이 17세기 후반에서 18세기에 걸쳐 형성되는 현상에 주목하면서, 이를 족보편찬 방식의 변화와 연결시킨다. 즉 17세기 후반 이후 부계혈연조직으로 종족집단의 결합이 강화되기 시작하는데 이것은 재지양반 집단의 경제력이 저하되어 상속제도가 변화하기 시작한 시기와 일치한다는 것이다. 물론 이 움직임을 근저에서 규정하고 있었던 것은 재지양반 집단의 경제력 저하였다는 것이 미야지마의 설명이다(앞의 책, 233~239쪽 참조).

는 산물[ibid., 251]이라는 점을 염두에 둔다면, 족보편찬 방식의 변화와 동족집단의 위상의 상관성을 추측할 수 있을 것이다.

요약하면 동족촌락에서 양반의 위세는 양반이라는 신분을 통해 획득된 것이 아니라 양반가문의 개별적인 노력의 산물이었다. 즉 동족촌락은 신분제가 전면적으로 동요되어 가는 상황에서 그리고 서얼의 도전과 하층민의 저항, 그리고 관의 부세수탈에 직간접적인 대상이 되었던 현실에서 양반층이 취할 수 있는 가장 이상적인 대응형태였던 것이다. 동족촌락의 경우에 있어서도 문중 내에 공식적인 정치 및 행정조직과 같은 것은 존재하지 않았고, 다만 종가를 중심으로 문중의 장로들이 권위체계를 기반으로 하여 모든 일에 영향력을 미쳤을 뿐이다. 하지만 종중의 어른들은 단순히 대접이나 받고 자문에 응하는 존재는 아니었으며, 실제로 마을의 질서와 전통을 유지하는데 필요한 사회적 구속력을 행사하는 비공식적 지도기구라고 할 수 있다.[김광억, 1987 : 731~732]

하지만 이러한 조선시대 동족 촌락의 정착 과정을 통시적으로 설명하는데 있어 여전히 해결되지 않은 물음이 남아 있다. 복합사회에서 필연적으로 나타나게 되는 경제적, 계급적 이질요인을 종족 조직이 어떻게 수용할 수 있었는가 하는 문제가 그것이다. 인류학자 모리스 프리드만은 중국 동남부 종족 조직이 현재까지 존속하게 된 이유를 설명하기 위해 '비대칭적 분절asymmetrical segmentation'

이라는 개념을 제시한 바 있다. '비대칭적 분절'이란, 종족 내에서 부의 축적이 있고 위세가 높은 파segment가 그 종족으로부터 분리되어 새로운 종족을 만들지 않고 그들만의 배타적인 파를 형성하여 의례적, 경제적으로 다른 파와 구분하고 공동재산에서 산출되는 이익을 파에 속하는 구성원끼리 공유하는 것이다. 이러한 비대칭적 분절을 통해 중국의 종족은 계급적, 경제적 이질요인을 수용할 수 있었다는 것이 프리드만의 설명이다. 또한 중국의 경우 다른 극동지역의 부계제도에서 발견되는 것과 같은 효과적인 장자상속권이 없었기 때문에, 비非친족적 기반에 바탕하여 높은 지위와 권위를 부여하는 것이 특정분파에 부여된 특권과 갈등을 일으키는 것이 아니었다는 것도 중국의 종족이 계보적 체계를 가로지르는 계급구조를 별 무리 없이 수용할 수 있었던 하나의 이유가 될 수 있다.프리드만, 1996 : 173 따라서 프리드만은 종족이란, "그것종족이 배출한 학문적 및 경제적 성취에 근거하여 각기 상이한 지위를 누리는 소규모 집단들의 집합체"ibid., 79라는 새로운 정의를 제시한다.[3]

물론 복합사회와 비대칭분절의 관계에 대한 프리드만의 논의를 한국사회에 그대로 적용하기는 어렵다. 프리드만은 책의 결론부분에서 한국을 잠깐 언급하면서, 주된 출계 계통이 종족 내에서 뚜렷이 정해져 있었던뚜렷한 장자 우선 출계원리 존재 한국의 종족에서는 분절이 거의 없었을 것이라고 말하며, 그렇다면 한국의 종족들은 복합사회에서 어떻게 계급적, 계층적인 이질적 요소들을 수용하면서 존속할 수 있었는가 라는 질문을 던지고 있다.[ibid., 175] 오랫동안 한국의 종족 사회를 연구한 자넬리 부부[Janelli and Janelli, 1978] 역시 한국의 종족은 내부분절이 활발하지 않다는 점에서 일단 프리드만의 견해에 동의한다. 경제적 부만 있으면 분절이 가능한 중국과 달리 한국에서는 조상의 지위가 국가에서 공식적으로 인정되어야 종족 내에서의 지위를 입증하고, 나아가 분절이 이루어질 수 있었다. 국가로부터 하사 받는 불천지위不遷之位는 그 대표적인 경우이다. 따라서 한국에서는 "특정조상이 그의 선대나 동세대의 다른 유명한 조상만큼 높은 사회적 지위를 성취하지 못했을 경우 그를 위하여 의례기금을 별도로 마련하는 것은 (분절과 관련해서) 의미 없는 일"[Janelli·Janelli, 1978 : 283]이 된다.[4] 그렇다면 과연 한국의 종족 집

---

3   이러한 설명방식과는 조금 다르게, 종족 내 분파간의 불평등에도 불구하고 부계친 공동체의
     식이란 의례적 명목 아래 종족이 존속되어온 과정에 대해, 왓슨(J. Watson)은 정치경제적 설
     명을 제시하고 있다. 왓슨에 따르면 종족 내 부유하고 명망이 있는 파에게, 종족이라는 것은
     소작제를 통한 노동력 제공의 근거인 동시에 위급한 상황에 닥쳤을 때 군사력으로도 전용될
     수 있는 원천이라는 것이다. 또한 종족의 통제를 기초로 이러한 종족 내 파들은 지역 혹은 국
     가 레벨의 정치에 참여할 수 있는 근거를 마련하여 자신들의 위세유지에 노력하였다. 반면
     종족 내 보다 빈곤한 여타 구성원들에게 종족은 최소한의 경제적 안정을 제공해주는 기제이
     기도 했다. 따라서 부유한 일부 파가 종족 내에서 배타적인 공동재산을 설립한다는 사실은
     소규모 집단의 야심을 달성하기 위해서나 종족의 유지를 위해서도 별로 해가 되지 않았다
     (Watson, 1985; 김성철, 1997에서 재인용)는 해석이 가능하게 된다.
4   하지만 전라남도 나주(羅州)의 한 마을을 대상으로 한 유명기(1977)의 연구는 한 문중(門中)

단은 종족 내 구성원간의 사회·경제적 차이를 어떻게 극복하면서 복합사회에서 존속할 수 있었을까? 이에 대해 자넬리 부부는 서원이 중국 종족의 내부 분지에 해당하는 역할을 담당했을 것으로 본다. 즉 서원을 통하여 유명한 종족에 속하는 선비들은 다른 마을에 거주하는 선비들과 네트워크를 구성하여 자신들의 거주범위를 넘어서는 정치적 영향력을 행사하였다는 것이다. 하지만 이는 종족 내 구성원간의 사회·경제적 차이를 어떻게 극복하였는가에 대한 '직접적인' 설명이 될 수는 없다. 김성철[1997]은 자넬리 부부가 잠시 언급한, "한국 전통사회에서 종족 내 이질 요소가 중국과 같이 의미가 있었던 것인가"를 재평가하면서, 한국 전통사회의 종족 구성원간의 사회경제적 구분이 어느 정도였는지를 살펴볼 것을 제안한다. 그는 1953년 토지개혁 이전 하회 1동의 통계김택규[1964] : 하회 유씨 가구의 75%가 지주인 반면, 하회 유씨 종족에 속하지 않는 사람들의 5%만이 지주였다"는 분석을 낸 바 있다를 제시하면서, 전통사회에서 경제적 차이도 지역사회 내의 양반 / 비非양반의 구분 즉 종족 구성원 / 기타의 구분과 일치할 수도

집단이 문계(門契)라는 형식을 통해 분파집단이 형성되는 현상을 기록하고 있다. 그는 "문계가 조직되는 시기를 분파집단의 출발점으로 보고 이들 분파 집단에서 문계가 조직되는 원리와 성원관계를 통해 문중의 구조를 살펴볼 수 있다"고 제안한다. 이는 전통적인 한국의 문중의 구조와는 다른 흥미로운 사례이다. 이러한 변화를 시대적인 흐름으로 보아야 할 것인지, 아니면 전통적인 사회에서도 이런 양상이 나타났었는지에 대해서는 조금 더 많은 조사가 이루어져야 할 것이다.

있다고 해석한다.김성철, 1997 : 121 즉 한국의 종족 구성원들은 중국과 비교하면 사회경제적으로 훨씬 동질적이었고, 따라서 한국에서는 종족 내부에서 배타적인 이익을 추구하기 위한 근거를 만든다는 것이 중국에서만큼 용이하지 않았다는 것이다.ibid., 121

그러나 김성철의 논의 역시 한국사회에서 종족 구성원 사이의 경제적 차이는 어느 정도였는지, 그리고 국가권력과 종족의 관계는 어떠했는지에 대한 실증적인 자료를 제시하지는 못하고 있다. 물론 경제적 잉여를 추출할 수 있는 자원이 한정거의 대부분 토지되어 있었기 때문에, 중국의 종족에 비해 경제적 차이는 훨씬 덜했을 것이라는 추측은 가능하다. 또한 한국의 종족은 중국의 종족에 비해 정치·경제적 기능을 수행하는 측면이 훨씬 덜 했다는 설명도 제시될 수 있다. 특히 한국의 경우는 중국에 비해 지방에 대한 중앙정부의 영향력이 훨씬 강하게 미쳤기 때문에 종족이 국가에 많은 부분을 양보하면서, 나아가 국가를 지원하면서 공생共生했을 것이다. 하지만 이 역시 추측에 불과하다. 일반적으로 조선사회를 중앙집권적 관료정치체제로 규정하지만 그 집권의 정도는 어디까지나 상대적인 개념으로 지방 세력들의 존재방식은 국가가 지방에 분산된 세력들을 어떻게 통제하고 그 성장을 견제하느냐에 따라 좌우되었기 때문이다. 조선후기에 들어와 지방분권적 세력의 중심을 이루게 된 농촌상층계급들은 국가권력의 지지집단이면서 동시에 그 취약성을 드러내주던 존재들이었다. 이들의 존재방식은 지역에 따라 차이가 있었으나 대부분은 한 지역사회에서 지속적으로 권력의 중심적인 위치를 차지해왔고, 국가권력과는 별도로 또는 상호묵인하에 직접생산자인 농민들에게 경제적·경제외적 강제를 행해왔던 것이다.정승모, 2001

따라서 한국사회에서 엘리트 관료계층과 지역 양반과의 관련성, 엘리트 관료계층과 종족과의 관계, 그리고 종족집단 내의 사회경제적 관계, 종족간의 갈등문제 등을 살펴보는 것은 새로운 연구과제가 될 것이다. 1980년대에 들어와 본격화된 조선시대 향촌사회 연구는 국가와 사족의 관계, 국가와 민의 관계, 사족과 민의 관계 등 삼자 관계의 구명을 위한 작업을 해오고 있다. 이러한 작업은 조선시대의 향촌사회의 성격과 함께, 근대화 이후의 지역사회 체계의 변화에 대한 연구에 있어 밑바탕이 되는 것들이다. 일제시대부터 점진적으로 때로는 급진적으로 추진되어온 중앙집권화 현상, 외부자본의 침투와 일제의 식민지정책, 특히 일제에 의한 행정구역 재편성은 향촌사회에 커다란 영향을 끼쳤다. 전쟁과 이후 한국의 급속한 근대화·산업화는 말할 나위도 없다. 이러한 변화들에 직면해서 향촌사회는 그 성격이 어떻게 변화하였으며, 종족조직은 어떤 경험을 하게 되었는가를 살펴보는 것은 흥미로운 과제라고 하겠다.

3. 촌락재편성 정책과 종족 일제강점기

전근대의 촌락을 하나의 완결된 자급구조로서 일종의 소우주로 파악해야 할 것인가, 아니면 여러 네트워크 조직의 한 부분으로 파악해야 할 것인가는 여전히 논쟁적이다. 하지만 일본의 자본주의적 조선 지배가 공동체적 생활의 장으로서, 상대적으로 완결구조로서 기능하고 있던 촌락사회를 변화시키려는 의도를 지니고 있었던 것은 분명하다. 일제의 촌락재편정책은 바로 면이나 행정촌락인 동리를 중심으로 통치기구와 수탈기구를 정착시키고, 이를 바탕으로 자연촌락을 포섭, 장악하며 나아가 전통적인 자치기구를 통치기구의 일환으로 포섭함으로써 궁극적으로는 그 속에서 유리된 개인을 포섭하여 정치적으로 통합하고 일본화하는 것을 목표로 하고 있었다.윤해동, 1999 : 178

통치정책의 행정적인 침투와 수탈정책의 기초 확립에 목표를 둔 1910년대의 '면제' 시행, 1920년대 면단위 자치제의 시행과 '모범부락'의 조성, 1930년대 초반의 '농촌진흥운동', 1930년대 후반 전시체제 하의 '부락재편정책'[5]이나, 인보조직을 표방하는 '애

---

5   부락재편정책은 일본이 만주사변 이후 전시체제로 접어들면서 농촌의 과잉인구를 노동력
     강제동원으로 징발함과 동시에, 식량증산의 임무를 농촌에 부과하는 상황에서 취해진 정책
     이다. 1938년 이후 농가갱생계획이 촌락민의 자조에 의한 촌락단위의 '공려계획(共勵計劃)'

국반' 조직, 나아가 '창씨개명'을 통한 전통적인 친족조직의 해체와 일본식 가족제국가의 최저변을 이루는 이에^家 제도의 도입시도는 시기별로 이러한 일제의 지방지배정책의 심화, 확대를 반영하는 것이었다. 특히 일제 말기 촌락편제의 최하단위라고 할 수 있는 '친족조직'의 해체에까지 주목한 것은 촌락정책의 목표수준을 드러내는 것이었다.ibid., 179 이를 위해 일제는 종래 향촌사회의 공동체적 자치기구인 향약이나 계를 재편함으로써 행정적인 단위의 통치기구를 보완하고자 했으며, 정책의 통로는 대체로 향촌사회의 중간지배층의 장악을 통해서 만들어 내고자했다.

하지만 대체로 일제 말기의 촌락정책은 촌락단위의 정책에 머물러 있었으며 자연촌락의 장악에도 크게 성공적이지 못했다. 특히 촌락정책의 중심적 역할을 중간지배층^{향촌내의 양반집단}에 크게 의존한 것은 정책의 한계를 잘 보여주는 것이다. 즉 피지배민중이 지배질서로 완전히 편입되지도 못했고, 전통적인 촌락 지배구조를 타파하지도 못했던 것이다. 특히 문중의 영향력이 막강한 곳에

으로 전환되고, 이어 '생업보국운동'으로 이어지면서, 1940년대에는 '부락생산확충계획'으로 재편성된다. 이 부락생산확충계획은 개별농가 단위의 농업생산을 촌락(부락) 단위로 재편성하고, 촌락을 토대로 일반 '민'들을 생산력 확충 및 노동력 동원의 대상으로 편입시켰던 것이다. 결국 부락의 법제화가 이루어지지는 않았지만, 부락은 전시체제기의 파시즘 기구로 자리 잡은 조선국민총력연맹(국민정신총동원조선연맹의 후신)의 하위단위인 '부락연맹'으로 자리잡았다(윤해동, 1999, 176~177쪽 참조).

서 이런 상황은 더욱 두드러지는데 이를 우리는 김광억[1987]이 조사한 의성김씨 종족부락의 사례에서 확인할 수 있다.

일제의 식민통치가 한국사회 전반에 미친 영향은 이 마을에서도 예외 없이 적용된다. 그것은 무엇보다도 개인뿐만 아니라, 종족공동소유의 재산이 침탈당함으로 말미암은 경제적 영락과 새로운 행정제도의 도입으로 촌락사회가 전통적인 자치성을 잃고 중앙정부의 직접적인 통제 하에 편입해 들어가게 된 사실에서 나타난다. 하지만 이러한 일련의 변화들은 김씨들에게 자신들의 정체성에 대한 새로운 인식을 촉구하고 결속력을 자극하는 결과를 가져왔다.[김광억, 1987 : 733] 동시에 식민정부는 지방을 통치함에 있어, 새로운 계층을 이용하기보다는 전통적인 양반집단과의 협력체제를 확립하는 것이 보다 효과적임을 인식하였고, 동시에 이들에 대한 탄압은 지방사회에 연쇄적인 반응을 불러일으킴으로써 오히려 정치적 지출을 많이 하게 된다는 계산을 하게 된다. 그리하여 양반 집단을 적극적으로 온존시킴으로써 절대다수의 상민과 천민계급을 장악·지배하여, 온 양반을 식민지 통치의 수단으로 이용하는 정책을 취한 것이었다.[ibid., 733]

또한 외부세계에 아무런 경제적 향상을 보장하는 기제가 마련되어 있지 않은 당시로서는 마을 내부에서의 경제적 궁핍이 주민들을 전출시킬 결정적인 요인이 되지는 못했던 것이다. 의장소를 비롯하여 문중재산이 비록 많이 손실되었다고 하더라도, 그것이 종족원 개인의 경제적 자원에 비하여 여전히 우세한 상태였다는 점도 이들이 마을에 계속 남아있게 하는 요인으로 작용했다고 볼 수 있다. 즉 전체적으로 경제적 궁핍화가 이루어졌다고 하더라도, 문중재산과 개인재산의 비율은 여전하였으며, 따라서 종족원들은 문중재산으로부터 비록 크기에 있어서는 달라졌을지라도 여전히 혜택을 받을 수 있었다. 따라서 일제의 식민통치하에서 행정제도의 개편과 경제적 궁핍화에도 불구하고, 의성김씨 종족부락의 정치구조는 문중 중심의 위계질서와 독자성을 기반으로 하는 전통시대의 것에서 별다른 변화 없이 존속되는 것이 확인되었다.ibid., 735

4. 토지개혁, 산업화, 도시화에 따른 변화
해방 이후부터 현재까지

해방 이후 한국사회에 밀어닥친 일련의 변화, 즉 근대적 의미의 국민국가 설립, 토지개혁, 한국전쟁, 이후의 급속한 산업화, 도시화 등의 변화는 기존의 향촌사회에 전례 없는 변화를 가져왔다. 일단 토지개혁은 향촌사회 지배계층의 물적 기반인 위토位土의 상당 부분을 손상시켰다는 의미에서 중요하다. 과연 토지개혁이 얼마나 광범위하게, 그리고 얼마나 철저하게 이루어졌는지에 대해서는 견해가 양분되지만, 통계를 보더라도, 절대적인 측면에서 위토의 보유량이 감소된 것은 분명하다.조옥라, 1981b; 김광억, 1987; 박자영, 1991 참조[6] 보유량이 감소된 이유는 악성인플레이션의 결과로 토지에 대한 상환금이 다른 토지를 구입하는데 있어서 매우 불리했기 때문으로 분석된다. 마을에서 멀리 떨어져 있는 지역의 문중토지의 상실은 직접적으로 마을사람들에게 영향이 있는 것은 아니지만, 문중의 수입원이 감소한 것은 그만큼 종족원에게 주어질 간접적인 혜택이 줄어들었음을 의미한다. 토지개혁의 결과가 전통시대에 비하여 문중이 개인의 경제에 끼쳤던 영향력을 감소시키고 개인은 상대적으로 자신의 경제적 독자성을 증강하였다고 볼 수도 있을 것이다.김광억, 1987 : 736~737[7] 이는 토지개혁이 한국사회의 산업화에 중요한

---

6   박자영은 안동 김씨 집성촌인 소산동의 위토가 농지개혁 이후 어떻게 변화했는지를 분석하고 있다. 그의 연구에 따르면, 각 소(所 : 묘소, 재실, 서원 등 문중활동의 중심이 되는 시설, 혹은 공동기금을 관리하는 조직)에서는 농지개혁이 예상되자 위토 일부를 경작하던 소작인들에게 방매하는 한편, 묘의 수를 늘임으로써 분배를 줄이려고 노력하였고, 각 소의 守護人과 소작인들도 인정상 분배신청을 하지 않는 경우가 많았다. 그럼에도 불구하고 각 소의 위토는 현저히 줄어들었고 이것은 소의 재정에 타격을 주었다(박자영, 1991, 37쪽).

7   하지만 이러한 위토 보유량의 감소가 곧바로 경제적 측면에서 전통적 지배구조를 흔들어 놓은 것은 결코 아니었다. 왜냐하면 과거에도 종족원의 경제가 위토에 의존하는 정도는 미미하였으며, 위토의 경작권이 종족에게 우선적으로 주어지거나 위토로부터의 잉여수익이 종족원에게 분배되거나 사용되는 형태로 혜택이 돌아간 것도 아니었기 때문이다(박자영, 1991, 59쪽). 김광억(1987쪽)이 지적하고 있는 것처럼, 마을 내의 개인소유토지는 별 변화가

기여를 했다는 것을 의미한다.[8]

　새로운 행정체계 역시 촌락사회를 더욱 중앙정부에 편입시켰다. 동장과 새마을 지도자의 직책 및 마을의 자조와 자치를 위한 조직체가 정부의 주도하에 생기고, 또한 면과 군의 상부행정기관에 직접적인 지휘통솔을 받게 되었다. 이는 전통적인 비공식적 지도체제의 역할을 보다 뚜렷이 공식영역과 비공식영역으로 구분하고 전통적 지도체제가 담당했던 역할의 많은 부분이 공식적인 행정체계로 넘어갔음을 뜻한다.[ibid., 737]

　토지개혁, 그리고 그 결과로서의 산업화, 도시화에 따른 문중성원들의 이농離農도 성원수의 감소와 함께 문중의 약화와 붕괴의 원인이 되었다. 최재석[1983]은 소암문중의 사례 연구를 통해, 대소가

　　없었다. 또한 조옥라(1981b)는 안동 계곡촌의 사례연구에서, 농지개혁은 안동 계곡촌에서 토지가 전혀 없던 농민들을 없앴다는 점에서 의의가 있으나, 양반과 상민간의 소유면적의 차이를 없애지는 못했다는 사실을 통계를 통하여 제시하고 있다.

8　　존 리는 해방 이후 한국 사회의 발전을 논하는 수많은 해설들이 토지 개혁에 주목하지 않는다는 점을 비판하면서 토지개혁의 의의를 다음과 같이 강조하고 있다. 토지 개혁은 무엇보다 시골지역의 빈곤문제를 해결함에 있어서 하나의 효과적인 방안이었다는 점, 또한 토지문제의 해결은 산업화에도 중요한 역할을 했다는 것이다. 그 이유로 그는 토지개혁이 결여될 경우, 일반적으로 농촌 지배층은 그들에게 특권을 제공하는 원천을 보존함으로써 현존 질서가 반복되도록 한다는 점을 지적하고 있다. 그들은 자신들의 토지 소유를 지켜내고, 농민들의 절절한 요구를 억압하며, 종종 움트기 시작하는 산업화 시도들에 저항하기 때문이다. 그런 점에서 산업화가 진행되기 위해서는 농촌 지배층의 권력이 반드시 순화되어야 하며 결국에는 파괴되어야 한다는 것이 존 리의 주장이다(존 리, 2023, 40~43쪽).

관계의 범위 축소나 변화, 문중에 있어 하나의 질서로 상징되는 항렬자의 사용자 수 감소, 기독교 신자의 증가 등으로 인한 문중 의식이나 문중조직의 약화혹은 변화, 그리고 이에 따른 문중의 재조 직화 현상을 이 시대의 중요한 변화상으로 파악하고 있다. 그 재 조직화 양상은 ① 농촌 아닌 도시거주자가 주도하고, ② 불문율이 아닌 문서화된 규약을 제정하며, ③ 사람이 아닌 제도가, ④ 개인 이 아닌 집단위원회이 결정하고 실천하는 문중으로의 변화로 요약 할 수 있다.최재석, 1983 : 24

하지만 이러한 전반적인 사회, 경제적 측면에서의 변화와 정치 적 측면에서의 변화는 구분할 필요가 있다. 김광억이 의성김씨 종 족부락의 사례연구를 통해 지적하고 있듯이, 이 마을은 전반적인 사회, 경제적 측면에서의 변화에도 불구하고, 정치적 측면에서는 여전히 의성김씨가 전통적인 권위를 유지하고 있다. 그 이유로 여 러 가지를 지적할 수 있는데, 첫째 일제시기에 그들이 온갖 경제 적 궁핍을 무릅쓰고 교육에 투자를 한 것이 해방 후 이들에게 적 극적인 사회진출을 용이하게 만들었다는 점, 둘째로 다양한 인척 관계를 활용함으로써, 적극적인 연대를 만들어냈다는 점을 들 수 있다. 즉 집안관계를 바탕으로 한 관계의 망은 마을에서 도시로 진출하려는 종족원에게는 보다 쉽고 효과적으로 도시 상황에 적 응하는데 필수적인 도움을 제공하는 것이다.김광억, 1987 : 742

눈에 띄는 사실은 1970년대를 전후하여 내앞마을과 대구, 서울 등지를 잇는 종족 기반의 결사체가 많이 형성되었으며, 족보의 증보판 간행, 조상의 묘역 정리, 종택과 사당, 제실의 보수 사업이 활발히 전개되었다는 점이다. 이러한 현상은 그들의 경제적 지위가 향상되었음을 간접적으로 시사하는 것이지만, 보다 중요한 것은 사회 경제적 진출을 위하여 종족을 기반으로 한 적응기제의 개발의 필요성이 더욱 두드러졌음을 의미한다.ibid., 743

또한 사회적인 변화의 결과로 중앙정부의 행정체계가 지방의 권위체계를 많이 약화시키기는 했지만, 비공식적 부문은 여전히 살아남아서 강력한 영향력을 행사하고 있다. 내앞 마을의 경우, 현재 마을에 관계된 중요한 일은 반드시 마을 사람들의 일치된 의견을 통하여 해결해야 하고 그러기 위해서는 여전히 비공식지도자들의 토의를 거쳐 동회에서 공식적인 결정과정을 거쳐야 한다. 마을에서 정책결정과 진행에 있어 가장 중요한 조직인 '마을개발위원회'의 경우를 보더라도 그 구성과 역할을 자세히 살펴보면, 동장이나 새마을 지도자는 결정권보다는 보충설명을 하고 결정사항에 따르는 입장이며 위원들은 모두 종족원 중 학식과 사회적 지위를 누리는 어른들이며, 특히 종손의 의견은 가장 존중을 받고 있다.ibid., 744

이러한 현상은 조옥라가 조사한 안동 계곡촌의 경우에도 확인된다. 즉 안동 계곡촌에서도 상층은 과거 양반문중의 주도적 인물이 그대로 차지하고 있다. 물론 지방 관료들의 연령이 과거 전통사회의 유력자보다 훨씬 젊고, 상대하는 주민들의 대표자 연령이 낮아지긴 했지만, 그들도 마을 문중어른의 상의를 거쳐 일을 처리하고 있다. 정읍의 경우 마을의 상층은 연령이 높고, 경제력이 강한 문중의 어른들이었다. 이들 마을의 유지有志들은 마을 공동의식을 강조하며, 지방관리들과 긴밀하게 협조하여 솔선수범을 함으로써 마을에 강력한 영향을 미치고 있다. 위 두 지역을 볼 때, 한국 농촌부락에서 아직도 전통적 위계질서적인 권위주의가 주된 사회관계 결정요소로 남아있음을 볼 수 있다.조옥라, 1981b : 94

물론 이러한 종족조직의 적응은 안동 지역이라는 특수한 문화적 환경의 결과물일 수도 있다. 현대 안동 지역에서 종족조직이 쉽게 적응한 이유는 과거의 유산과 함께, 현재에도 지방문화의 선전의 차원에서, 집단적 양반만의 행사가 어느 지역보다 조직적으로 지켜지고 있기 때문인 것이다. 유교문화의 전통적 행사를 지켜나감으로써, 양반들은 같은 계층 간의 조직을 형성할 수 있으며, 문화적 윤리적 우월감을 지닐 수 있었다. 또한 주거지역이 흩어져 있어도 양반 문중 어른들은 밀접한 접촉을 유지하고, 하나의 집단으로서 그들이 속한 계층의 이해관계를 대표할 수 있다.ibid., 91

따라서 아직 현대사회에서의 촌락의 변화에 대한 전형화를 시도하기는 아직 이르며, 인류학적 연구가 많이 이루어진 경상도 이외에도 다양한 많은 지역의 촌락에 대한 사례 연구가 많이 축적된 이후에야 이를 통한 비교, 나아가 한국사회에서 촌락의 변화에 대한 전형화가 가능해질 것이다. 하지만 지금까지의 연구를 통해 드러난 바로 확인할 수 있는 것은 종족조직이 현대사회에서도 여전히 그 생명력을 유지하고 있으며, 오히려 자신의 정치적 자원을 전략적으로 활용하고 있다는 것이다.

오늘날 내앞마을의 김씨 종가와 문중이 종족원에게 사회적 구속력을 행사할 만큼의 경제력을 가지고 있지 않음에도 불구하고, 여전히 그 정치적 위세를 유지하는 이유는 종족원들의 사회적 진출을 위한 자원을 공고히 하기 위한 수단과 상징으로서의 가치를 지녔기 때문이라는 해석은 충분히 가능하다. 이는 특히 지방정치의 차원에서 더욱 잘 확인할 수 있다. 각 문중은 자신의 문중에 대한 배타적 우월성을 포기하고 그 문중의 경계를 넘음으로써, 보다 큰 테두리 안에서 문중의 세력을 정치자원화하고, 나아가서는 씨족들끼리 문화공동체라는 상징적 단위를 창출하면서 유교전통을 바탕으로 한 지역종족들의 새로운 연합체를 확대재생산하고 있다.김광억, 1991a : 178[9] 물론 이러한 현상은 각 문중 내 '의례'의 연행을

---

9   박자영(1991)과 조강희(1989)도 이와 유사한 견해를 피력하고 있다. "과거에는 종족이 정치적, 경제적 자원에의 접근기회를 획득하는 기반으로서의 신분적 정체를 제공해준다는 점에서 중요했으나 오늘날은 사회경제적 제반변화로 인해 종족이 그런 의미를 더 이상 가질 수

통하여 더욱 강화되는데, 이는 전통에 대한 긍정적인 재고를 요구하는 후기산업화과정의 한 측면을 보여주는 것이기도 하다.

자넬리 부부의 저서 『조상의례와 한국사회』[1982]는 종족 조직의 유지, 존속에 있어서 제사가 갖는 위치를 잘 분석해낸 역작이다. 특히 이들은 조상숭배, 제사가 갖는 규범적인 차원을 넘어, "사람들이 실제로 어떻게 하고 있는가", 혹은 이러한 "조상숭배는 사회구조와 어떤 상관관계가 있는가" 등과 같은 물음을 던지면서 실제 한국인들의 실천으로서의 조상숭배에 주목하며, 조상의례가 갖는 사회적 측면을 탐구하고 있다.

특히 이 책에서 제시되는 상례, 가제家祭, 시제時祭에 대한 분석은 1970년대 한국농촌사회에서 친족생활에 있어서 조상숭배가 갖는 의미를 잘 보여준다. 구체적인 분석은 생략하고, 결론만을 요약한다면, 한국사회에서 가제의 의례를 행하는 집단의 구성은 남계친간의 호혜에 근거하고 있다.[자넬리·임돈희, 1982 : 115] 즉 의례를 수행하는 지파支派들의 범위는 대체로 그 구성원들의 계보관계에 대한 기억의 범위와 일치하며, 지파는 영속집단적인 기능을 가지고 있지

없게 되고, 그보다는 같은 조상이라는 동질성을 기초로 하는 광범위한 지지를 제공해준다는 점에서 중요하게 되었다. (…중략…) 오늘날 대종회, 화수회 등 범파적인 대규모 종족조직들이 등장하고 그 중요성이 점차 증가하고 있는 것은 이런 변화를 반영하는 것이다[박자영, 1991, 61~62쪽]."

는 않지만, 그 성원들은 가구간의 지속적인 상호협력과 경제적 협동으로 연결되어 있다는 것이다. 이러한 남계친적 성격이 강조되는 이유는 무엇보다 종족이란 것이 성원으로 하여금 양반가문을 주장하는데 필요한 제도적 배경을 제공해줌으로써 아직껏 한국 농촌에서 사회적 지위를 유지하는데 중요한 역할을 하기 때문ibid., 136이다. 이러한 의례의 남계친적 성격을 가장 극명하게 드러내는 행사가 시제이다. 시제는 전통사회로부터 현재까지 특정 친족집단의 사회적 지위를 입증하는 중요한 방법임과 동시에, 그 자체만으로도 양반 신분의 원초적 증거가 되는 종족의 존재를 알리는 것이며, 종족으로 하여금 부유함, 박학함 및 기타 한국양반으로서 보유하고 있는 사항들을 공적으로 과시할 수 있는 기회가 되는 행사이다.ibid., 138~139

나아가 이러한 집합적인 조상의례를 가능케 하는 위토位土는 프리드만1996이 분석한 중국과는 다른 한국종족조직의 독특한 성격을 잘 드러내준다. 프리드만은 중국 동남부 종족의 내적 구조비대칭적 분절가 지위의 입증과 소득의 극대화라는 두 가지 목표를 달성하기 위해 조상의례를 동원하여 나타난 결과라고 주장한 바 있다. 즉 중국의 경우는 전체 종족의 기금과는 별도로 의례 기금을 마련함으로써 이 지파는 부의 과시를 통해 사회적 지위를 입증할 수 있을 뿐만 아니라 자신의 공동 기금에서 나오는 수입이 자체 성원에게만 돌아갈 수 있게 한정하기 때문에 종족 내의 경제적 차이가 크면 클수록 별도로 마련되는 기금의 종류도 많아지게 된다. 하지만 한국의 경우는 이러한 분절이 잘 나타나지 않는데 그 이유는 한국의 종족이 단순히 부의 과시를 통해 얻을 수 있는 위세가 거의 없기 때문이며, 오히려 학식, 혼인연계, 혹은 저명한 조상이 더욱 중요하기 때문이다. 한국사회에서 위세를 얻는 자원으로서의 조상의 중요성은 지역 종족이 독립적으로 존속하기보다는 더 큰 남계친족집단의 하위집단으로 존재하는 것이 더 이롭다는 인식을 낳게 한다는 것이다.자넬리·임돈희, 1982:143 또한 한국의 경우 공동재산에서 산출된 잉여가 재산을 소유한 사람들에게 분배되지 않고 공동의 이익을 위해 사용되기에 소규모의 부유한 남계친 집단이 분파를 만들 동기가 없다는 것도 분절이 잘 나타나지 않는 한 이유가 될 수 있다. 따라서 저자는 "한국에서 재산권을 종족조직을 규정하는 유일한 지침으로 간주하는 것은 필요 이상으로 토지 소유권을 강조하는 것이다. 한국종족조직은 경제보다는 신분에 의존하고 있는 것"이라고 결론을 내린다. 하지만 농촌에까지 불어 닥치는 사회·경제적 변화나, 정부에서 후원하는 의례간소화운동 등은 시제의 연행에 커다란 영향을 미치고 있다면서, 이후의 변화를 전망하고 있다.[10]

물론 이 책에서 자넬리 부부의 관심은 한 마을의 의례적 실천을 통해 현대 한국사회에서 조상숭배가 갖는 의미가 무엇인가를 고찰하는데 있었기 때문에, 이러한 종족조직이 국가와 관계맺는 방식에 대한 역사적, 그리고 현재적 상황에 대한 천착은 별로 이루어지지 않고 있다. 국가에 관한 언급은 책 전체에 걸쳐 한 부분, 즉 농촌에까지 불어 닥치는 사회경제적 변화자본주의화나 정부에서 후원하는 의례간소화운동가정의례준칙 등이 시제의 연행에 커다란 영향을 미치고 있다는 점을 지적한 대목뿐이다. 따라서 여전히 한국사회에서 종족은 국가와 관련하여 어떤 위상을 차지하고 있었는가?, 한국의 종족은 인접한 중국의 종족에 비해 실제로 정치·경제적 기능을 수행하는 측면이 덜했는가?, 그렇다면 그 이유는 무엇인가? 등의 문제는 해결되지 않은 채 남아있다. 이 문제는 다음 절에서 조금 더 자세히 고찰하고자 한다.

---

10   이러한 시제의 간소화를 강화된 국가권력에 의한 종족조직의 약화로 보아야 할 지, 아니면 재편성 과정으로 보아야 할 지에 대해서는 논의가 엇갈린다. 현대사회에서 종족조직이 예전과 같은 위세를 유지할 수 없다는 점은 분명하다. 하지만 종족조직이 오늘날까지 여전히 명맥을 유지하고 있다는 것은 현대사회에서 종족조직이 새로운 기능을 담당하고 있는 것이 아닌가 하는 가설을 가능케 한다. 저자는 시제에 대해 엄청난 변화를 초래한 사회경제적 변화가 가제에는 거의 영향이 없는 것 에 의문을 품으면서, 그 이유를 여전히 농업이 소득의 대부분을 차지하고 있는 한국의 상황에서 가제를 같이 올리는 집단들은 일상생활에서도 지속적으로 협력을 해야 할 필요가 있기 때문이라고 설명하고 있다. 즉 한국 계층구조의 변화가 아니라 신앙이나 직업, 상속 관행의 변화나 가구나 지파의 변동이 가제에 영향을 미칠 수 있다는 것이다(자넬리·임돈희, 1982, 152쪽). 그렇다면 오늘날 나타나는 제사의 쇠퇴는 한국 사회의 총체적인 사회·문화적 변동의 한 양상을 반영하는 것일까?

5. 종족은 여전히 중요한 정치적 단위인가

지금까지 전통사회에서 근대사회로 이행하는 과정에서 촌락구조의 변화에 따른 종족조직의 변화, 적응의 과정을 통시적으로 살펴보았다. 물론 모든 종족조직이 현대사회에서 적응하는데 성공한 것은 아니며, 이는 각 지역의 생태학적 조건과 지방문화의 차이에 따라 다른 것은 분명한 사실이다.[11] 따라서 각 농촌 마을 연구가 얼마나 일반성 내지 대표성을 지녔는가는 항상 염두에 두어야 하며, 전형화를 위해서는 앞으로의 많은 사례연구와 이를 통한 비교연구가 필요하다.

하지만 이러한 다양성에도 불구하고 한 가지 분명한 사실은 현대화가 이루어진 오늘날의 한국사회에서도 전통적인 종족조직은 여전히 강한 생명력을 유지하고 있다는 것이다. 그 한 사례로서 김광억[1991a]의 논문은 국가-사회관계에서, 혹은 지방정치의 맥락에서 현재 종족집단이 차지하는 위상, 혹은 역할이라는 빈자리를 잘 메워주는 연구이다. 이 연구는 앞서 언급한 의성 김씨 종족부락의 변화를 기술하고 있는 이전 논문[1987]의 연장선상에 있는 것처럼 보

---

11   예를 들어 조옥라의 경상북도 안동과 전라북도 정읍의 사례연구는 양 지역의 마을 조직이
      매우 다르게 구성된다는 점을 밝혀주고 있다(조옥라, 1981b쪽).

인다. 즉 이전 논문이 주로 촌락 내부의 정치구조에 한정되어 있다면, 이 연구는 종족조직이 현대사회에서도 여전히 그 생명력을 유지하고 있으며, 오히려 자신의 정치적 자원을 전략적으로 활용하면서, 지방정치에서 커다란 역할을 하는 과정을 분석하고 있다. 이는 기존의 인류학적 연구에서 흔히 상정되는 분석단위로서 '촌락' 사회 연구가 한국사회의 정치적 역동성을 잘 포착해내지 못한다는 전제하에, 촌락의 수준을 넘어선 지역사회를 정치적 단위로 삼고자 하는김광억, 1994 : 118~119 저자의 전략적 의도가 반영된 것이라는 해석은 가능하다. 따라서 이 연구의 목적은 어떻게 여러 촌락으로 분산되어 있고 동시에 사회경제적 이질성을 지니는 종족분파들이 각자의 지역성을 넘어서 지방사회 수준에서 하나의 정치적 공동체를 형성하는지를 이해하려는 시도ibid., 119라고 평가할 수 있다.

그의 논의를 좀 더 따라간다면, 오늘날 농촌마을에서는 종족집단門中이 종족원들에게 사회적 구속력을 행사할 만큼의 경제력을 가지고 있지 않음에도 불구하고 여전히 그 정치적 위세를 유지하고 있는데, 그 이유는 문중이 여전히 종족원들의 사회적 진출을 위한 자원을 공고히 하기 위한 수단과 상징으로서의 가치를 지녔기 때문이다. 산업화, 도시화, 국가권력의 절대화 등의 과정을 통하여 새로이 도입되는 법규, 제도, 기구, 행정체계 등의 제도적 장치들이 일관성과 신뢰성을 보여주지 못하는 상황에서 믿을만한 것은 전통적인 종족관계일 뿐이라는 믿음이 종족조직의 유지에 한 몫을 거들고 있다. 이는 특히 지방정치의 맥락에서 잘 확인할 수 있다. 즉 사회적인 변화의 결과로 중앙정부의 행정체계가 지방의 권위체계를 많이 약화시키고 있기는 하지만, 비공식적 부문은 여전히 살아남아서 강력한 영향력을 행사하는데, 그 비공식부문의 중요한 축은 여전히 문중이 장악하고 있다. 또한 각 문중은 자신의 문중에 대한 배타적 우월성을 포기하면서, 그 문중의 경계를 넘어서 보다 큰 테두리 안에서 문중의 세력을 정치자원화하며 나아가서는 씨족들끼리 문화공동체라는 상징적 단위를 창출하면서 유교전통을 바탕으로 한 지역종족들의 새로운 연합체를 확대재생산하는 모습을 보이고 있기도 하다. 물론 이러한 현상은 각 문중 내 '의례ritual'의 연행을 통하여 더욱 강화되는데, 이러한 의례활동의 참가는 종족과 씨족들 사이에 특별한 부조체계를 만들며, 이는 보다 넓은 의미에서 씨족간의 이질성을 극복하고 지방사회를 하나의 동질적인 문화공동체로 만드는데 기여하는 장치인 것이다.ibid., 154~178 참조

결국 현대사회에서 종족집단이 여전히 하나의 정치세력으로서 자원화되는 현상은 확대되어가는 국가권력과 권위에 대해 지방사회가 국가절대주의의 압력으로부터 자기들만의 공간을 지키려는 전통을 유지하려는 시도로 요약할 수 있을 것이다. 물론 비교

를 통한 일반화를 시도하기에 타지방 사례에 대한 연구 성과같은 반촌, 혹은 상민촌에 대한 연구는 미미한 형편이며, 따라서 현대 한국사회에서의 촌락의 변화에 대한 밑그림을 그리기 위해서는 많은 촌락 지역에 대한 다양한 사례연구의 축적이 선행되어야 할 것이다. 그러나 지방정치의 맥락에서 헤게모니를 유지하기 위한 전략으로 그들의 전통적 종족조직을 활용하는 것은 합리적 행위자의 관점에 비추어보더라도, 극히 '당연한' 것이다. 따라서 현재의 종족집단을 단순히 과거의 유제로서가 아닌, 국가-사회관계라는 맥락에서 여전히 활발하게 작동하는 조직으로 파악해야 하며, 앞으로의 변화 역시 이러한 맥락에서 주시해야 할 것이다.

한국 '마을' 연구의 초기 경향을 통해 본 '마을' 개념의 계보학적 탐구

연구의 분석단위로서 '촌락 / 부락', '마을',
'공동체', '지역사회'는 서로 일치하는가

자연촌自然村이라는 자장

1960년대 한국 농촌사회학의 응답

남은 질문들 소용돌이 vs. 자연촌

논점과 연계된 향후의 과제

1. 연구의 분석단위로서 '촌락 / 부락', '마을', '공동체', '지역사회'는 서로 일치하는가.

그 누구라도 마을에 대해서 알지 못한다면, 한국 문화에 대한 이해의 첫 걸음을 내딛을 수 없다는 것은 의심의 여지가 없는 사실이다.Osgood, 1951 : 6

1950년대 이후 한국사회과학의 성립, 혹은 재구조화된 한국 아카데미즘의 내용과 주체에 대해 권보드래·천정환2012은 두 범주의 구분을 시도하고 있다. 그 첫째는 식민지시대의 유산 및 그 운용자·수혜자들이며, 둘째는 미국 유학에서 돌아온 지식인들과 그들이 익힌 미국식 아카데미즘이다. 흥미로운 것은 후자에 대한 연구 성과에 비해, 일본 유학생과 일본이 남겨준 고등교육제도가 우리 학계의 구성에 어떤 역할을 했는지는 별로 연구되어 있지 않다는 것이다. 사실, 한국사회과학의 초창기에 있어 미국 정부 / 민간 재단의 원조, 혹은 그 프로그램의 일환으로서의 미국 유학이 갖는 위상에 대해서는 이견의 여지가 없을 듯하다. 한국전쟁 당시부터 1967년까지 정식 유학생 7,000여 명과 단기연수·시찰·교환교육 등을 통한 유학 경력자 3,000여 명을 합하면, 해방 이후 1960년대 중반까지 도미 유학 경력자는 총 1만 명을 넘어선다. 당대 한국사회에서 미국 유학은 '입신양명'을 위한 최선의 선택이었다. 이미 1950~1960년대 냉전과 미국의 대한원조, 그리고 사회과학과의 관련성에 대해서는 많은 연구가 이루어진 바 있다.정일준, 1991·2003; 이봉범, 2015[1]

본 연구의 대상인 한국 농촌에 대한 사회학, 혹은 인류학적 연구의 창시자들의 텍스트에서도 이러한 '고백'은 쉽게 발견할 수 있다. 한국 농촌사회학의 1세대 연구자인 이만갑은 자신의 농촌사회학 연구를 '정리'하는 책의 머리말 첫 문장에서 "1955년 록펠러 장학금을 받고 미국에 가게 되었을 때 나는 사회조사방법과 농촌사회

---

[1] 또한 한국전쟁 당시 전쟁의 참화를 피하기 위해, 또 전후에는 '입신출세'를 위해 미국으로 떠나고 싶어 하는 한국인들의 군상(群像)은 손창섭 등의 당대 전후소설(「미해결의 장−군소리의 의미」, 1955)에서도 핍진하게 그려지고 있다. "지숙은 여자 대학생이다. 그러면서도 오후에는 일찌감치 돌아와서 제품 일을 해야 하는 것이다. 그는 나를 경멸하고 있는 것이다. 그것은 내가 미국 유학을 단념했다는 데 있는 것이다. 어이없게도 우리 집 식구들은 온통 미국 유학열에 들떠 있는 것이다. 이제 겨우 열한 살짜리 지현이 년만 해도, 동무들끼리 놀다가 걸핏하면 한다는 소리가 '난 커서 미국 유학 간다누'다. 그게 제일 큰 자랑인 모양이다. 중학교 2학년생인 지철이는 다른 학과야 어찌 되었건 벌써부터 영어 공부만 위주로 하고 있다. 지난 학기 성적표에는 60점짜리가 여럿 있어서 대장이 뭐라고 했더니 '응, 건 다 괜찮어. 아, 영얼 봐요. 영얼요!' 하고, 98점의 영어 과목을 가리키며 으스대는 것이었다. 영어 하나만 자신이 있으면 다른 학과 따위는 낙제만 면해도 된다는 것이 그놈의 지론이다. 영어만 능숙하고 보면 언제든 미국 유학은 가능하다는 것이다. 우리 5남매 중에서 맨 가운데에 태어난 지웅이 또한 마찬가지다. 고등학교 1학년인 그 녀석은, 어느새 미국 유학 소속의 절차며 내용을 뚜르르 꿰고 있다. 미국 유학에 관한 기사나 서적은 모조리 구해가지고 암송하다시피 하는 것이다. 지숙이 역시 나를 노골적으로 니 더 말할 여지가 없다(손창섭, 2005, 164~165쪽)."

학을 공부하겠다고 다짐했다. 외국인이 쓴 책을 읽고 억측을 가하는 것이 아니고 사회현상을 과학적으로 연구하는 경험적인 조사방법을 알고 그것을 우리나라 농촌사회에 적용하여 실태를 구명하는 것이 우리나라의 발전책을 강구하는데 가장 옳은 길이라고 생각했기 때문이다"[1981:5]라고 쓰고 있다. 한국 인류학 / 민속학의 1세대인 김택규 역시 해방 이후 나온 가장 엄밀한 의미의 민족지적 연구라고 할 수 있는『동족부락의 구조연구』[1964·1979년 일조각판에서 『씨족부락의 구조연구』로 제목 변경]에서 이 저서의 토대가 되는 "한국기초문화의 지역 유형성 연구[가칭]"는 주한 아세아재단의 재정적 원조를 받았으며, 이 연구의 의도를 "개개 향토의 문화를 가급적이면 다각적으로 조사하고, 향토에 직결된 생활구조의 종합적인 비교에 의하여 일종의 한국민족지적인 성과를 얻어 보려고 한다"[1979]고 밝히고 있다.[2]

본 연구는 1960년대부터 본격적으로 시작된 농촌에 대한 인류학·사회학적 연구에서 '촌락 / 부락', '마을', '공동체', 혹은 '지역사회'라는 연구단위가 어떻게 형성되었는가라는 '소박한' 물음

---

2   김택규는 이 책의 서론에서 연구의 목적을 다음과 같이 밝히고 있다. ① 한국기층문화의 지역성을 규정지을 수 있는 문화의 유형을 가급적 명확하게 설정하고, ② 한국기층문화가 역사적으로 겪어온 각 발전 단계 — 조선시대, 일정시대, 광복 이후(특히 토지개혁과 선거제도 등의 변화 이후인 1950년대) — 에 접근하여 그러한 단층 내에서의 인간사회의 관습에 대하여 의미 있는 일반법칙을 찾아내고, 이를 가지고 다른 여러 지역을 조사할 경우의 일종의 척도로 삼는 것. 나아가, ③ 가치 관념의 변용과정과 현황을 주시하는 것.

에서 촉발된 것이다. 물론 '마을', 혹은 '부락'에 대한 한국 연구자들의 관심은 한국의 농촌을 실제로 연구할 경우 해당 연구의 분석대상 및 분석단위를 주로 어느 정도 범위로 잡아야 하는가라는 물음으로부터 제기되었을 것이다.최재석, 1975 : 54~55 하지만 이 '마을' 혹은 '부락'이 초창기 연구자들에게 어떻게 발견의 대상이 되었는가, 그리고 다양한 마을 유형 중에서 '어떤' 마을이 하나의 이념형idealtypus으로 고착되어왔는가에 대한 '계보'를 적어도 초창기 문헌들에서 찾기는 쉽지 않다. 여기에 촌락, 마을과 그 영어 표현 community을 공유하고 있는 '지역사회'라는 개념이 한국 정부가 지역개발사업을 실시한 후부터 흔히 사용하게 되었다는 이만갑의 증언1981 : [1964] : 14까지 덧붙인다면, 연구대상으로서 마을, 촌락, 지역사회에 대한 한국사회과학의 관심은 언제부터, 어떠한 과정으로 형성되었는가 라는 물음은 더욱 미궁 속에 빠지게 된다.

그런데 이만갑이나 김택규, 혹은 최재석과 같은 초기 농촌사회 연구자들의 텍스트에 은밀하게, 하지만 공통적으로 등장하는 이름이 있다. "스즈키 에이타로鈴木栄太郎." 일본 농촌사회학, 나아가 도시 사회학의 대표적 연구자로 잘 알려진 이다. 그는 1942년부터 1945년까지 경성제대 사회학 교수로 부임하면서, 『조선농촌사회답사기』를 비롯한 조선농촌사회에 대한 수편의 논문을 남긴 바 있다. 그리고 그가 남긴 논의들은 마치 그림자처럼 이들 초창기 한국학자들의 연구에 짙게 드리워져 있다. 이는 초창기 한국 농촌 연구에서 미국의 지적 전통과 일본의 지적 전통이 마치 '현교顯敎'와 '밀교密敎'의 이중구조를 이루고 있음을 의미하는 것일까.[3] 하지만 동시에 이러한 이중구조는 결코 오래 유지될 수 없다. 왜냐하면 '밀교'는 그 본성상 숨겨진 것이기 때문에 학문 1세대에게는 그 이중구조가 긴장 관계를 유지하며 지속될 수 있지만, 시간이 흐르면서 밀교는 현교에 의해 장악되며, 동시에 밀교의 기원 자체가 망각되기 때문이다.[4]

이 글에서는 그 이후의 과정은 괄호에 일단 넣어두고자 한다. 이번 장에서 주목하고 싶은 것은 우선 1940년대 중반 스즈키 에이타로가 관찰했던 조선사회의 기본구조, 특히 '자연촌自然村' 개념

---

3   물론 스즈키 에이타로(『私の農村社会学搖籃期』, 1939)도 고백하듯, 일본의 초창기 농촌사회학이 미국의 농촌사회학의 영향을 크게 받았다는 점을 고려한다면, 해방 이후 한국의 농촌사회 연구는 '오리지널로의 회귀'의 성격을 가지고 있었다고 볼 수 있는 측면도 있다.

4   여기서 현교와 밀교의 이중구조란 쿠노 오사무(久野収)·쓰루미 슌스케(鶴見俊輔, 1956)가 근대 일본의 천황제의 운용 원리를 설명하면서 제시한 개념이다. "주목할 만한 것은 천황의 권위와 권력이 '현교(顯敎)'와 '밀교(密敎)', 즉 통속적이면서도 고등적인 두 모습으로 해석되었다는 점, 그리고 이 두 해석 체계의 미묘한 운영적 조화를 토대로, 이토가 만들어낸 메이지 시대 일본 국가가 성립되어 있었다는 점이다. 현교란 천황을 무한한 권위와 권력을 지닌 절대 군주로 보는 해석 체계이며, 밀교란 천황의 권위와 권력이 헌법 기타에 의해 제한되는 제한군주로 보는 해석 체계이다. 더 분명하게 말하자면 국민 전체에게는 천황을 절대 군주로 신봉하게 하면서도, 이 국민의 에너지를 동원하여 국정을 행하는 비결로서는 입헌군주제, 즉 '천황 국가 최고 기관설'을 채택하는 방식이다(132)." 쿠노와 쓰루미의 해석에 따른다면, 원래 밀교 속에 존재하면서도 현교를 수호하던 군부가 1930년대 이후 현교를 통한 밀교 정벌 — 즉 국체명징운동(国体明徴運動) — 을 개시하면서, 쇼와기의 초국가주의가 등장하게 된다.

이다. 스즈키의 자연촌 개념이 이후 한국 촌락사회 연구자들에게 어떻게 반박되고 또 수용되는지, 그 응답의 과정process을 거칠게나마 스케치하면서, 한국의 농촌 연구에서 '촌락'이라는 개념이 형성되어 가는 과정을 추적하는 것이 이번 장의 목적이다.

2. 자연촌自然村이라는 자장

조선 농촌사회에 대한 스즈키 에이타로의 연구는 그 기간도 짧았을 뿐더러1942~1945, 그 분량도 그리 많지 않다. 답사기의 형식을 빌린 한 권의 단행본『조선농촌사회답사기』, 1943, 그리고 재임기간에 썼던 4편의 논문과 전후 자신의 작업을 정리한 1편의 논문이 전부다그 외 미발표 원고들을 포함한 그의 조선 관련 연구는 『鈴木栄太郎撰集』 V권(未来社, 1973)에 모두 수록되어 있다. 하지만 이렇듯 짧은 연구기간, 그리고 연구의 양에도 불구하고 일본의 한국 연구자 혼다 히로시는 "그스즈키 에이타로-혼다 히로시 주가 해방 후의 한국농촌사회학, 및 민속학이나 인류학 분야에서 한국농촌연구에 미친 영향은 반드시 명시적으로 이야기되지는 않지만, 어떤 의미에서 그 후의 한국농촌사회 연구의 방향성을 결정지었다고 해도 과언이 아닐 정도로 큰 것이다"本田洋, 2007 : 46라고 그 의의를 평가하고 있다. 스즈키가 발견해낸 어떤 원리, 혹은 개념들이 전후 일본의 한국 연구자들에게 그토록 큰 영감을 준 것일까.

우선 스즈키의 가장 중요한 발견으로 상찬되는 것은 조선사회를 이해하기 위한 최소 단위로서 '동洞'을 '확정'해냈다는 것이다. 스즈키의 일본 농촌사회학 연구에 있어서도 기본적 지역사회를 결정하고, 그것을 사회학적 개념으로 규정하는 것이 그 문제의식의 출발점이었다는 점에서 喜多野清一, 1968 : 712 , 일본 농촌을 대상으로 했던 연구 관심이 조선 농촌 사회를 연구하는 과정에서 그대로 옮겨 왔을 것이다.

'구동리'는 조선시대 말기 행정상의 최하급 단위였을 때의 동洞을 의미한다. 하지만 당시에도 그것을 동이라 부르지 않고 리里라고 부르기도 했고, 그 행정 담당자의 명칭 등도 전국에서 공통의 형식은 아니었던 것 같지만, 당시 면面 아래 최하급 단위의 행정지구가 존재하고 있었던 것은 전체 조선에서 동일했던 것 같다. 하지만 이 최하급 단위의 행정지구는 일본에서 자연촌과 같이 매우 오랜 역사를 가진 촌락협동체의 기초 위에 생겨난 것이라는 것도 또한 전조선에 걸쳐 비슷한 사정이었던 것 같다. 이 촌락협동체를 행정상의 단위로 할 것인가의 여부는 시대에 따라 차이가 있어도, 이 협동체 자체는 그대로 존속해왔으리라. 자연적 사회적 사정은 이 협동체가 쉽게 해체되지 못하도록 다양한 조건을 가지고 있기 때문이다.鈴木栄太郎, 1973(1943b) : 42

물론 '동'에 대한 그의 주목은 오랜 조선농촌사회 연구의 결과 만들어진 것이라기보다, 일본 농촌사회에 대한 그의 선행 연구들의 연장선상에서, 즉 일본 촌락의 기본단위로서 '자연촌'과의 비교사회문화적인 발상에서 터득한 것으로 보인다. 여기서 '자연촌'이란 스즈키가 일본 농촌사회에 대한 연구를 통해 추출해낸 하나의 이념형이라고 할 수 있다.

'촌村'이란 지연적 결합의 기초 위에 다양한 사회유대에 의한 직접적인 결합을 발생시키고, 그 성원들이 그들만의 특유한 그리고 그들의 사회생활의 전반에 걸친 조직적인 사회의식 내용의 체계를 갖는 사람들의 사회적 통일이다. 지연사회를 지역의 근접성에 기초한 결합으로서만 보면, 이러한 촌村은 명백히 지연사회 이상의 것이다. 거기에는 다른 수많은 사회유대에 의한 결합도 존재하며, 그들만의 특유한 사회의식은 원칙적으로 상호 면식적인 그들의 사회생활의 모든 방면에 대해 구속을 가한다. 그 안에서 생기는 많은 집단도 말하자면 비교적 통일적인 일반적인 의사에 따라 통제된다. 이러한 사회적 통일이 내가 의미하는 촌이며, 이를 자연촌이라 불러도 좋을 것이다.鈴木栄太郎, 1940 : 36; 本田洋, 2007 : 54에서 재인용

다시 말하면, 지연적 결합과 그 외의 사회적 유대에 의한 직접적 결합이 거기서 생겨나며, 또한 그 구성원 특유의 통일적·조직

적 사회의식스즈키는 '촌의 정신'이라는 말을 쓰고 있다에 의해 사회생활뿐만 아니라 거기서 발생하는 많은 집단이 구속·통제되는 사회적 통일체本田洋, 2007 : 54가 '자연촌'이다.

경성제대에 부임하여 조선사회를 연구대상으로 관찰하던 사회학자 스즈키에게 그 기본구조로서 일본의 자연촌과 가장 유사한 단위는 위에서 언급한 '동'이었다. 그 이유는 동이 동제를 영위하는 제사집단이나 두레와 같은 노동단체를 조직하고 있기 때문이다. 실제 경성제대에 부임한 다음 해 이루어진 조선의 농촌마을에 대한 현지답사에서 스즈키는 성황당을 공동으로 제사하는 신앙적 단체로서의 동계, 동회, 혹은 '두레'와 같은 집단을 자연촌 형성의 주요한 구성요소로 파악하고 있다.

구룡오동九龍五洞의 각 동에는 존위尊位라고 하는 행정상의 책임자가 1명씩 있어서 동의 행정적 통치 임무를 맡고 있다. 내가 말하는 소위 중구룡리가 이러한 동이었으며, 행정조직의 최소 단위를 이루고 있었다. 구룡오동을 합쳐서 구룡리라 하고, 그것을 행정구분 단위로 한 것은 한일합방 이후의 신제도에 의한 것이다. 그것이 내가 말하는 소위 대구룡리이다. 중구룡리야말로 소위 동이었으며, 몇 백 년 동안을 하나의 행정적 단위로, 또 한 개의 성황당을 공동으로 제사하는 신앙적 단체로서 또한, 한 조의 동계洞契를 조직하여 자연촌을 형성하고 있는 것이라고 볼 수 있다. (…중략…) 옛날의 동에는 모두 동마다 성황당도 있었고, 동계가 있어서 동 전체가 소유하는 재산도 있었다. 정기적으로, 그리고 사건이 있을 때마다 동회가 열리고 있었다. '두레'도 동마다 결성되어 있었다. 그렇다면 이 동이야말로 자연촌일 것이라고 금방 생각되지만, 그것이 어느 정도까지 하나의 생활협동체로서 성장하여 왔는가, 또 현재 어느 정도의 결속을 가지고 있는가에 대해서는 이하, 이 협동체를 구성하는 각 요소를 검토하는 가운데 저절로 읽어낼 수 있으리라 생각한다.鈴木榮太郎,
1973(1944): 245~247

이렇듯 '구동리'가 조선사회를 이해하는 가장 중요한 기초단위라는 것을 확인한 것이 스즈키의 농촌사회학의 가장 큰 업적이라는 점은 많은 일본 연구자들이 동의하는 바다.牧野巽, 1973: 505; 本田洋,
2007: 46 조금 더 풀어 쓴다면 "일본의 농촌연구에서 도출된 자연촌의 틀을 당시의 조선반도의 농촌에 적용하는 것을 통해 농촌사회 연구가 다루어야 할 대상을 발견하고, 나아가 거기서 논해야 할 과제를 명확히 제시한 점", 그리고 "'조선에서의 자연촌', 즉 '과거의 동洞'이야말로 사회적 통일을 갖춘 공동체로, 그것이 농촌사회 연구를 행하는 데 조사연구의 기본적인 단위가 된다는 것을 적지 않은 사례에 기초해 전망이기는 하지만, 실증적으로 제시한 점"은 그 후의 농촌사회 연구자가 연구대상을 정의하고, 경계를 짓는 데

중요한 지침이 되었다는 것이다.

하지만 스즈키의 조선사회 연구의 의의는 단지 자연촌 개념을 조선사회에 대입하여 그 기본단위를 밝혀낸 것에 한정된 것이 아니다. 그의 관찰에서 또 하나 주목해야 할 것은 조선사회가 일본사회와 달리 뿌리 깊은 유교사회라는 인식 아래, 유림의 조직이나 동족의 조직, 그리고 정기시의 조직 등 자연촌의 사회적 독립성을 크게 혼란시키는 단위들의 존재에 주목하면서, 자연촌과 더불어 한국사회의 사회적 통일성을 이루는 단위로 '군郡'을 발견해냈다는 것이다. 여기에는 "군郡의 사회적 통일성이 약하기 때문에 군내의 통일적 기관이 옛적부터의 것은 그다지 없으므로 한 부락 이외에 한 군의 조사는 그리 필요치 않은" 일본과는 다른 한국 / 조선사회의 '차이성'에 대한 자각이 깔려 있다.鈴木栄太郎, 1973[1944] : 144[5] 그는 경성제대에 부임한 직후, 자신이 가르치던 학생들과 조선의 한 농촌 지역에 대한 답사를 기획하던 당시 중점을 두었던 주제로 다

---

[5] '군'이 한국 사회를 이해하는 중요한 연구 단위라는 인식은 현재 한국 사회 연구자들에게는 일반적으로 공유된 것이다. 미야지마 히로시의 다음과 같은 설명을 참조할 것. "군을 단위로 한 사회적 통일성이라는 것은 무엇보다 재지 양반들이 군을 단위로 조직되어 있던 것과 깊이 관련된 현상. 지방 사회에 있어서 양반이 양반일 수 있는 것은, 군을 단위로 작성된 재지 양반의 명부인 '향안'에 등록되는 것이 불가결의 조건이었으며, 이 명부 등록자 중에서 좌수와 별감이라는 대표자가 선출되고, 그들이 군의 수령을 보좌하면서 지방 통치의 일익을 담당했던 것이다(宮島博士, 2013, 242쪽)."

음 네 가지를 언급하고 있다.[6]

① 조선사회에서 유교문화와 동족조직이 미치는 영향.
② 유림의 일반사회생활에 대한 지도적 기능에 관한 사정.
③ 양반의 동족조직.
④ 군郡의 사회적 통일성 문제.

하지만 그가 불변하는 구조에 대한 관심만 가지고 있었던 것은 아니다. 식민지 통치 권력이 지방 말단으로까지 깊숙이 침투해 들어가던 1942년이라는 시점에서 과거와 같은 재지양반의 권력이 점차 약화되어가는 한국사회에서 군의 사회적 통일성은 점점 약화될 것이라는 예측을 내리고 있는 대목에서 확인되듯, 스즈키는 그 변화에도 주목하고 있었다. 물론 구조에 대한 관심에 비해 그 변화에 대해서는 아마추어적 분석 이상을 하고 있지는 않으며, 식민지 권력이라는 외부 요인에 대한 고려 역시도 결여하고 있다.

---

6   이 조사는 경성제대에서 1942년부터 새로운 사업으로 조직한 '남선조사대(南鮮調査隊)' 활동의 일환으로 이루어졌다. 경성제대에 그 해 부임한 사회학 조교수 스즈키 에이타로와 이시카와 타이조, 이상욱, 신종식 3인의 학생이 참여한 이 조사는 자연부락인 '둔산부락(屯山部落)'에서 주로 이루어졌고 현지 조사 결과는 "둔산부락의 사회학적 연구"란 제목으로 1943년 총독부 기관지인 『朝鮮』에 네 차례에 걸쳐(338~341호, 1943) '남선조사대 사회조사반'의 이름으로 실렸다(김필동, 2020, 57~58쪽 참조).

과거 군郡 지구의 사회적 의식은 결코 낮지 않다. 이것은 과거 군또는현의 행정적 기능이 컸던 것에 기인하지만, 군을 범위로 하는 각종 집단이 당시 존재하고 있었기 때문이다. 향청, 향교, 향약, 3단 일조三壇 一朝 등의 조직과 이들 활동은 당시 군의 강력한 사회적 통일을 충분히 증명하고 있다. 그 외 군의 사회적 폐쇄성을 예상할 수 있는 많은 관행 습속이 있다. 하지만 군의 사회적 통일은 주로 양반유림에서 군 단위의 활동조직에 기인하고 있는 듯이 보인다. 때문에 양반유림이 오랫동안 가지고 있던 사회적 의식이 점차 변하는 것에 따라 그 집단 활동의 형태도 성질도 달라질 것이며, 또한 그것에 대해 구군의 사회적 통일의식 등도 점차 변각된다. 오늘날에도 과거 군을 단위로 하는 문묘의 유지와 그 석전釋典의 제사조직은 대체로 옛날 그대로 남아 있지만, 이것은 훨씬 확실하게 남아 있는 과거 군의 사회적 통일의 흔적이다. 문묘와 그 석전이 새로운 군 단위로 편성되고, 새로운 군 내에 하나의 문묘만이 남겨지고, 그 제사조직도 새로운 군 단위로 된다면, 과거 군의 사회적 의식은 바로 사라져버릴 것이다.鈴木榮太郎, 1973(1943b) : 44~45

이상의 논의를 종합해볼 때 스즈키의 농촌 사회학 연구는 그 의의와 한계의 양 측면에서 중요한 시사점들을 우리에게 주고 있다.

첫째로, 일본의 자연촌을 하나의 모델로 상정해서 조선사회의 촌락을 연구하기 시작했지만, 점차 연구과정에서 조선사회 촌락의 독자성에 주목했다는 점은 스즈키 농촌사회학의 가장 중요한 의의일 것이다. 이는 '계급적 집단'인 양반의 문중이 '자연촌'의 범위 내에 포섭되는 것이 아니라, 그 위신과 사회네트워크의 전개의 경우 과거의 군을 단위로 보고 있다는 점에서 드러난다. 왜냐하면 '자연촌'의 구성요소인 '사회의식'의 체계와 '사회적 통일'이 조선의 농촌, 특히 양반의 집단이 주거하는 촌락의 경우, 반드시 자연촌에서만 완결하는 것은 아니었기 때문이다. 뿐만 아니라, 같은 촌락에 주거하고 있더라도 양반과 상민의 사이에는 명확한 문화전통의 차이가 보인다는 점도 간파하고 있었다. 조선에서 자연촌은 일본의 자연촌의 주요한 구성요건인 사회적 통일성과 사회의식에 의한 규제·구속에 의해 반드시 명확하게 경계 지어지고, 정의되는 성격의 것이 아니었음은 명백하다. 한편, 상민 출신으로 더욱이 안정된 경제적 기반을 갖지 않은 세대의 경우에는 보다 좋은 생활·생산조건을 찾아 다른 촌락, 혹은 인근의 다른 지역으로의 이동을 억제하는 요인을 찾기 어려운 것은 확실하다고 생각된다. 『답사기』에서 스즈키가 제시하고 있는 자료로부터 논하기는 어렵지만, 이동하는, 유동성 높은 상민이 '자연촌'의 사회적 통일이나 사회의식 체계의 구속력에 미치는 영향에 대해 검토하는 것은 추후의 연구 과제가 될 터였다.本田洋, 2007 : 66~67 참조

둘째로, 연구 대상에 있어 자연촌의 범위를 넘어선 광역 지역

사회로 관심의 폭을 확장하고 있는 것도 주목할 만하다. 이는 전후 일본으로 복귀한 이후 저자가 농촌사회의 결절점으로서의 도시 사회학 연구로 나아가게 되고, 그 결과 독자적인 『도시사회학원리』라는 결실을 맺는 중간 발판을 형성하는 牧野巽, 1973 : 513~514 학문적 여정에서도 확인된다.

셋째로, 앞서 언급한 것처럼 일본 사회와 달리 뿌리 깊은 유교 사회라는 인식 아래, 유림의 조직이나 동족의 조직, 그리고 정기시의 조직 등 자연촌의 사회적 독립성을 크게 혼란시키는 단위들의 존재에 주목하면서, 자연촌과 더불어 한국사회의 사회적 통일성을 이루는 단위로 '군郡'을 발견해냈다는 점 역시 평가할 만하다. 하지만 이 평가는 동시에 그럼에도 불구하고 왜 여전히 그는 기초적 단위로서 동에 주목했을까라는 물음을 낳게 된다.

이 물음에 답하기 위해서는 식민지에 설립된 제국대학의 교수라는 그의 위치성을 고려하는 것이 우선 필요할 것 같다. 제국대학 교수라는 그의 신분상, 1940년대라는 시대적 상황에서 그의 연구 관심이 식민지 통치라는 당대 현실의 필요에서 벗어나기는 어려웠을 것이라는 점은 충분히 미루어 짐작할 수 있다. 실제로 그는 "최근에는 옛날부터 동이 생활에 한층 밀접한 단체이기 때문에 생활지도도 그것을 단위로 하게 되었으며, 부락이라는 호칭도 현재는 과거의 동洞을 의미하는 것으로 바뀌어왔다. 일본에서 농촌지도가 정촌町村 단위로부터 부락 단위로 바뀌어 온 것과 같은 과정이다"鈴木栄太郎, 1973(1943c) : 114라고 언급하면서, 동에 대한 관심이 지역사회에 대한 총독부의 행정에서 중요 단위를 찾기 위한 하나의 시도였음을 은연중에 시사하고 있다. 그렇다면 당대 조선에서 학문적 탐구와 그로부터 도출된 앎들은 실제로 통치 행정과 직결되는 것이었는가, 그리고 이후 일본의 한국 연구자들에게 이러한 식민성 / 제국주의 문제는 어떻게 자각되어 왔는가라는 또 다른 물음들이 제기될 수 있다.

마지막으로, 비교라는 행위가 내포하는 권력성에서 자유로웠는가, 그리고 이러한 권력적차별적 시선에 대해 전후 일본 학계는 충분한 비판 / 자성의 과정을 거쳐 왔는가라는 포스트 식민주의적 문제 제기 역시 가능할 것이다. 사실 스즈키의 글에서는 '자연촌'이라는 개념을 통해 일본과 조선의 촌락 구조의 우열을 평가하는 듯한 시선이 종종 나타난다. 그리고 이러한 시선은 애초부터 스즈키의 자연촌 개념이 집단, 사회관계, 사회권의 누적 외에 사회적 통일성의 근거로서의 '정신精神', 즉 공동의 사회의식이라는 관념에 기반하고 있다는 것에서 유래한 것이다. 물론 이 '정신'은 오랜 세월 동안 일본 사회에서 살아온 일본 사회학자가 일본 사회의 촌락을 관찰하면서 관념적으로 파악할 수 있는 것이고, 또 촌의 각종 규범이나 관행, 혹은 제도의 존재를 통해 관찰 / 증명할 수 있는 것임에는 분명하다. 하지만 조선의 농촌사회에 대한 길지 않은 필드워크를 통해 이러한 '정신'을 어떻게 관찰할 수 있을 것인가는 문제로 남는다. 즉 조선사회에서 공동체를 구성 / 유지하려는 정신의 문제를 이방인 연구자가 사회학적으로 어떻게 파악할 것인가의 문제에 대해 스즈키 자신은 충분히 납득할 만한 해명을 제시하지 못하고 있다.

조선의 자연촌은 집단조직에서는 일본의 자연촌보다 정비되어 있는 듯이 보인다. 집단의 수도 많고, 개개 집단의 조직화 정도도 높다. 하지만 자연촌 사람들의 감정적 융화나 일체감의 의식도 역시 조선이 일본보다 강하다고는 생각하기 어렵다. 우리들은 자연촌의 전일성을 명확히 하기 위해 농촌사회집단의 문제 이외에 공동관심권의 문제 및 사회분화의 문제를 한층 고려하여 고찰하지 않으면 안 된다. 지금 여기서는 이들 두 문제는 당면의 문제는 아니지만, 조선농촌에서의 정기시 및 통혼권에 관한 사정은 공동관심권의 문제로서는 매우 중요한 의의를 가지며, 또한 하나의 문화권으로서의 구군의 범위도 간과하기 어려운 문제를 제공하고 있다. 모든 이들 공동관심권에 관한 사정은 한 마디로 결론내리면 모두 조선의 자연촌 개방을 촉진하고 있는 것이라 생각된다. 또한 자연촌 내부의 사회분화의 문제로서 동족집단에 의한 사회분화, 사회계층에 의한 분화, 성별에 의한 분화, 장유에 따른 분화 등은 특히 조선의 자연촌에서는 중시해야 할 것이다. 사회분화에 대해서도 결론만을 이야기하면, 위와 같은 사회분화가 현저히 존재하기 때문에 조선의 자치촌은 집단조직에서는 꽤 정비되고 있음에도 불구하고, 생활협동체로서의 전일성에서는 적어도 일본의 자연촌보다 낮은 것 같다. 또한 자연촌 사람들 상호 간의 사회적 거리도 보다 먼 것 같다. 이렇게 개인의 의지를 주장하는 의미에서 개인주의적이지는 않지만, 개인의 자리가 현저히 고정되어 개인의 자리가 엄격하게 지켜진다는 의미에서 개인주의적이다. 냉철한 조직이 마을 사람들의 사회과정에서의 정열의 흥분에 항상 제어를 가하고 있는 것이다. 鈴木榮太郎, 1973[1943b] : 88

또한 그 당시 식민지 조선에 거주하던 대다수의 일본인 학자들에게 공통적으로 나타나는 조선사회의 정신적 기반으로서의 유교의 퇴영적 측면에 대한 언급은 스즈키의 텍스트에서도 예외 없이 나타난다. 물론 이를 당시 식민지적 상황이 만들어낸 구조적 편견에서 스즈키 역시 자유롭지 못했다고 넘겨버릴 수도 있다. 그러나 조선사회에 대한 정치한 분석을 시도하고자 했던 사회학자마저 이러한 편견에서 자유로울 수 없었던 이유는 무엇일까 라는 물음을 계속 추궁하는 것은 어떤 한 사회에서 '○○문제'가 구성되는 조건을 성찰하기 위해서도 필요한 태도라고 생각한다.

어떤 종교에 있어서도 신을 모시고 있는 곳에는 귀신이라도 나올 듯한 기분에 사로잡히는 것이다. 불교의 제단에도, 기독교의 제단에도, 일종의 무서운 느낌이 있는 것이다. 천리교의 제단이나 무녀의 제단에도 범할 수 없는 신성한 느낌이 있다. 대성전 속에서는 이런 것을 조금도 느낄 수 없었다. 유교는 역시 철학이며, 윤리며 그 이상은 아닐 것이다. 그런 의미에서 유교의 성현을 숭배하는 의례를 이 이상 할 수는 없을 것이다. 그럼에도 불구하고 그 이상의 것을 구하고 있었던 곳에 유림을 중심으로 한 이조 이후 조선 문화의 퇴영성이라고 할 한 원인이 있었던 것은 아닌가 생각된다. 유림의 생활에서는 유교 이외에 종교가 없고 생활의 일체를 규범과 안심을 전적으로 유교에서만 구하고, 종교는 부녀자나 상민노예가 숭배하는 것으로, 적어도 그것을 표면상 비하 배척하는 것을 예사로 삼고 있었다. 그러나 유교는 유림이 기대하였던 정도의 것을 줄 수 없었을 것이다. 생로병사의 쓰라린 체험 앞에는 보다 정신을 비등시키고 용해시킬만한 신앙이 없이는 살 수 없었을 것이다. 이리하여 여러 가지 형식으로 무녀의 신앙이나 불교의 신앙이 그들의 생활 이면에 살고 있었다고 말하고 있다. 그것은 주자의 가례에 따라서 행한 정식 장례 뒤에 무당의 주술을 사용하였다는 것에서도 볼 수 있다. 이 밖에도 여러 가지 관습 속에 무녀나 불교의 힘이 몰래 쓰이고 있는 것 같다. 더욱이 유림은 그 체면 때문에 그러한 신앙을 표면상 비하 배척하지 않으면 안 되었다. 유림의 생활이 어딘지 음성이고 기백이 없었다는 것은 이런 것에도 그 원인이 있었음이 틀림없다. 도리어 부녀자와 하층상민은 더 소박하고 솔직하게 살아가는 길을 알고 있었을 것이다. 그러나 그들에게는 문화를 추진하는 힘이 완전히 거세되었던 것 같다.鈴木栄太郎, 1973[1943b] : 148

그런 점에서 두 세대가 지난 1990년대 이후 지속적으로 한국의 촌락사회에 대한 인류학적 필드워크를 진행해온 3세대 일본 연구자 혼다 히로시의 스즈키 농촌사회학에 대한 연구사 정리는 식민지 시기부터 축적된 한국 연구에 대한 일본 학계 내부의 성찰이라는 점에서 주목할 만한 가치가 있다. 한국 촌락구조의 이론화 작업에 대한 리뷰를 통해 혼다는, 스즈키가 말하는 '자연촌' 혹은 이토 아비토伊藤亜人가 말한 '전통촌락'의 공동체로서의 연속성, 특히 지리적 / 사회적 경계와 공동적 활동·조직의 연속성을 자명한 것으로 파악하는 방식에 내포된 문제점을 지적한 바 있다. 스즈키의 논의가 상황의존적인 지연적·공동적 사회성의 모색말하자면 사회실천의 어떤 시점에서 임시변통적 ad hoc 적인 결정구조화으로서 촌락공동체를 개념화하는 일종의 구성주의적인 접근을 취하고 있다는 것이 비판의 요지이다.本田洋, 2002 물론 이 논의는 마을의 경계선을, 서로 반대하는 두 개의 요청 사이의 잠정협정으로 파악한다는 흥미로운 대안을 제시했던 2세대 일본 연구자 시마 무쓰히코嶋睦奥彦, 1990 의 논의를 수용한 것이기도 하다.[7] 나아가 그는 1990년대 자신이 한국의 촌락사회에서 진행한 필드워크를 통해 깨달은 지점을 다음과 같이 쓰고 있다. 조금 길지만 핵심을 지적하는 대목이므로 인용해본다.

스즈키가 말한 의미에서의 '자연촌'의 기능 자체가 갖는 중요성이 약해지고 있다는 점에서, 오히려 '자연촌'이라는 개념, 틀로 회수될 수 없는 생활의 현실에 대한 질문이 필요하다. 하지만 스즈키는 조선의 자연촌을 정의하고, 그 내부구조에 대한 가설적 전망을 제시하는 한편, 그러한 틀

---

7 "이들 자치적 조정기구(부락총회, 대동회)의 기능이 미치는 지리적 범위는 지명을 붙여 불린 다양한 사회권 / 공동관심권 중에서도 가장 협소한 것이며, 청산동이나 동산촌, 월암동과 대천동, 그리고 아마 상월동과 토평의 경우처럼 시간이 흐르면서 변화할 가능성을 가지면서도, 각각의 시점에서는 잠정적긴 하지만, 꽤 명확히 인지되는 지리적 범위 속에 안정된 것이 아닌가 생각된다. 주민들이 생활감각에서 마을 혹은 동네로서 식별하는 범위가 거기에 해당하며, 스즈키의 자연촌이라는 개념도 기본적으로 그 범위에 대응하고 있다. 이러한 차원에서 전개되는 사회관계나 행위의 존재를 부정할 수는 없을 것이다. 단, 청산동에서나 상월동에서나 부락총회나 대동회의 기록이 문서로서 남겨지는 일은 없었다. 만약 이들이 평균적 사례라고 한다면, 이 차원(지연성에 기초한 자치적 조정기구)에 관한 사상은 문서기록만을 통해서는 파악하기 어렵다고 말하지 않을 수 없다. 그 자치조정기구의 활동을 지지하는 보다 단체적(corporate)인 조직(동계나 상포계가 거기에 해당하며, 이것들은 문서기록을 남기고 있음)의 측면에 눈을 돌릴 때, 그 경계선이 마을이나 동네의 지리적 범위와 합치하지 않는 것은 본고의 기술에서 제시한 그대로이다. 덧붙여 신분계층에 의해 개인이나 친족집단이 갖는 사회적 유대의 범위에는 차이가 있기 때문에, 같은 토지 위에 다른 식으로 확장하는 공동관심권이 중층 / 착종하게 되는 것도 틀림없다. 단적으로 말하면, 신분계층이 높을수록, 지리적으로 넓은 범위에 걸친 공동관심권에 관여하게 된다. 하지만 그러한 사람들도 일상적으로는 서술한 자치적 조정기구의 구성원이기도 한 것이다(嶋睦奧彦, 2009, 19쪽)."

로는 반드시 정합적으로 잘라내어 설명하기 어려운 현상에 대해서도 언급하고 있다는 점을 지적할 필요가 있다. 조선반도의 농촌사회의 사회학적 연구의 원점으로 돌아가, 그 후의 조사연구의 중요한 지침이 되어온 개념을 비판적으로 재파악하는 것은 연구의 대상의 재발견과 과제의 재정립을 행하는 데 기초적 작업으로서 자리매김 할 수 있다. 더욱이 한국 농촌연구에서 촌락유형·구조론이 반드시 높은 중요성을 가질 수 없었던 이유의 일단을 제시하는 것도 가능하리라 생각한다. (…중략…) 여기서 필자혼다 히로시가 문제화하고 싶은 것은 촌락공동체의 가능성, 바꿔 말하면, 통일적인 사회의식이나 동계와 같은 촌락을 단위로 하는 사회집단 및, 협동적 활동 자체가 주민 생활의 영위를 초월해서 그것을 구속·제약하는 것으로서 작용하는 것이 아니라, 생활의 실천이 전개되는 상황 속에 묻혀 있다는 점이다. 나아가 주민 생활의 영위에서 전개되는 다양한 사회실천의 축적 일부가 공동체로서 결정하고, 그것이 재귀적으로 각 개인의 실천을 구속하는 한편, 그 구속은 결코 초월적·절대적인 것이 아니라 여러 개인의 실천이 교차하는 가운데 항상 협의negotiation의 대상이 된다는 점이다. (…중략…) '자연촌'이라는 개념의 자명한 전제인 개인을 구속·규제하는 '정신'의뒤르켐적 의미에서 외재성을 단순히 계층분화와 자연촌의 사회적 경계를 넘어선 사회 네트워크의 전개라는 관점에서만이 아니라, 개념 자체의 존립 기반에서도 상대화하는 계기를 내포한 것이라고 생각된다. 즉 자연촌 사람들의 '감정적 융화'나 '일체감'의 강약이라는 파악 방식 자체에 포함된 마을 사람들과 마을이라는 이분법 자체가 문제시되어야 하는 것이다. 나아가 마을사람들의 주체적인 생활의 영위와 촌락의 공동체 규칙의 어느 한편을 다른 한 편에 종속시키는 것으로 파악하지 않고, 양자의 관계성을 논의할 필요가 있다.本田洋, 2007 : 68~69

이상의 정리는 분명 일종의 '종합'으로서의 의의를 가지고 있는 것임에 분명하다. 하지만 촌락공동체의 가능성이 주민들의 생활의 실천이 전개되는 상황 속에 묻혀 있으며, 그 공동체적 실천이 다시 각 개인의 실천을 구속하고, 그 구속은 항상 협의의 대상이 된다는 논의가, "그래서 실천이 중요하다"는 일반론을 넘어서서, 설명을 위한 하나의 모델이 될 수 있기 위해서는 구체적인 장 속에서의 실천의 논리logic of practice가 제시되어야 할 것이다. 이 역시 스즈키 이후의 사회학자, 그리고 인류학자들에게 남겨진 과제이다.

3. 1960년대 한국 농촌사회학의 응답

내가 미국에서 사회조사 방법을 공부하려고 한 이유는 한국사회의 실상을 알아야겠다는 염원 때문이었다. 일정日政 시대에 접한 사회학은 원론적인 것이었고 사회학자들이 현실 사회를 관찰해 학술적인 용어로

좋게 말하면 사변적으로 생각한 것을 그럴 듯한 논리로 체계화한 지식의 집합이었다. (…중략…) 거기에는 과학적인 검증의 방법과 절차가 결여되어 있었다. 나는 한국사회가 착실하게 발전하려면 정책이나 계획을 직관에만 의존하지 말고 가급적 실증적인 지식에 입각해 수립해야 한다고 굳게 믿고 있었다. 이만갑, 「삶의 뒤안길에서」, 『세계일보』, 2004.6.3; 정종현, 2019 : 267에서 재인용.

앞서 언급한 것처럼, 이상 조선 촌락사회에 대한 스즈키의 연구의 흔적은 해방 이후 한국의 농촌사회 연구자들의 텍스트에 은밀하게 혹은 명시적으로 묻어나며, 이는 수용 혹은 반박의 형태로 전개되어 왔다. 20여 년에 걸친 자신의 농촌 연구의 한 결산처럼 보이는 「농촌사회의 구조와 변화」1980라는 논문에서 이만갑은 자신이 대상으로 하는 촌락은 하나의 근린집단neighborhood이라기보다는 '자연촌락'이라고 규정하며, 자연촌락의 개념을 다음과 같이 정의하고 있다.

자연촌락이라는 말은 반드시 명백한 개념은 아니다. 어떤 사람은 A, B, C가 각각 분리되어 있는 자연촌락이라고 보는데 반해서 다른 사람은 A, B, C가 서로 약간 떨어져 있기 하지만 별개의 촌락이라고 하기는 어려울 정도로 가까이 있고, 그들 간에 공동적인 유대가 강하므로 하나의 자연촌락이라고 볼 수 있는 것이다. 그런 점에서 자연촌락은 약간 애매한 개념임에 틀림없다. 그러나 동제사, 이중계, 그밖의 공동적인 행사는 보통 그런 자연촌락 내에 있는 사람들 사이에 이루어져 왔기 때문에 그런 공동체적인 활동이 있을 만큼 사람들이 근접해서 살고 있으면 그것은 자연촌락이라고 할 수 있는 것이다.[이만갑, 1981[1980] : 127]

물론 그가 초점을 맞추고 있는 것은 촌락사회의 구조보다는 변화로, 해방 이후 농촌사회의 변화를 가져온 요인으로 ① 농지개혁, ② 교육·문화의 향상, ③ 농촌인구의 도시 유출, ④ 지방선거의 실시 등을 지적하며, 그 변화상을 기술하고 있다. 특히, 경제적 결함에도 불구하고 독립자영적인 두터운 농민층을 형성함으로써 이후의 농촌 발전에 커다란 영향을 미친 점에서 농지개혁의 의의를 정리하거나, 1958년부터 1962년에 걸쳐 이루어진 '지역개발사업'에 대한 평가와 관련해서는 '경세제민의 학'을 추구하고자 했던 당대 일급의 사회학자로서의 현실감각이 돋보이는 부분도 있다.[8]

하지만 '면面'이라는 행정단위의 인위성, 자연촌락자연촌 의 중요성 등, 한국 촌락사회 '구조'에 대한 그의 기본적 이해는 스즈키의 그것과 거의 동일한 것이다. 실제로 '자연촌락'이라는 용어는 비교

---

8   특히 지역개발사업과 관련하여 이 사업이 커뮤니티를 촌락으로 규정하고, 촌락을 단위로 해서 생활개선, 제방, 도로공사, 문화관 설치 등 사업을 실시했다는 점에서 한계가 있음을 지적하면서, 촌락의 생활권으로서의 장시에 주목하고, 장시를 중심으로 한 보다 넓은 커뮤니티

적 이른 시기인 1964년의 논문 「지역사회의 사회적 분석」에서도 등장하고 있으나, 이 용어의 유래에 대해 저자는 아무런 언급도 하지 않고 있다. 이러한 자연스러운 말소를 의도적인 것으로 해석해야 하는지, 아니면 이미 관행적으로 사용되었기 때문에 특별히 언급할 필요가 없었던 것으로 해석해야 할지에 대해서는 의견이 나뉠 수 있지만, '자연촌'이 이 시기 한국 농촌 연구자들에게 무의식적으로 수용되고 있다는 하나의 증거로는 충분히 타당하다. 하지만 조선촌락의 기본원리로서 자연촌과 함께 스즈키가 지적했던 군郡의 중요성에 대한 인식 역시 이만갑의 논의에는 존재하지 않는다.

그런 점에서 '자연촌' 개념에 대한 한국 지식계 최초의 '정식' 응답의 공까은 사회학자 최재석에게 돌아가야 할 것 같다. 20여 년에 걸친 농촌사회 연구의 집대성이라고 할 수 있는 『한국농촌사회연구』1975라는 기념비적 저작에서[9] 그는 한국농촌의 의미 내지 성격

에서 유기적인 경제활동이 이루어지도록 커뮤니티의 재조직을 도모하는 것의 중요성을 역설한 부분은 주목할 만한 지점이다(이만갑, 1981[1965], 74쪽). 물론 장시의 중요성에 대해서는 이미 많은 선행연구들에서 지적된 바 있지만, 변화하는 농촌사회의 현실에서, 개혁의 구체적 비전을 제시하려는 연구자 / 실천가로서의 면모는 평가되어야 할 부분이다.

9   한국 사회의 사회학적 이해에서 가족과 농촌사회가 가장 기본적이고 주요한 연구대상이라는 인식 아래 20여년에 걸친 연구를 수행했던 최재석의 '각오'는 저서의 머리말(「序」)에 실로 감동적으로 표현되고 있다. "그동안 국제적으로나 국내적으로나 크고 작은 많은 정치적 사건이나 경제적 사건이 일어났으나 이러한 문제에는 개의하지 않고 내가 의도하는 기초적 연구에만 마음을 집중시켜 왔다. 4·19의 함성을 창 너머로 듣고도 끓어오르는 충동을 책상머

이 가장 잘 나타나는 대상으로서 '자연부락'이라는 단위를 제시하며, 그 이유로 "한국 농촌의 사회생활에 있어서 명확한 독립성을 갖고 농촌 사람의 거의 전부의 일상생활이 그 속에서 이루어지는 일정한 지역"최재석, 1975 : 55이 바로 그것이기 때문이라고 덧붙이고 있다.

농민의 생활은 아직도 그 대부분이 이 부락 내에서 영위되고 있으며, 그들은 이 부락과 같이 생산하고 부락과 같이 생활을 하고 있는 것이다. 생활의 대부분이 이 부락 속에서 이루어진다는 것은, 바꾸어 말하면, 그들의 여러 생활의 욕구를 충족하기 위하여 형성한 인간관계나 여러 집단은 이 부락의 지역적 외연 상에 겹쳐 있다는 것을 말하는 것이다. 사회관계나 집단이 이 범역을 벗어나는 일이 있더라도 대단히 적고 또 그것은 이 부락의 내부에 중심을 둔 통제적인 것이 일반적이었던 것이다. 바꾸어 말하면 농촌지역에서의 농민이 형성하는 여러 생활 집단은 공통의 사람을 구성 멤버로 하여 동심원상으로 보통 이 마을이라는 지역에 몇 겹으로 누적되어 있는 것이다. 또 이 마을은 취락으로서도 독립의 경향

리에서 제어하기도 했다. 사회적 문제에 대해서도 글을 쓰고 싶었던 일이 한 두 번이 아니었으나, 솔직히 말해서 그러한 문제는 나보다 모든 점에 월등한 나 아닌 많은 다른 사람들이 관심을 가지게 될 것이고 또 내가 그러한 문제에 관심을 가지게 되면 내가 의도하는 연구는 중단되거나 또는 지연된다고 믿었기 때문이다. 철저한 〈쟁이〉 정신을 발휘하는 길만이 유산을 남기고 계승하고 사회에 공헌하는 길이라고 생각했던 것이다(최재석, 1975, 1쪽)."

이 있을 뿐만 아니라 농민의 하나의 생활단위체로서 기능을 하고 있는 것이다.[ibid., 55]

다시 말하면, '우리 마을', '우리 동리', '우리 부락'이야말로 하나의 자족적인 생활권인 동시에 독립적이고 통일된 조직체를 이룩하고 있는 지연집단이라는 것이다. 여기서 '자연부락'이라는 단위는 물론 일본의 '자연촌' 개념을 의식한 것이다. 하지만 저자는 그 개념이 지칭하는 바가 내용상 일치하는 부분이 많다 하더라도 — 그는 스즈키의 '자연촌' 개념이 한국 농촌의 집단적 누적체 이상의 사회적 통일성에 주목한, 확실히 중요한 발견이라고 평가하고 있다[ibid., 57] — , 각 개념의 형성에 있어서 개별특수적인 역사성의 차이를 무시한 채, 일본의 촌락 연구에서 얻은 개념을 한국에 적용시켜 하나의 의미를 갖게 하는 것은 안이한 소치가 아닐 수 없다고 비판한다.[ibid., 57] 그런 점에서 '자연부락'은 한국의 촌락에 대한 아직 체계적인 연구가 이루어지지 않은 현실에서 한국 촌락을 충분히 연구, 검토한 후 좀 더 높은 차원에서 일본의 자연촌 개념과 비교·통합하기 위한 잠정적 개념이라고 할 수 있을 것이다.

이는 한국 농촌의 이념형으로서 '자연부락'을 설정하고, 이를 소묘하는 과정에서 저자가 느꼈던 어려움에 대한 토로에서도 거듭 확인된다.

사실, 우리는 종래 외국학자들의 이론이나 조사방법을 통하여 많은 것을 배워 왔고, 또 앞으로도 배울 바가 많을 것이다. 예를 들면 한국농촌을 이해하는 데는 미국의 커뮤니티의 이론이라든가 독일의 게마인데 Gemeinde의 이론이라든가 또는 일본의 자연촌의 이론이 많은 도움이 될 것이다. 그러나 이와 같은 이해방법에는 약간의 주의하여야 할 문제점이 개재되어 있는 것이다. (…중략…) 한국의 어떤 사회적 대상에 대하여 흔히들 공동체니 촌락공동체니 하는 말을 빈번히 사용하고 있는데, 지금까지의 용법으로 보아 대단히 막연하고 애매하게 사용되고 있는 것 같다. 극히 다의적이어서 그 개념의 윤곽조차도 파악하기가 곤란할 때가 있다. 이 말은 구미에서 차용한 학술용어의 번역인 것은 확실하지만, 가령 커뮤니티, 빌리지 커뮤니티, 루럴 커뮤니티, 게마인데, 게마인샤프트, 도르프 게마인데 중의 어느 의미를 내포시킨 것인지도 막연하다. 또 이것공동체이 경제사적인 내용을 말하는 것인지, 또는 사회학적인 내용을 말하는 것인지 알쏭달쏭하다.ibid., 69

이러한 고민들이 그로 하여금 한 사회에서 개념의 역사에 대한 강조로 나아가게 한 것 같다. 그 한 예로 그는 미국의 '루럴 커뮤니티rural community'라는 개념의 성립을 역사적으로 검토하면서, 20세기 초 분산 고립된 농촌 정착양식이 급격히 확대되는 것에 수반하여 발생하는 농촌문제를 해결하기 위해 커뮤니티가 없는 지역에서 어떻게 하면 어느 정도의 통일된 지역을 확인할 수 있는가 라는 문제가 미국 농촌사회학계의 중요한 관심사가 되면서 루럴 커뮤니티가 연구의 대상이 되었다고 서술하고 있다. 여기서 루럴 커뮤니티는 지방도시적 취락을 중심으로 하여 거기서 방사상으로 여러 가지 사회적 서비스를 받는 일정 지역 내의 농가를 둘러싼 동심원상의 '상권商圈'으로 측정될 수 있는 지역적 경계에 한정된 지역이다.

하지만 사회관계나 집단이 우선 부락이라는 범위에 명백하게 지역성을 가지고 누적되면서 하나의 통일체가 형성되어온 한국사회의 농촌의 경우는 상황이 다르다. 다시 말해, 부락은 농촌생활의 하나의 가장 기본적인 단위인 동시에 사회화의 기능을 오랜 역사를 두고 영위하여 왔다는 점에서, 한국 농촌 사회에서 가장 중요한 사회학적 의의를 가지고 있는 지역집단은 '면'이나 '시장권'이 아니라, 바로 '자연부락'이라는 것이다.[ibid., 74][10] 그리고 이러한 전제 아래 그는 자연부락의 성격을 다음과 같이 정의하고 있다.

① 경제학자의 관점을 받아들이면 공동체는 역사적 개념이다. 즉 자본주의 사회가 성립하여 전개하면 원칙적으로 해체, 소멸된다.

② 지역집단이다.

③ 생산수단을 공동 소유한다.

④ 생산을 위한 공동조직을 갖는다.

⑤ 구성단위가 가족이다.

⑥ 봉쇄적 집단이다.

⑦ 이러한 특징을 부락 단위가 구비하고 있을 때 촌락공동체라고 말한다.

①, ②, ③의 특징을 강조할 때 우리는 이것을 부락공동체라 하고 생활의 공동이나 신앙의 공동 등을 강조할 때 '자연부락'이라 하는 것이 좋지 않을까 한다.[ibid., 102~103]

하지만 기묘하게도 '자연부락'이라는 용어를 채택하면서도, "공동체에 관한 연구는 독일, 일본, 한국의 선線으로 도입되었다"[ibid., 83]는 전제 아래 일본에서 이루어진 공동체 연구의 경향을 리뷰하는 장에서 정작 스즈키의 연구는 누락되어 있다. 또한 '자연촌' 개념으로 담아낼 수 없는 한국 촌락의 사회문화적·역사적 특성에 대한 세밀한 논의가 이루어지지 못한 채 공동체 연구에 있어 경제학과 사회학의 학문적 경향 차이에 대한 다소 '지루한' 논의 후에 촌락 공동체의 특징을 황급히 정리하면서 논의를 끝내버리는 대

---

10 한국 농촌 사회에서 '장시'의 중요성을 거듭 강조한 이만갑(1981)에 비해, 장시의 위상을 상대적으로 평가 절하하는 최재석의 입장 차이 역시 눈여겨볼 만한 대목이다.

목에 이르면, '자연촌'이 아닌 '자연부락'이라는 개념을 왜 굳이 사용했는지 아연해지고 만다. 과연 한국의 자연부락은 (최재석이 이야기하는 것처럼) 정말 실재하는 단위일까. 자연촌을 의식하며 자연부락이라는 용어를 사용하지만, 실제로 최재석은 스즈키의 자연촌이 한국에도 실재함을 승인하는데 그치고 있는 것은 아닐까 하는 의구심을 지우기 어렵다.

그렇다면 학계의 농촌사회 연구와 이 시기 활발하게 이루어진 농촌에 대한 정책들은 어떤 관계성을 맺고 있었을까. 농촌사회 연구를 통해 만들어진 지식들은 실제 정책들과 긴밀하게 결합되었을까? 이만갑 교수도 주도적으로 참여했던 지역종합개발사업[1958~1962]의 내용을 검토하면서 이 물음에 대한 답을 찾아보기로 하자.

1957년 이전부터 개별적으로 추진되었던 지역개발사업들이 하나로 통합되면서 미 원조 당국에 의해 추진되었던 지역개발사업은 국민생활의 맨 밑바닥까지 내려가 물질적 생활양식의 개편뿐만 아니라 정신적 변화를 추구하는 데 그 목적을 두고 있었다. 달리 말하면 지역개발사업은 "공동체의 사회·경제·문화적 조건을 증진시키고 지역사회를 국가적 생활life of nation단위로 참여시키면서 끝으로 이들이 국가발전national progress에 완전히 기여할 수 있도록, 관련 정부 부처와 주민들의 노력을 합쳐 추진하는 과정"으로, 미국이 한국의 말단 농촌사회에 미국적 제도와 가치를 이식

하며 근대화를 추구하는 방안이었다. 사업시행 여부를 위한 광범
위하고 체계적인 예비조사는 1957년 6월 조직된 지역사회개발
한미합동 실무반The CEB Joint Community Development Work Group에 의해 경
기도 광주군 일대에서 수행되었다. 1961년 5월까지 지역사회개
발중앙위원회는 정부로부터 약 6억 5천만 환에 달하는 정부보조
금을 받았고 이 시기까지 시범부락 숫자도 247개 마을로 증대했
다. 물론 1961년 5·16군사쿠데타 이후 지역개발사회사업은 군
사정권에 의해 수용되지 않았고 지역사회개발조직은 농촌진흥
을 위한 기능적이며 부수적인 조직으로 그 위상이 격하되었다. 이
렇게 보면 지역개발사업의 추진과정은 한국 농촌사회 개편을 통
한 미국의 지배질서 구축의 한 시도라고도 할 수 있을 것이다.허은,
2004 : 277~286 참조

하지만 여기서 좀 더 깊이 파고들어가야 할 지점은 지역사회
개발사업의 시범촌락과, 농촌사회학과 인류학의 주요 연구단위
인 촌락이 반드시 일치하지는 않는다는 것이다. 원조당국은 시범
마을 사업을 평가할 때 의사결정 과정의 민주주의적인 절차 수행
여부를 중시했기 때문에 지역사회개발사업의 시범촌락 선정에
서 기존 반상관계로 인한 갈등이 있거나 동족촌락으로 타성과 갈
등관계가 심한 곳은 배제했다고 한다. 아마 당시 원조당국이 중시
했던 마을 내 '4H 클럽활동' 같은, 종래의 '사랑舍廊'과는 질적으로

다른 활동이 활발한 마을이 우선적으로 선택되었을 것이다.^{한봉석,} ^{2008 : 118~120} 또한 미 원조당국이 추진한 지역개발사업은, 당시 미국 이 베트남에서 추진하던 전략촌 계획^{Strategic Hamlet Program}과의 관련 성, 즉 냉전 체제 아래 반공의 기초 단위 구축이라는 맥락에서 검 토할 필요도 있다.^{허은, 2022 : 240~242}[11] 이는 '사업'의 논리와 '연구'의 논리가 반드시 일치하는 것은 아님을 의미한다.

그렇다면 '연구' 대상으로 마을의 발견, 선정의 논리에 영향을 미친 요인은 무엇인가. 그리고 실제로 1960년대 초까지 활발하게 이루어진 4H활동이 1968년 이후 한국의 촌락사회에서 점차 쇠 퇴하는 이유는 어떻게 설명할 수 있을까. 4H활동과 같은 새로운

---

11   허은(2023)은 1970년대 한국의 모범 촌락인 '새마을'의 이데올로기적 기원을 20세기 중반 동 아시아 냉전의 연쇄라는 조건 속에서 고찰하면서 그 두 가지 기원으로서 제국 일본 시기 만 주국에 건설된 '집단부락', 그리고 공산권과의 대치 국면에서 미군 주도 아래 만들어진 남베 트남의 전략촌, 신생활촌(new life hamlet) 프로젝트에 주목하고 있다. 허은은 전략촌 모델의 특징을 다음과 같이 기술하고 있다. "전략촌 건설의 목적은 단지 주민을 철책과 해자로 둘러 싸인 전략촌 안으로 모으는데 있는 것이 아니라, '내부 적'을 색출하고 주민 스스로 자위할 수 있는 능력을 갖추도록 만드는 데에 있었다. 응오딘지엠 정부의 전략촌 건설을 자문한 톰프 슨은 전략촌 건설의 또 다른 주요 목적이 마을 단위의 이해관계에서 벗어나지 못한 이들을 국가정책에 참여시켜 이른바 '진보와 발전'을 향한 동시대의 열망에 동참시키는 데 있다고 강조했다. 톰프슨에 따르면 이 목적을 달성하기 위해서는 농민에게 '협동정신'과 '국가적 연 대의식(national solidarity)'을 고취하고 안보 및 개발의 수혜를 느끼도록 만들어야 한다. 힐 스먼 역시 전략촌 건설이 공산세력을 분리하는 데서 멈추지 않고 주민을 국가에 통합하는 데까지 진전되어야 함을 강조했다(허은, 2022, 240쪽)."

인위적인 조직이 촌락사회의 질서에 뿌리내리기 어려울 만큼, 전통적인 마을 조직들이 강인하게 존속했다는 의미일까. 최재석이 던진 아래 물음은 아직 해명되지 않은 채 한국농촌사회 연구의 과제로 남아 있다.

우리는 지금까지 비자생 단체이며 학습단체인 농사개량클럽, 생활개선클럽, 4H클럽을 살펴보았는데 그 결과 이러한 비자생적 단체는 적지 않은 공헌을 하였음에도 불구하고 그다지 활동이 활발하지 못함을 알게 되었다. 전에도 언급한 바 있지만 이러한 단체에 대한 본격적인 사회학적인 연구는 전무한 상태에 놓여 있다. 앞으로 이 방면의 연구가 활발히 전개되어 이러한 단체의 성격과 기능침체의 요인이 규명되어야 할 것이다.최재석, 1975 : 345

4. 남은 질문들 소용돌이 vs. 자연촌

지금까지 미국의 사회과학과 스즈키의 농촌사회학이 각각 '현교'와 '밀교'로서 1960년대 한국농촌사회 연구에 어떻게 나타났는가, 그리고 이렇게 만들어진 한국 농촌사회의 구조적 모델에 한국의 농촌사회학이 어떻게 응답했는가를 간략하게 살펴보았다. 논의를 마무리 짓는 단계에서 새로운 물음을 던지는 것은 '반칙'이라는 것을 알면서도, 여전히 해소되지 않는 물음 하나를 남기는 것으로 논의를 끝맺고자 한다. 그것은 다름 아닌, 왜 1950~1960년대 한국농촌사회 연구가 평화롭고 조화를 이루고 있는 듯한 촌락공동체로서 '자연촌' 모델에 집착했는가 라는 물음이다. 그것은 단지 기존 연구전통의 무의식적인 계승일까, 아니면 사회과학 '본연의' 역할에 충실하고자 한 의지의 산물인가.

여기서 사회과학 본연의 역할이란, 사회과학이 근본적으로 사회세계의 '정상적인 변화'를 이해하고 그럼으로써 그것에 영향을 줄 목적으로 사회세계를 경험적으로 연구하는 학문이라는 이해에 입각한 것이다. 다시 말해서, 사회과학이 개별적인 사회사상가들의 산물이 아니라 특정한 구조들 속에서 특정한 목적들을 성취하고자 하는 사람들의 집단적인 창조물이었다는 월러스틴월러스틴, 1996의 정의를 상기한다면, 1950~1960년대 농촌 사회학의 기본적 관심은 해방 이후 지역사회 기층 레벨에서 터져 나왔던 사회 변혁으로의 엄청난 에너지들을 어떻게든 이해하고, 다시 이를 통제 control하기 위한 지적 작업의 일환에서 만들어진 것이 아닐까라는 물음을 던질 수 있지 않을까.

해방 이후 지역사회 기층 레벨에서 터져 나왔던 사회 변혁으로의 엄청난 에너지들에 대해서는 '해방 8년사'라는 반反/우右 아카데미즘적 민중사 전통에서 많은 연구가 이루어진 바 있다. 하지만 여기서는 당대 한국사회의 뜨거운 에너지들을 차갑고 냉정한 시선에서 바라본 두 외국인 연구자의 관찰에 더 시선을 집중하고자 한다. 그 하나는 1980년대 한국전쟁 연구에 새로운 바람을 불러일으켰던 브루스 커밍스B. Cumings의 『한국전쟁의 기원』1권이고 다른 하나는 1948년 여름 한국에 온 후 당대 한국정치의 한복판에 발을 딛고 서서 현장에서 그 변화를 관찰했던 그레고리 헨더슨G. Henderson의 '저주받은'그 중요성에도 불구하고 정작 아카데미의 관심을 받지 못했다는 점에서 역작『소용돌이의 한국정치』이다.

두 저자는 공통적으로 해방 3년을 '열정'과 '혼돈'의 시기로 파악하고 있으며, 이러한 아래로부터의 에너지의 분출과 고도의 정치적 열정을 식민지기 일제에 의해 확립된 인프라, 즉 교육과 운송, 통신망에서 찾고 있다. 브루스 커밍스는 1945~1946년 한반도 전체 — 도, 시, 군, 그리고 마을 단위까지 — 를 실질적으로 장악한 '인민위원회'의 광범한 출현에 주목하면서 그 식민지적 기원을 묻고 있다는 점에서 탁월한 시각을 제시하고 있다. 다만 커밍스의 연구는 그의 연구관심에 기인하는 것이기도 하지만 36년의 식민지배로부터 해방된 지 불과 몇 개월도 채 되지 않은 시기의 이 경이로울 정도의 신속하고 광범위한 인민위원회의 출현을 — 물론 미군정의 탄압에 의해 결국 몰락하고 말았지만 — 어떻게 이해해야 할 것인가, 그 동학을 촌락 레벨까지 깊숙이 파고들어간 연구는 아니다.[12]

한편, 헨더슨의 작업은 한국사회를 이해하는 핵심적 열쇠를 동질성homogeneity과 중앙 집중centralization에서 찾으면서, 한국적 정치역학을 이해하는 하나의 이론 틀로서 사회의 여러 가지 능동적 요소들을 권력의 중심으로 빨아들이는 강력한 소용돌이vortex 모델을 제시하고 있다. 소용돌이는 "수평적 구조의 취약성이 강력한 수직적 압력을 크게 증가시키는" 상황에서 발생하며, "이 현기증 나는 상승기류는 모든 구성원들이 더 낮은 수준에서 결집하기 전에 권력의 정점을 향해 원자화된 형태로 그들을 몰아대기 위해 각각의 구성요소들을 빨아들이는 경향이 있다."헨더슨, 2000 : 40 그리고 이를 억제할 만한 지방이나 독립성을 가진 집단의 결여는 소용돌이를 한층 강화시킨다.

---

12 해방기 한국 사회 민중들의 정치 참여를 촌락 레벨에서 파악한 연구는 사실 찾아보기 쉽지 않다. 식민지기와 해방기 서울 지역에서 동회와 주민동원, 그리고 주민사회의 역동성에 대한 고찰로 김영미의 『동원과 저항 — 해방전후 서울의 주민사회사』(푸른역사, 2009)는 예외에 속한다.

동질적인 사회에 지속적으로 고도의 중앙집권제를 강요한 결과 일종의 소용돌이, 즉 문화 전체를 통해 활발히 움직이는 강력한 상승기류와 같은 힘을 발생시켰다. 통상 이 힘은 고립되지는 않았지만 응집력이 없는 마을 사람들, 소도시 주민들, 농부나 어부들과 같은 개인들에게 영향을 끼쳤다. 이들은 단지 가족이나 때로는 문중, 또는 마을 단위의 조직을 가지고 이 상승기류의 힘에 집착하지만 그것이 정치적으로 효과적이고 강력하게 통솔되는 단계는 아니었다. 현대로 들어오면서 소용돌이의 힘은 과거 어느 때보다 이런 개인들에게 더 작용했다. 왜냐하면 가족이나 계급 또는 마을에 대한 충성의 힘이 약화되었기 때문이다.헨더슨, 2000 : 381

헨더슨의 모델은 구한말, 그리고 해방 이후 한국사회에 각각 도래했던 홉스적 자연상태Hobbesian state of nature(최정운, 2013·2016)의 실체를 이해하는 데 많은 시사점을 준다.[13] 실제로 홉스적 자연상태야말로 소용돌이가 가장 잘 발생할 수 있는 환경이기도 하다. 하지만 헨더슨은 소용돌이 모델을 일종의 행태학적 메타포로서 사용

---

13   물론 최정운은 두 시기 나타난 자연상태가 결코 그 성격상 동일하지는 않지만, 비슷한 점이 더 많다고 지적하고 있다. "한국인들이 해방 공간에서 수많은 정치 단체를 만들어냈다는 사실은 우선 해방 공간이 구한말의 자연상태와는 차이가 있지만 비슷한 점이 더 많은 준(準)자연상태였음을 보여준다. 해방공간에서 앞다퉈 일어난 수많은 정치단체의 결성은 안전이 위협받는 준자연상태에서 스스로를 보호하기 위해서였다. 당시 한국인들이 보인 '권력 지향적 성향' 또한 같은 맥락으로 이해할 수 있다(최정운, 2016, 54쪽)."

하고 있을 뿐, 소용돌이를 가능하게 하는 한국사회의 구조적 역학에 대한 깊이 있는 분석까지 나아가지는 못하고 있다. 그런 점에서 지금까지 조선사회의 촌락을 자연촌으로 상정하는 기존의 전제 자체를 문제시하며, 19세기 촌락사회의 실태를 실제 사료를 통해 규명하고자 했던 경제사학자 이영훈2001·2016의 작업은 주목을 요한다.

이영훈은 조선 후기 대저리라는 한 사례연구를 통해 "조선 후기의 동리는 공동체인가, 그렇다면 어떤 유형의 공동체인가. 공동체가 아니라면 그것은 하나의 결사체인가, 그렇다면 그 인적 결합의 원리는 무엇인가?"이영훈, 2001 : 245라는 도발적인 물음을 던지면서 논의를 시작한다. 당대 사료들을 통해 확인된 것처럼 동계가 중요한 단체이긴 하지만, 모든 공공업무가 그에 의해 종합적으로 수행된 것은 아니었고 각 단체는 송계松契, 천방계川防契처럼 동일 업무에 복수로 존재할 수도 있고 또 각기 포괄하는 지역 범위도 달라 그 중심이 촌락의 본 동리에 있지도 않았기 때문이다. 이영훈은 다시 물음을 던진다. "이들 선의 연망과 원의 결사체를 걷어낸다면 맨 아래 대저리라는 말단 행정단위에 무엇이 남을까."ibid., 282

이 물음에 대한 이영훈의 대답은 간명하면서도 확고하다. "주민의 주거지와 경지와 산림이 평면적으로 배치되어 있을 뿐이다. 상대적으로 평등한 자격의 성원들이 강한 귀속의식을 공유하는 대상으로서 하나의 인격으로 승화된 공동체를 거기서 발견할 수는 없다."ibid., 282~283 즉, 19세기 조선의 촌락사회는 역사적 실체로서의 공동체라기보다는 "범위와 중심을 달리하는 다수의 연망과 결사가 중첩된 관계일 뿐"ibid.,282이며, "각종 형태의 연망과 결사가 다층 이심으로 걸쳐 있는 상태"ibid., 297에 불과하다는 것이다. 그리고 "이런 공동체 부재의 상태에서 계약원리에 의거한 새로운 사회관계'2 인계' 등가 성장하던 중 조선은 식민화되었고, 식민지기 농촌사회의 질서는 신분원리에 기반한 조선식의 계에서 관료제적 내지 평민적 질서로 이루어지는 일본식의 조합으로 교체되었다"ibid., 293~294는 것이 이영훈이 제시한 19세기 조선촌락사회의 상像이었다.

19세기 조선사회의 촌락에서 시시때때의 일상의 공동성에 뒷받침되는 행위실천은 보이지만, 그것을 대등한 성원으로 이루어진 영속적인 '공동체'로 부를 수는 없을 것이라는 이영훈의 결론은 자신이 발굴해낸 사료들에 대한 논리적이고 분석적인 독해를 통해 추론되고 있다는 점에서 설득력이 있다.[14] 그렇다면 여기서

---

14   다만 "20세기 전반까지 이어져 온 양반 주도의 동리질서가 해방과 한국전쟁의 격동기에 어떻게 최종적으로 해소되었는지, 또한 어떻게 한국현대인의 삶의 질서와 문화로 계승되었는지는 흥미로운 연구과제(ibid., 299)"라고 새로운 과제를 제시하며 논의를 마무리하면서도, 이영훈의 논의는 전자, 즉 해소의 측면으로 기울어지면서, (그것이) 어떻게 현대 한국 사회의 삶의 질서와 문화로 계승되는지의 여부는 상대적으로 발견하기 어렵다는 한계를 갖는다는 점을 덧붙이고자 한다.

하나의 의문이 발생한다. 1950~1960년대 한국사회에 대한 관찰을 통해 만들어진 두 개의 모델, 즉 '소용돌이'와 '자연촌'은 어떻게 양립할 수 있는가, 하는 것이다. 실제로 이영훈[2001]의 19세기 조선 마을에 대한 인식, 즉 "역사적 실체로서의 공동체라기보다는 범위와 중심을 달리하는 다수의 연망과 결사가 중첩된 관계일 뿐"이라는 다층이심의 연대 모델은 자연촌보다 소용돌이 모델과 훨씬 잘 연결된다. 더욱이 '문중', 혹은 마을공동체와 같은 중간집단의 약화야말로 소용돌이를 더욱 강화하는 전제라는 점에서 본다면 소용돌이와 자연촌은 서로 모순되는 개념임에 분명하다.

더불어 '소용돌이론'을 수용할 경우 제기될 수 있는 또 다른 의문은, 그럼에도 불구하고 현대 한국사회가 만성적인 '자연상태'에 빠지지 않고 하나의 '사회society'를 지향하는 방향으로 작용했던 힘을 어떻게 이해해야 할 것인가 하는 점이다. 다시 말해, 자연상태를 극복하고자 하는 어떤 '힘'의 출현을 가능하게 한 내적 원리를 우리는 어디에서 찾을 수 있을 것인가?

강준만은 1950년대 한국사회의 소용돌이 문화를 관찰하면서, 오히려 그것이 역전될 수 있는 가능성을 대중들의 '과잉 순응hyperconformist' 전략에서 찾은 바 있다. "적합한 전략적 저항은 의미와 발언을 거부하고, 거부와 비수용의 형태 그 자체인 현 시스템의 메커니즘을 '과잉 순응적인' 방식으로 흉내내는 것이다. 이것이 대중의 저항 전략이다. 그것은 거울의 경우처럼 시스템의 논리를 흡수하지는 않으면서 복사하고 의미를 반영시킴으로써 그 논리를 뒤집어버리는 것을 의미한다. 이것이야말로 현재로선 가장 유력한 전략이다." 다시 말해, "반공과 이승만 우상화라고 하는 소용돌이에 휘말려 들어가던 대중들은 그와 동시에 자신의 안전과 번영을 꾀하기 위한 삶의 이전투구泥田鬪狗 소용돌이에도 적극적으로 뛰어들었으며, 후자의 소용돌이가 전자의 소용돌이를 압도하는 현상"강준만, 2004 : 333~334이었다는 것이다.

하지만 이러한 논리는 한국사회의 다이너미즘을 잘 설명하고 있긴 하지만, 저자 역시 인정하고 있는 것처럼, "결코 전략이라고 부를 수 없는 허무주의의 극치"이자, "긴 세월을 두고서 의도하지 않은 결과로 나타날 수 있는 '역전의 정치'"ibid., 333라고 해야 할 것이다. 과연 계속 되는 소용돌이 속에서 사람들은 살아갈 수 있는가. 그리고 과연 그것을 '사회'라고 부를 수 있을까?

물론 이는 공동체 연구를 자신의 과제로 삼고 있는 많은 연구자들에게 필자가 던지는 물음이기도 하다. 다만 이 글에서는 앞서 언급한 것처럼 "마을사람들의 주체적인 생활의 영위와 촌락의 공동체 규칙의 어느 한 편을 다른 한 편에 종속시키는 것으로 파악하지 않고, 양자의 관계성을 논의할 필요가 있다"本田洋, 2007 : 68~69는 혼다의 논의와, 이러한 혼다의 논리를 일부 수용하면서 "자연발생적·자기완결적 공동체로서의 자연촌 개념에서 벗어나 촌락을 외부세계와의 관계 속에서 사람들이 삶(생업·생존·생활 등)을 영위하기 위해 만들어내는 다종다양한 사회집단들 중 하나라는 관점으로 파악하는 것이 실재에 가까울"(안승택, 2014:35~36) 것이라는 안승택의 지적을 종합하는 것으로 잠정적인 결론을 제시하고자 한다.

안승택은 스즈키의 작업이 "일본에서 개발된 자연촌 개념을 조선에 적용시켰지만 자연촌의 모습이란 본디 다양할 수 있다는 전제 위에서 그 차이가 발생하는 내적 원리를 찾으려 한 것이라는 점에서 내재적 접근이며 일정하게 인류학적 안목을 지닌" 반면, 이영훈의 '다층이심의 연대론'은 "공동체의 본성을 단일하고 엄격한 이념형으로 설정한 뒤 조선 / 한국의 현실 촌락사회에서 그 과부족한 면모를 찾아내는 것이라는 점에서 보다 완고한 자연촌론"(안승택, 2014:34)에 가깝다는 역발상의 논리를 제시하며, 그런 점에서 "계를 결코 인적결합의 이상적 모습이 아니라, 오히려 실패한 부정적 모델들, 즉 공들여 구성된 공동체적 사회관계가 다시 착취와 차별의 장치로 되돌아가 버리기도 하는 메커니즘의 실례들로 파악"(ibid., 40)해야 한다는, 실로 기존의 계에 대한 인식의 코페르니쿠스적 전환을 요청하는 제안을 던지고 있다. 그의 논의를 한 마디로 정리한다면, "결사체성, 부정합성, 분산성을 지닌 각종 촌락조직들 사이에서 일정한 통합성을 확보하는 공동체화의 계기들"

에 주목하면서도, 어쩌면 해체를 예비함으로써 해체에 저항하는 공동체 구성의 원리야말로 한국 촌락사회의 한 모델이라는 것이다.[15] 물론 그것을 여전히 '공동체적인' 것이라 명명할 수 있는가, 아니면 다른 무엇으로 불러야 하는가는 또 다른 차원의 논의이다.

5. 논점과 연계된 향후의 과제

본 연구는 이상의 논의를 통해 사회조사 및 연구의 시작단계에서 선택되는 '분석단위'가 인식에 어떻게 작용하고 있었는지를 해명하고, 해방 이후 '한국적인 것'의 발견 혹은 구성과 어떤 모종의 관계를 맺고 있었는지를 '마을' 개념의 계보학적 추적을 통해 분석하였다. 이를 통해 사회조사에서 개념이 갖는 정치적 의미의 일단一端을 확인할 수 있었다.

지知의 영역에서 제국주의의 식민지 지배라고 했을 때 조사를 통한 식민지 사회상社會像의 추출은 가장 기초적인 요소라 할 수 있다. 그것은 하필 '제국의 지배'로 재편된 냉전기 제3세계 인식도 마찬가지였을 것이다. 이 글은 두 개의 정치적 시간, 다시 말해 제국주의 — 식민지의 시간과 냉전제국의 시간 속에서 한국사회를 관찰하는 '식민자'의 시선이 어떠했는지, 그 시선 = 지식은 한국사회의 통치식민통치, 냉전통치와 어떤 관계를 맺고 있었는지, 또 그 지식은 한국사회를 바라봐왔던 안팎의 시선에 '개념의 원천frame'이자 '중심적 참조물references'로서 어떤 규제적 효과를 발휘해 왔는지에 대한 물음을 던지면서 지식사회학적 접근을 통해 그 해답을 찾고자 했다. 나아가 그럼에도 불구하고 정치적·학술적 권력으로 무장한 그 조사지식조차 그 자신의 힘으로 뚫어낼 수 없었던 한국사회의 '진면목' — 물론 이것은 조사가 개념을 통해 '구성해낸 현실'에서, 또 잇단 인식의 한계와 파열음 속에서 조사 / 개념 그 자체가 좌절되고 조정되는 지점에서 출현 / 가시화할 것이다. 조사 / 개념이 마주하게 된 마치 절벽과도 같은 현실, 거칠게나마 이를 '한국적인 것'이라고 불러볼 수 있지 않을까? — 앞에서 어떤 타협과 이론적 조정을 거쳐 왔는지, 그리고 마지막으로 이러한 하나의 거대한 순환, 생애사를 갖는 사회조사 / 개념이 어떤 망각 속에서 이른바 해방 이후 '한국적인 것'의 지식구성에 각인되고 실체화되었는지 등의 연쇄적인 물음에 대해서도 시론적이나마 고찰하고자 했다.

---

15 해체를 예비함으로써 해체에 저항하는 공동체 구성의 원리에 대해서는 조금 더 상세한 주석이 필요할 것이다. 안승택은 그 예로서 한국 촌락사회의 논농사와 밭농사의 농법에 주목하며 다음과 같이 쓰고 있다. "논농사와의 균형을 유지하면서 각종의 윤작과 간작, 혼작을 무쌍하게 구사하는 밭농사기술은 수백 년을 이어온 조선 재래의 농법으로서, 중국 화북식 밭농사 기술을

이 책은 이상의 논의들로 본격적으로 진입하기 위한 예비적 고찰로서, 예를 들어 한국사회를 관찰할 때 곧잘 '한국적인 것'으로서 회자되어온 사회시스템론='소농의 세계'을 객관화, 상대화하는 데에 중요한 아이디어를 제공한다. 사회조사가 사회현실과 맺는 불화mismatch, 적응·조정 속에서 발굴된 '한국적인 것'의 문제성을 심층적으로 분석하고 그 의미를 성찰하는 것이 향후의 과제가 될 것이다.

덧붙여, 이 아이디어와 연구전략은 비단 농촌적 풍경이 즐비했던 1960년대까지의 한국사회에 대해서만이 아니라 산업화, 도시화, 민주화의 폭발적 국면을 거쳐 오늘에 이른 한국사회의 모습을 응시하는 데에도 중요한 의미를 가질 것이다. 이들 폭발적 국면에서 발현된 한국인의 행동양식의 고유성singularity은 무엇인가, 라

도입하려던 18~19세기 북학파 엘리트층의 농서편찬자들과, 후쿠오카 농법의 논농사 기술을 조선에 보급하려던 식민지기 농학자·관료집단—대다수가 일본인인—의 비판과 멸시에도 불구하고 반건조지대의 소농농법으로 성장해온 것이다. 이러한 기술체계는 당연히 그에 상응하는 사회문화적 특징들을 산출해내고 있었을 것이다." 이렇듯 여름철 논농사에서 노동 강도가 약하지만 작업회수를 늘려야 하는 제초기 대신, 노동 강도를 늘리면서 작업횟수를 줄이는 호미를 고수했던 제초관행이 조선 / 한국 농민사회에 고유한 노동문화의 특징을 낳았다는 것이 안승택 논의의 요지이다. 즉 "강인한 육체적 능력에 대한 요구, 여러 번에 나누어 오랜 시간 동안 일거에 몰아치는 식으로 작업하는 것을 선호하는 노동관, 개인 혹은 소규모 인원으로 묵묵히 일하기보다는 함께 웃고 떠들고 술 마시고 노래하며 일하기를 선호하는 공동 노동취향, 공동체적인 작업관행을 기본으로 삼지만 개인적인 이해타산에 철저하며, 그것이 관철되지 않는 경우 공동체적 관행으로부터 벗어날 수 있는 틈새가 아주 조금이라도 발견되면 가차 없이 공동체와 결별하기도 하는 사회관과 같은 것들이 그것이다(안승택, 2007, 10~11쪽 참조)".

는 질문은 종종 '한국인의 네트워크 / 연줄망 / 연결망'의 특성에 대한 측정이라는 형태로 사회조사 각 국면에서 응시되어왔다. 예를 들어, 한국사회에서 혈연, 지연, 학연이 갖는 의미는 1980년대 이래 다수의 국민의식조사종산층조사에서 "개인적으로 문제가 발생하면, 또는 정보를 구하기 위해서 누구에게 먼저 상의 / 해결하는가?"라는 형태로 질문지에 기입, 측정되어왔다. 싸이월드, 카톡, 페이스북으로 대표되는 최근의 각종 사회네트워크서비스Social Network Service에서 한국인의 연결망이 어떤 형태적 특징을 갖고 있는지, 일상적 삶의 공유와 정치동원이 함께 이루어지는 단위와 메커니즘은 어떤 것이었는지, 그것은 앞에서 우리가 논의해온 '한국적인 것' — 종종 결사association의 부재나 '사회적인 것the social'의 취약성과 함께 회자되어 왔던 소위 '소농적 세계', '소용돌이 사회' — 과 어떤 모종의 관련을 갖는 것은 아닌지, 등이 체계적으로 검증되어야 할 필요가 있다. 본고에서의 분석에서 유념해온 바와 같이, 무릇 사회조사란 현실의 반영representation인 동시에 현실을 구성하고 실체화realization하는 힘이라는 점을 충분히 감안할 것이며, 이 검증의 작업을 향후의 과제로 남겨 두고자 한다.

제5장

무속

문화체계로서의 종교와 실천으로서의 종교

들어가며

분석대상으로서의 종교

초기 인류학의 한국무속 연구

무속을 바라보는 한국 인류학의 새로운 시각

1. 들어가며

한국적인 것이란 무엇인가. 혹은 한국문화의 진수를 어디서 찾을 수 있는가. 이 장에서 다루는 '무속巫俗'은 한민족의 고유한 믿음체계, 혹은 엘리트 양반문화와 대비되는 것으로 일반민중의 정신의 근저에 깔린 것으로 종종 인식되어 왔고, 방송이나 신문 등과 같은 언론매체를 통해서 끊임없이 재생산되어 왔다. 그리고 이러한 담론들은 "민간 층의 종교의식이 집약된 것으로 한민족의 정신 속에 뿌리 깊게 자리 잡고 생활을 통하여 생리화한" "기층적" 종교현상이라는 무속에 대한 민속학적 정의한국민족문화대백과사전에 뒷받침되고 있다. 실제로 세계 학계에서 이루어지는 한국의 전통 신앙, 믿음체계에 대한 연구에서도 무속은 언제나 중요한 비중을 차지해왔다.

이에 대해 많은 연구들김성례, 1990; 박현수, 1980·1993; 최석영 1997·1999; 이영진, 2016 등은 최근까지 한국문화의 원형prototype으로 인식되어온 무속에 대한 담론의 탄생배경에, 문명의 서열 상태로 볼 때 식민지 조선이 처한 비문명적이자 후진적인 상황을 기정사실로 보면서, 그 사회문화적 정체 상태의 불변성을 확증하기 위한 일본제국주의의 담론전략이 자리 잡고 있었다는 사실을 지적해 왔다. 이러한 지식사회학적 연구들은 지식 형성의 이데올로기적 기반에 대한 성찰 없이 무비판적으로 과거 연구들을 답습해온 초기의 민속학적 연구에 대한 철저한 비판적 성격을 갖는다. 또한 이러한 논의들은 하나의 지식knowledge으로서의 종교에 대한 앎이 역사적으로 어떻게 재구성되었는가, 즉 식민본국의 종교 정책이 해당 종교에 대한 앎을 형성하는 과정에 어떻게 개입했고, 그 과정에서 어떤 '굴절'이 이루어졌는가에 대한 이해를 심화시켜준다는 점에서 논의의 출발점을 제공해 줄 수 있다.

이 책에서는 이러한 문제의식의 연장선상에서, 초기의 무속신앙 연구전통을 계승하고 있는 최길성의 관점을 비판적으로 고찰하면서, 과거연구와의 지속성, 그리고 한계를 검토하고자 한다. 나아가 로렐 켄달R. Kendall이나 자넬리 부부 등 서구 인류학계에서 이루어진 대표적인 무속 연구들을 간단히 리뷰한 뒤, 지식사회학적 담론 접근을 시도하고 있는 김성례의 작업과 현대정치적 맥락에서 무속의례에 대한 연구를 수행한 김광억의 작업을 검토하면서, 현대 한국사회에서 무속을 바라보는 새로운 접근법들을 조망하고자 한다.

2. 분석대상으로서의 종교

어떤 대상에 대해 정의를 내리는 것은 그 대상의 분석에 있어 출발이자 끝이라는 경구는 복잡다단한 현실을 분석하는 사회과학자들이 분석과정에서 종종 부딪히는 어려움을 적절하게 반영하고 있다. 과거부터 현재까지 인류학에서 가장 중요한 영역의 하나로 다루어진 '종교' 현상을 분석하는데 있어서 종교를 어떻게 바라볼 것인가, 즉 종교의 정의에 대한 문제는 짚고 넘어가야 할 문제이다. "문화체계로서의 종교와 실천으로서의 종교"라는 서로 대립되는 것처럼 보이는 두 영역을 어떻게 넘나들면서 종교현상을 분석할 수 있느냐 하는 문제는 현대 인류학의 중요한 고민이라고 할 수 있다.

1960~1970년대 기어츠Clifford Geertz가 제시한 종교 정의와 실제 자바와 발리의 현지 조사를 통한 종교현상 분석은 이제 종교인류학 영역에서 고전으로 인식되고 있으며, 그의 문화개념, 종교개념은 논쟁적임에도 불구하고, 여전히 많은 시사점을 던져주고 있다. 문화체계로서의 종교와 실천으로서의 종교라는 주제를 다룸에 있어 기어츠의 작업을 먼저 정리하는 이유는 좋건 싫건 간에, 그의 종교 개념이 가지는 '탄력성'과 '적용가능성' 때문이다.

기어츠는 잘 알려진 자신의 주저인 『문화의 해석』에서 문화를 바라보는 자신의 관점을 다음과 같이 제시한 바 있다. "인간은 그 자신이 짠 의미의 거미줄에 매달려 있는 동물이며 나는 거미줄이 바로 문화에 해당한다고 생각한다. 따라서 문화의 분석은 법칙을 추구하는 실험적 과학이 되어서는 안 되며, 의미를 추구하는 해석적 과학이 되어야 한다. 결국 내가 추구하는 것은 표면적으로 불가해한 듯이

보이는 사회적 현상을 밝히는 해석interpretation인 것이다."기어츠, 1998 : 13
베버의 관점에 입각한 이러한 해석적 입장은 종교라는 영역을 분석
하는데 있어서도 그대로 적용된다. 문제는 외부인인 인류학자가 원
주민의 문화를 어떻게 해석할 수 있는가 하는 점이다. 인류학자와
원주민 각각이 서로 다른 거미줄 위에 매달려 있는 거미와 같은 존
재라면 인류학자가 원주민에게 접근할 수 있는 방법이 존재하는가?
여기서 베버의 관점을 차용한다는 것은 '이해'의 방법론으로 문화
를 바라본다는 것을 의미한다. 그리고 이러한 이해의 근거는 인간정
신의 보편성이며 인간정신본성은 문화와 밀접하게 연관되어 있다.

　이러한 관점을 따른다면 종교는 해석 인류학의 핵심영역이 된
다. 왜냐하면 "그것종교은 개인이나 집단에게 한편으로는 세계, 자
아 및 그 양자 간의 관계에 대해서 일반적이고 명확한 개념의 원천
— 어떤 것에 대한 모델 — 으로, 다른 한편으로는 뿌리 깊으며 마
찬가지로 명확한 '정신적' 성향의 원천 — 어떤 것을 위한 모델 —
으로 작용"ibid., 154하기 때문이다. 종교적 개념은 지극히 형이상학
적인 그 자체의 맥락을 넘어서 퍼져나가, 광범한 — 지적, 감정적,
도덕적 — 경험에 의미 있는 형태를 부여할 수 있는 일반적 개념의
준거 틀을 부여하게 되며, 종교에 대한 인류학적 작업의 지평도 그
만큼 넓어지는 것이다. 문화체계로서의 종교라는 기어츠의 종교
정의는 여기서 도출된다.[1]

"종교는 ① 작용하는 상징의 체계로, ② 인간에게 강력하고, 널리 미치며, 오래 지속되는 분위기와 동기를 성립시키고, ③ 일반적인 존재의 질서 개념을 형성하며, ④ 그러한 개념에 사실성의 층을 씌워, ⑤분위기와 동기가 특이하게 현실적인 것으로 보이게 한다."[ibid., 115]

기어츠에 따르면 종교는 특정한 상징의 복합 — 사람들이 만든 형이상학, 사람들이 추천하는 삶의 양식 — 에 설득력 있는 권위를 불어넣는 것이다. 그 권위는 분석적 관점에서 볼 때 종교 활동의 본질이라고 할 수 있다. 따라서 종교에 대한 인류학적 연구는 두 단계의 작업으로 나누어진다. 첫째가 종교의 핵심을 구성하는 상징에 구현되어 있는 의미 체계의 분석이며, 둘째는 이러한 체계를 사회 — 구조적, 심리적 차원에 연결시키는 것이다.[ibid., 156] 특히 두 번째 작업에서 주의해야 할 점은 단순히 종교의 기능적 차원에

---

1   기어츠는 종교에 대해 정의를 내리는 이유를 "비록 그 자체로는 아무 것도 성립시키지 못하는 것으로 악명 높지만, 충분히 주의 깊게 구성되어 우리의 생각을 유용하게 방향 짓거나 혹은 재방향 짓게 되면, 그것의 폭넓은 전개는 탐구의 새로운 길을 발전시키고 통제하는 효율적인 방식이 될 수 있"(ibid., 114~115)기 때문이라고 밝힌다. 물론 정의의 명시성은 그 글을 이해하는데 효과적이라고 할 수 있지만, 문제는 기어츠의 정의가 모호하다는데 있다. 이러한 역설은 기어츠가 그의 정의에 '의미', '상징', '개념'과 같은 용어를 사용하고 있음에도 불구하고, 그에 대한 정확한 설명을 하고 있지 않기 때문에 발생하는 것이다. 물론 그 용어들이 "확대, 확장, 팽창이 가능해지는"(ibid., 113) 지점임은 분명하다.

만 연구를 한정시킬 것이 아니라,[2] "정말로 정말"인 것에 대한 관념과 그 관념에 의해서 사람들의 내부에 생기는 성향이 비록 표면에 나타나지는 않는다고 해도, 합리적인 것, 실제적인 것, 인간적인 것, 도덕적인 것에 대한 그들의 감각에 어떤 영향을 끼쳤는지를 이해해야 한다는 것이다.ibid., 155

따라서 보다 효율적으로 '역사적' 자료들을 다룰 수 있도록 기능주의 이론의 개념을 수정하기 위해서는 먼저 인간생활의 문화적 측면과 사회적 측면을 분석상 구분하고 독립변수이기는 하지만 상호 종속적이기도 한 요인으로 양자를 취급하려는 시도에서 출발해야 한다고 기어츠는 제안한다. 이때 문화를 인간이 자신의 경험을 해석하고 행동의 지침으로 삼기 위한 의미의 틀이라고 한다면, 사회구조는 행위의 형태이자, 실제로 존재하는 사회관계의

---

2   기어츠가 드는 예를 인용한다면, 호피 인디언의 비춤(Hopi rain dance)과 같은 사례를 분석함에 있어 인류학자들은 호피 인디언의 비춤이 비를 내리게 한다는 잘못된 믿음에서가 아니라 집단결속을 증진시킨다는 잠재적 기능을 수행하기 때문에 호피 인들이 여전히 비춤을 행하고 있다고 설명해왔다. 하지만 이는 그럴듯한 설명에 불과한 것인데, 왜냐하면 한 행위의 의도되지 않은 결과(잠재적 기능)가 그 행위의 지속되는 원인은 될 수 없기 때문이다. 의례와 그 존속의 원인은 의식적인 결정의 산물이다. 또한 기능적 접근은 사회변동을 설명하는 데 있어서도 취약함을 드러낸 바 있다. 즉 균형을 유지하고 있는 체계, 사회적 평형 혹은 시간을 초월한 것으로 구조를 묘사하는 것 등에 대한 강조는 안정된 균형상태에 있는 '잘 통합된' 사회를 선호하게 하고 사람들의 사회적 관례와 관습이 지닌 역기능적 요소보다는 그것의 기능적 측면을 강조하는 경향을 유도해 왔던 것이다.

네트워크이다. 의례행위를 분석함에 있어서 이와 같은 '논리-의미적'인 문화적 측면과 '인과-기능적'인 사회구조적 측면을 구분하는 접근법을 취할 때, 사실을 보다 정확하게 파악할 수 있다. 나아가서 이러한 접근법을 취함으로써 사회에서 종교의 기능적 역할을 단지 구조의 유지로 보는 단순한 관점을 피할 수 있고, 그것이 신앙 및 종교적 행위와 세속적 사회생활과의 관계를 다루는 보다 복잡한 개념으로 대체될 수 있다.ibid., 177~179 참조

이 책에 실린 논문 「의례와 사회변화―자바의 예」는 위의 관점에서 전통사회에서 근대사회로 이행하는 시기의 자바의 한 마을에서 장례식을 둘러싼 혼란의 사회문화적 의미를 분석한 모범적인 작업이다. 그는 기능주의적 접근으로 설명하기 힘든 이 혼란을 사회구조'인과-기능적' 차원의 통합 형태와 문화'논리-의미적' 차원의 통합 형태의 불연속성 ― 사회적, 문화적 해체가 아니라, 사회적, 문화적 갈등을 유도하는 불연속성에서 기인하는 것으로 ― 해석해낸다. 대상지역을 단순히 아노미 상태에 있다고 분석하는 것이 아니라, 게마인샤프트에서 게젤샤프트로 이행하는 사회구조, 하지만 문화의 레벨 ― 의미의 레벨 ― 에서는 거주민들 사이에 커다란 차이가 없는 그런 사회에서, 장례식이라는 종교적이면서 정치적인 사건을 바라보는 사람들의 인식의 괴리가 그러한 혼란을 가져왔다는 식의 분석이다.ibid., 200~205

과거의 전통적 가치체계들이 동요하고, 서구화·세속화가 진행되고 있던 인도네시아 사회에서 일어난 혼란스러운 장례식 풍경 속에서, 그 혼란이 발생하게 된 원인을 규명해내는 기어츠의 해석적 작업은 자신이 제안한 종교에 대한 인류학적 연구의 두 단계 작업을 구체적 사례 연구를 통해 잘 보여주고 있다. 이러한 기어츠의 관점은 비교적 짧은 기간 동안 이루어진 서구화·세속화라는 근대화 과정을 공통적으로 경험해온 현대 한국사회에서 무속과 같은 전통적 종교의 변화를 이해하는 데 있어서도 많은 시사점을 제공해 줄 수 있을 것이다.

3. 초기 인류학의 한국무속 연구

최길성[1989]은 과거 식민지시대의 연구 성과, 특히 식민지기 조선의 무속을 연구했던 당시 경성제대 교수 아키바 다카시秋葉隆의 한국무속에 대한 현지 조사 및 연구가 지니는 이데올로기적 함의를 인정하면서도, 이들의 장점을 계승해야 한다는 기본적인 입장 하에, 한국무속에 사회인류학적 접근을 적용시켜야 한다는 주장을 계속해서 개진해왔다. 그에게 있어 사회인류학적 접근은 장기간의 현지 조사와 비교 종교적 접근을 의미한다. 로렐 켄달의 연구에 대한 그의 짤막한 서평 형식의 논문「한국 무속의 사회인류학적 연구」은 외국인 학자의 한국 무속에 대한 연구의 긍정성을 평가하면서, 그가 지향하는 사회인류학적 접근의 방향성을 잘 보여주는 글이다.

최길성은 켄달의 조사방법장기지속적인 현지 조사과 대개의 한국 민속학자들의 단절적인 점평식 조사방법을 비교하면서, 켄달의 접근방법을 긍정적으로 평가하고 있다. 물론 그는 켄달 역시, 아키바 다카시의 연구 이후 하나의 정설처럼 받아들여지는 한국부락제의 이중조직한국사회는 유교를 중심으로 한 남성문화와 무속신앙을 중심으로 한 여성문화가 이중적으로 조직된 사회라는 입장을 그대로 답습하고 있다고 비판하고 있지만, 그 비판의 지점은 명확하지 않다. 그는 유교와 남성의 결합, 무속과 여성의 결합을 남녀에 의한 성별로 보기보다는 유교문화와 무속신앙으로 구별하여 볼 수 있다최길성, 1989 : 47라든지, 종교적 측면이 우선되어 분석되어야 한다ibid., 47는 극히 당위론적 입장만을 밝히고 있을 뿐이다.

나아가 의례를 분석함에 있어서도, 그는 의례를 순수하게 종교적인 맥락에서만 파악하면서, 그 상징과 역학을 분석하고 있으며, 이는 무속의례를 일상적 상태의 규율과 파괴적 상태가 단순한 파괴가 아닌 극히 정교한 규율에 의해 달성되는 장ibid., 59으로 보는 부분에서 잘 드러난다.[3] 또한 그는 한국 민속 문화의 특징을 난장亂場으로 파악하면서, 이러한 난장성이 축제뿐만 아니라, 한국인의 인간관계, 나아가 한국의 현대사에도 적용된다는 주장을 개진한다. 하지만 이런 식의 설명은 그가 검토해 볼 필요가 있다고 주장한 아키바 다카시의 한국부락의 이중성 논의와 그다지 차이가 없으며, 의례와 사회변화의 관계를 여전히 탈맥락화한 상태에서 분석하는데 그치고 있다는 점에서 아쉬움을 남긴다. 이는 한국 현대사의 급격한 변화를 "근대화의 과정과는 별개로 한국인의 정신세계에 신비주의가 잠재하고 있는 구조"ibid., 67로 파악하는 점에서도 잘 드러난다.

무속신앙의 현대적 의미를 분석하는 장에서도, 최길성은 현대의 사회적 변화에 따른 무속신앙의 적응, 변화, 정치성 등에 대한 분석보다는, 무속신앙이 과거와는 다르게 현대사회에서 긍정적으로 인식되는 이유에 대한 설명과 함께, 객관적인 입장에서 무속을 바라볼 것을 제안하는 수준에 그친다. 즉 무속은 상징체계로서 '비인격적 인간'을 숭배하는 신앙이며, 나아가 한恨의 상징이라는 식의 정태적인 분석에 머무르고 있는 것이다.

---

3   예를 들어 '거리'의 무구조적(non-structural) 특징을 터너(V. Turner)의 코뮤니타스(communitas) 개념으로 설명하는 부분에서 이러한 특징이 잘 드러나는데, 그는 마을축제의 비(非)일상성을 분석하는 과정에서 마을 축제를 유교식이라는 정숙형의 축제와 무속식이라는 소음형의 별신굿의 축제 두 유형이 있으며, 이는 일상적인 것의 과잉(+)과 결여(-)의 상호보완적인 방식으로 운용된다고 설명하고 있다

그런 점에서, 최길성의 종교인류학적 작업은 여전히 종교무속에 대한 체계론적 접근상징적 접근에 머무르고 있으며, 연구 역시 그가 주장하는 '사회'인류학적 접근과는 다르게 종교의 규범적 영역에만 한정되어 있다. 그의 연구가 사회를 탈맥락화한 상태에서 이루어진 정태적인 연구로 느껴지는 이유도 여기에 있다. 오히려 동시대에 이루어진 로렐 켄달의 연구는 "누가 왜 무엇을 어디서 언제 무속의례를 하는가?"켄달, 2016 : 88라는 실천의 문제에 초점을 맞추면서 한국의 종교생활에서 여성과 무당의 역할에 대한 탐구를 가로막았던 갭을 메우려 한다는 점에서 신선함을 찾을 수 있다.

켄달의 연구에 대해 한국 무속학자들은 그다지 탐탁지 않게 생각할 수도 있다. 왜냐하면 켄달의 주정보제공자인 '영수엄마'는 한국무속학자들에게 있어 '만신'으로서의 전형을 담지해낼 수 없는 존재이기 때문이다. 무병경험이 대개의 무당보다 경미하다는 것이나, 내림굿에 관한 신어머니와의 관계, 그리고 학습과정 등이 명확하게 밝혀지고 있지 않다는 것 역시 무속학자들에게는 불편하게 느껴질 수 있다. 하지만 켄달의 연구, 나아가 사회인류학적 작업의 목적은 정통 무당이 갖는 무가내용 또는 신의 이름 등을 정확히 밝혀내는데 있는 것이 아니라, 현대의 사회적 상황에서 무당과 신도들 사이의 무속현상을 통한 관계를 분석하는 데 있다.

켄달의 연구가 갖는 중요한 시사점은 무속이 신들림의 종교이고 사회적으로 억압받는 여성에 의한 신앙의 의례이지만 이를 주변종교로 제한하지 않았다는 점이다. 다시 말해 부정신앙은 여성들과 여성 무당들이 오염되고 낮은 계급의 초자연적 존재들만을 취급하도록 제한하지 않았으며, 여성의례는 집 전체와 그 안에 사는 모두에게 다시 활력을 불어넣으며, 때때로 마을 공동체 전체를 재활성화하는 중요한 기능을 한다는 것이다.켄달, 2016 : 301 참조

켄달의 연구가 갖는 또 하나의 의의는 한국의 무속을 남성의 례를 보완하는 기본적이고 중요한 여성의 신앙의례로 파악했다는 점에 있을 것이다. 물론 여기서 남성의례는 한국의 문자문화와 유교전통의 산물로서 효라는 도덕적 공리와 이 공리가 극화된 조상숭배를 의미한다. 반면 무속은 여성들의 의례로서 한국인의 경험과 세계관의 또 다른 측면을 드러내고 신성화한다. 하지만 켄달은 이 두 의례 활동이 젠더적으로 구분되기는 하지만, 또 결코 단절된 것은 아니며 상보성의 원리를 갖는다는 점도 지적한다. 다시 말해 여성들이 자신들의 조상과 남편 집 조상을 대하는 기준은 '가족family'이라는 관점이 아니라 '가정household'이라는 관점이며, 한국 여성들의 의례는 남성들의 제사와 결합하여 모든 범위의 사회적 관계, 즉 개별 가정과 남계친 집안, 그리고 보다 확장된 양계 친척들 모두를 아우른다는 것이다.켄달, 2016 : 286~290

한편 자넬리 부부의 연구는 유교적 의례와 무속 의례가 각각

가정 내 남성과 여성이라는 행위자들에 의해 젠더적으로 구분되어 이루어진다는 켄달의 전제를 받아들이면서도, 양자가 결코 양립할 수 없거나 반대되는 것은 아니며, 오히려 모두 조상들을 돌본다는 주요 목표를 공유하고 있다고 보면서 그렇다면 공식적인 조상의례와 무속에서 엿볼 수 있는 상이한 조상에 대한 관념을 어떻게 설명할 것인가의 문제로 물음을 전환한다.자넬리·임돈희, 2000 : 169

저자들은 무속에 대해 관심을 기울이는 주체는 남성이 아닌 여성이라는 점, 그리고 공식적인 조상의례와 달리 무속에서는 조상을 후손에게 해를 가져다 줄 수 있는 존재로 상정한다는 점을 연결시킨다. 이는 "여자들이 조상에 대해 부정적인 견해를 가진 경우가 많고 남자들은 이상적인 개념을 가진 경우가 많다"라고 설명할 수도 있는데, 이러한 남녀 간의 차이는 남자와 여자가 자신의 가구에 의존하고 있는 조상에 대하여 다른 사회적 위치를 가지고 있는 결과를 반영한다는 것이다.ibid., 172~173

저자는 한국을 포함한 동아시아에서 조상에 대한 관념을 이해하는데 있어, "초자연적인 존재와 관련된 중국의 신앙은 중국 사람들이 가지고 있는 사회적 실체에 대한 개념을 그대로 반영한다"는 아더 울프Wolf, 1974의 "인지적 접근법"을 채택하고 있다. 왜냐하면 조상들은 노인이나 부모 또는 기타 살아 살아있는 친족과 비슷하다는 관념을 공유하는 동아시아 사회에서 이러한 접근법은 상이한 사회적 관계에 따라 부여되는 조상에 대한 상이한 이미지들을 잘 설명해낼 수 있기 때문이다. 즉 시부모에 대해 남성보다 우호적인 관계를 유지할 수 없는 여성은 조상에 대해서도 부정적인 이미지를 갖게 될 수밖에 없다는 것이다.ibid., 180-183 참조 1970년대 한국의 한 농촌마을에 대한 저자들의 심층 연구는 기존의 단순한 이념형ideal type에 대한 논의에서 벗어나, 심층적 구조와 실제 행위의 패턴, 현지인들이 자신의 사회에 대하여 가지고 있는 모델folk model과 조사자 자신의 분석모델의 차이를 잘 기술記述해내고 있다는 점에서 높이 평가할 만하다.

4. 무속을 바라보는 한국 인류학의 새로운 시각

무속을 바라보는 현대 한국사회인류학의 새로운 접근을 보여주는 사례로 이 글에서 검토하고자 하는 작업은 김성례1990와 김광억1991b의 연구이다. 김성례1990는 지금까지의 무속연구에 의해 강조된 한국사회 고유의 전통으로서의 무속이 실제로는 살아있는 문화적 현상이면서 동시에 문화적 가공품artefact, 만들어진 전통이라는 시각에서 무속을 하나의 문제틀problematic로 보며, 무속전통에 대한 담론분석을 시도한다.[4] 즉 무가수집, 무속의례의 현장조사와 마당굿 연행 등 여러 입장에 따른 무속의 해석을 통해 양적으로 비대해진 전통담론은 실제로 다양한 시대적 사회적 상황에서 일어난 다른 사실들을 농촌(민) 문화·민족문화, 즉 '전통문화'라는 하나의 통일된 텍스트로 재창출한다는 것이다.^{김성례, 1990 : 215}

김성례는 많은 한국의 민속학자와 외국 인류학자^{cf. L. Kendall}들에게 여전히 당연하게 인식되는 한국무속의 '농촌성', '여성적', '모성적' 성격, '원시성' 등의 모티프는 식민지시기, 경성제대 교수였던 아키바 다카시秋葉隆의 무속연구를 그대로 받아들인 결과로 파악한다. 중요한 것은 이러한 일련의 의미연합이 아키바 다카시가 당시 한국이 처한 후진상태의 피식민지적 상황을 기정사실로 보고, 그 문화적 사회적 정체성과 함께 정체된 상태의 불변성을 확증하기 위한 담론전략이었다는 점이다. 특히 무속의 전통을 여성적인 것으로 정의한 것은 한국문화가 열등하며 식민지배 이데올로기 ― 내선일체 ― 를 수동적으로 수용해야 한다는 헤게모니 논

---

4   김성례는 '담론분석'이란 것이 실제로 무엇을 의미하는 것인지 명시하고 있지는 않지만, 필자는 최정운(1999)의 논의를 빌어 담론, 혹은 담론분석이 나아가야 할 방향을 아래와 같이 정리하고자 한다. "담론이라고 할 때는 말을 일단 현실과 분리해서 보는 것을 뜻한다. 현실은 스스로 말하지 않는다. 말이란 누군가 현실의 어떤 부분을 강조하고 싶어하고, 어떤 부분을 가리고 싶어하기도 하고, 또 어떤 사람들은 일부를 왜곡하려고 하기도 하고 또 전혀 다른 현실을 만들고자 해서 만드는 것이다. 언어를 그런 각도에서, 현실과의 관계의 여러 가능성을 열어 놓은 채 분석하는 것을 '담론분석'이라고 쉽게 말할 수 있다(최정운, 1999, 22쪽)."

리를 정당화한 것이다.[ibid., 219]

그렇다면 이 시기 문화적 민족주의의 기치 아래 최남선, 손진태 등 국내 지식인에 의해 만들어지는 민족 담론, 그리고 무속 담론은 어떻게 평가할 수 있을까. 김성례의 논의를 따른다면, 이들의 문화적 민족주의 담론 역시 이러한 식민지주체의 타자화 전략[日鮮同祖論]에 대한 일종의 식민적 모방[colonial mimicry]의 부산물에 불과하다.[5] 물론 여기서 모방은 호미 바바[H. Bhabha]의 개념을 차용한 것으로, 식민지 지식체계가 식민지배자의 계몽적 훈육에 대응하는 가장 효과적인 전략의 성격을 갖는다. 다시 말해 모방의 담론은 끊임없이 미끄러짐, 초과, 차이를 생산하며, 이러한 미끄러짐은 담론을 '분열'시킬 뿐만 아니라, 어떤 불확실성으로 변형되어 식민지적 주체를 부분적 현존으로 고정시킨다. 이러한 모방의 '위협'은 식민지 담론의 양가성을 작동시키면서, 그 권위 역시 분열시키는 모방의 이중적 전망에 있다.[바바, 2002 : 177~191 참조]

---

5 최석영은 김성례의 작업에서, "최남선의 저항담론(抵抗談論)과 무라야마 지준, 아키다 다카시, 아카마쓰 지죠우의 식민담론(植民談論)이라는 대립적인 구분은 재고(再考)의 여지가 있"으며, 이는 "저항담론 역시 지배담론에 지나지 않기 때문"이라고 비판하고 있다(최석영, 1997, 94쪽). 하지만 이러한 비판은 김성례의 작업을 오독(誤讀)한 데서 비롯된 오해라고 생각된다. 왜냐하면 김성례에게서 저항담론과 식민담론의 대립구분이라는 것은 존재하지 않으며, 그녀가 상정하는 모방(mimicry)이 갖는 성격은 식민담론과 대립되는 것으로서의 저항과는 차이가 있기 때문이다.

이러한 관점에서 본다면 이 시기 국내지식인에 의해 만들어진 민족담론 역시 한국사회 전체를 "무속적 = 농촌형"으로 타자화하는 식민담론을 적극적으로 수용하여 식민지배로부터의 독립을 위한 대체이데올로기로 선택한 것김성례, 1990 : 228이었다고 이야기할 수 있을 것이다. 하지만 문제는 이러한 지적 계보가 현재까지 아무런 검토 없이 그대로 계승되고 있는 상황, 즉 무속의 전통성이 탈식민지시대인 오늘날에서도 선택적으로 재창조되어 민족문화의 정체성을 성립하는데 원용되고 있는 상황이다. 김성례는 로살도가 서구 인류학자들의 민족지에 내재된 태도라고 비판한 바 있는 '제국주의적 향수imperialist nostalgia'가,로살도, 2000 : 125 한국무속문화에 대한 전통담론에 대한 민족지 기술에서도 여전히 드러난다고 비판한다. 민족지 기술자가 구비문화를 텍스트로 옮겨 서술하는 작업에서 누리게 되는 특권적인 권위란 부족사회의 문화를 하나의 일관된 체계 — 구조기능 체계이든 상징의미 체계이든 — 로 묘사하고, 그 자체를 본질적essential인 것으로 평가하는 과정에서 행사된다는 것이다.김성례, 1990 : 232

김성례의 무속전통에 대한 담론분석은 특히 식민지시기 일본학자들과 국내민속학자들에 의한 무속연구가 이데올로기적인 검증 없이 그대로 객관적인 사실로 받아들여지는 민속학계의 타성에 대한 강력한 비판이 될 수 있다는 점에서, 나아가 무속전통을 한국사회의 본질적인 문화로 상정하는 신화를 벗겨내고 있다는 점에서 탁월한 작업이라고 할 수 있다. 김성례가 개척한 담론분석은 하나의 단일한 연구주제로서, 이러한 식민지시대 연구에 대한 지식사회학적 접근이 지금까지 학계에서 거의 이루어지지 않았다는 점에서도 그 연구사적 의의는 크다. 하지만 김성례의 작업은 식민지시기 일본인 학자의 연구들이나 국내 민속학자의 연구들을 전적으로 '식민담론' 내지 '타자화 전략'이나 '모방'으로 바라보면서, 그 작업들이 갖는 연구사적 의의나 이후 한국 민속학에 끼친 영향 등을 일률적으로 간과해버리는 것은 아쉬움으로 남는다. 또한 식민지시기 일본 학자의 연구도 아키바 다카시의 연구 일부에 한정되어 있다는 점에서, 무라야마 지준村山智順[6]이나 젠쇼 에이스

---

6   무라야마 지준의 『조선의 귀신(朝鮮の鬼神)』이나 『조선의 무격(朝鮮の巫覡)』은 아키바 다카시의 연구에 비해 총독부 촉탁 조사라는 성격이 더 강하게 나타난다는 점에서, 그의 무속 조사와 무속관의 성격은 더 확연하게 드러난다. 그는 무속신앙에 주목해야만 하는 이유를 다음과 같이 보았다. 조선의 민간신앙의 특색은 원시성(原始性)을 띠는 귀신관(鬼神觀), 정령신앙(精靈信仰)에 있다고 보고, 그와 같은 원시성이 사라지지 않고 유지되고 있는 무격신앙이야말로 "아름다운 보석"으로서 식민정책, 즉 심전개발과 관련하여 "정령(精靈)을 내용으로 하고 있는 귀신신앙이 예로부터 무녀(巫女)와 떨어질 수 없었기 때문에 이 신앙의식이 존속하는 한 무녀에 대한 요구는 결코 없어질 것으로 생각하지 않는다. 또 일반 민중의 사상의 발달은 실제생활에 지배를 받아 처음으로 진보 발달하는 것으로 (…중략…) 현재 조선에는 종교사상의 본류(本流)를 이루고 있는 것은 귀신신앙이다. 그러므로 민중의 고유 신앙인 정령신앙을 적당히 지도하고 그것을 개발하여 발달시켜야 한다(최석영, 1997에서 재인용)." 이를 통해 볼 때, 그의 조사의 밑바탕에는 식민지 조선의 민초들의 생활의 토대를 이루는 무

케善生永助의 연구 등과 같은 이 시기 가장 대표적이면서 광범위한 총독부 청탁 연구나, 아키바 다카시와 동시대에 작업한 아카마쓰 지죠赤松智城의 연구아키바 다카시와 공저한『朝鮮巫俗の硏究』(1937, 1938)가 있다, 그리고 스즈키 에이타로鈴木榮太郎와 같은 훨씬 아카데미즘에 가까웠던 학자들의 작업이 갖는 함의 등을 연구에서 제외하고 있다는 것도 한계라고 할 수 있다. 하지만 김성례의 주제의식은 단순히 무속담론 뿐만 아니라, 식민담론 전체의 영역에 대한 탈식민주의 비판으로 확장될 수 있다는 점에서, 이후의 체계적인 후속 연구를 통해 보완되어야 할 지점이다.

한편 김광억1991b의 작업은 무속전통을 상징체계로서만이 아닌, 실천의 차원에서 현대한국사회의 정치적 맥락에 위치시킨 흥미로운 사례 연구이다. 특히 1980년대에 격렬해진 한국사회의 반체제운동에서 '저항'의 공식화에 있어 민속의례의 사용이 하나의 전통으로서 정착하는 현상Hobsbawm and Ranger, 1983에 대해, 그는 무속적 요소가 왜 현대 한국의 정치적 저항운동에 동원되는가에 주목하면서, 무속적 요소가 호소를 발휘하는 정치적 상황에 대한 해석을 시도한다. 즉 그의 작업은 '의례의 정치적인 조작'이란 기득권 세력과 공식적으로 규정된 정치적 자원들로부터 소외되어 있는 싸

격신앙을 이해함으로써, 그것을 지도해나갈 수 있다는 인식이 깔려있음은 분명하다.

움이라는 명제에 근거하여 오늘날 한국에서 국가가 제시하는 공동체의 상에 대항하는 대안적인 이념을 창출하는 데에 하위문화가 어떠한 기능을 하는가를 탐구하는 것에 그 목적이 있으며, 문화적으로 구축된 것으로서의 저항의례를 정치운동의 맥락에서 이해하고자 하는 시도이다.김광억, 1991b : 135~136 참조

김광억은 이데올로기의 두 가지 역할, 즉 해결책solution과 도구instrument로서의 이데올로기에 대한 기어츠1998의 정의를 받아들이면서 1980년대 한국사회에 유행한 '민중론'이 혁명을 표방하든 안 하든 간에 모두 지식인에 의하여 대두되고 논의되고 세련화 되었다는 점, 곧 민중을 주장하는 사람은 사회, 정치, 경제 그리고 문화적 배경에 있어서 그들이 규정하는 개념에 소속된 사람이 아니라는 점을 염두에 둔다면, 민중문화운동은 특정집단의 특정이데올로기의 표현김광억, 1991b : 137이라고 지적한다. 즉 1980년대 한국의 정치운동은 이데올로기를 도구적인 의미로 사용해 왔으며 이 시기의 저항의례들은 피지배자들이 지배계급의 신념체계를 답습하고 그것의 사회적, 문화적, 그리고 도덕적인 가치들을 공유하도록 설득하는 동질화 작업에 저항했다는 것이다. 이는 베네딕트 앤더슨Anderson, 1991의 명제 이후 널리 퍼진, 상상된 공동체로서의 국가와 민중의 사회적 실천 간의 갈등의 양상으로 파악할 수도 있다.

물론 무속 외에도 한국사회에서는 체제유지에서든, 변화에서

든 기독교 세력이 행사해온 강력한 영향력을 간과해서는 안 된다. 저자는 1공화국에서부터 6공화국까지 (45년간) 이 땅에서 진행된 사회적, 정치적 사건들의 연속은 권위주의 정권 하에 절대적인 국가를 선출하는 과정이었다고 한다면, 그 기간 동안 국가와 교회 사이에는 끊임없는 긴장이 점철되어 왔다고 말한다. 하지만 그 과정에서 보수적 성향의 유파는 대부분 권위주의 정치권에 자신들을 순응시켰으며, 소수의 진보적인 교회주의자들만이 민주화운동에서 지도적 역할을 수행해왔을 뿐이다. 반면 진보적 교회지도자들은 지식인과 학생들이 주창한 민주주의와 사회정의의 실현에 동조를 하면서도 민족주의와 반체제 이념의 제기에 대해서는 그들 또한 엘리트주의적인 태도와 외국선교조직과의 연계 때문에 제한적일 수밖에 없었다. 결론적으로 지난 40년간의 한국의 기독교회는 사회문제에 있어서 소수의 진보성향의 지도자들에도 불구하고 전체로서는 반민중성, 반통일성, 민족보다 현체제 우위 지향성을 뒷받침하는 보수성향의 세력으로서의 인식을 받음으로써 한계를 나타낸다.김광억, 1991b : 146~150 참조

그런 상황에서 무속은 재야在野 세력이 자신의 이념적인 지향점을 표현할 수 있고 저항운동을 수행해 나갈 수 있게 해줄 다른 기제들을 찾는 노력에서 발견된 것이라는 것이 이 글의 중심 논지이다. 무속적 요소가 민중의 저항의례에 동원된 이유는 첫째로 기독

교나 불교와 같은 '주류'의 외국 종교들과 달리, 무속은 토착의 종교로 간주될 수 있기 때문이며, 둘째 무속이 사교邪敎로 분류되어 정당한 종교로 인정받지 못한 것이, 국가의 공식적인 담론에 의하여 부정되고 소외되는 영역과 동일시되었기 때문이다. 무엇보다 무속은 인간이 세속적인 문제를 해결함에 있어서 초인적인 존재와 의사소통을 할 수 있다는 믿음에 기초하여 사람들은 신과 영혼에게 일상생활에서 대하듯 접근한다. 이러한 무속의 특징이 절대적인 국가권력과 권위에 대항하는 투쟁의 이데올로기적 기초를 제공하는데 유효했다는 것이다.ibid., 152~153 참조

　저항의례에서 무속요소의 동원은 참가자들이 서로 평등하고 우애가 있음을 열망하는 것을 상징하는 한편, 정치적인 자원과 기회의 공정한 분배가 실현되는 새로운 정치를 위한 그들의 투쟁을 상징한다. 저자는 무당과 영혼의 담화가 무당과 구경꾼 사이에서와 같이 이루어지며 이때의 언어는 속되고, 거칠고, 무절제하며 무식한 사람들이 일상적으로 사용하는 '난장판의 언어Bakhtin, 1968'로 파악한다. 또한 정치적 드라마를 무속의례 형태로 연출함으로써 보통 사람으로서는 공개적으로 비판하기 힘든 국가권력을 세속화하고 국가의 권위를 탈신비화하고 관리들을 웃음거리로 만드는 효과도 만들어낸다.김광억, 1991b : 154~155 참조7 샤머니즘의 마술적인 힘을 통해서 탈역사가 역사가 되고 부정당한 역사가 자기의 자리를 부여

받게 되며 자신의 언어를 거부당한 억눌린 자들이 스스로의 말을 갖게 되는 것이며 이를 통하여 사적인 공간이 공적인 공간이 된다. 그러므로 그들은 국가라는 상상적인 공동체에 대항하여 그들의 살아있는 경험에 기반한 현실에 정당성을 부여한다는 것이다.[ibid., 169]

현대 한국사회의 정치적 반문화적 전통 속에서 이루어진 무속의 의례화 과정에 대한 김광억의 연구는 이 과정이 "국가가 그려 놓은 현실을 민중의 상상적인 현실로 대체하려는 시도의 하나"이자, "민중의 담론을 체계화된 공간으로 들여다 놓음으로써 사람들로 하여금 그들 고유의 상징적인 공동체를 구축하게 하는 과정"[ibid., 168]이었음을 밝힌 흥미로운 연구이다. 물론 현재 한국사회에서 무속의례의 이러한 정치적 활용은 1980년대와 비교해보면 급격히 축소되었다. 하지만 최근까지도 한국사회에서 계속 되풀이되는 대형 참사들과 그 과정에서 목숨을 잃은 소중한 생명들의 죽음의 의

---

7   이러한 무속적 요소의 동원을 저자는 경찰의 고문치사사건으로 죽은 박종철 열사의 위령제나 시위도중 숨진 이한열 열사의 장례식에 대한 두터운 기술(thick description)을 통해 잘 보여주고 있다. 두 위령제에서 참가자들은 그날의 춤과 행사들이 단순한 장례식이 아니라, 정부에 대한 전쟁을 선포하고 국가에 대한 민중의 궁극적인 승리를 상징하는 의례라고 해설하였다. 특히 행사의 절정이었던 이애주 교수의 씻김굿은 한열의 영혼을 하나의 신으로 소생시키는 것, 다시 말해 착취자에 항거하는 민중의 부활을 의미하는 것이며, 영혼을 명다리를 통해 저승으로 보내는 춤은, 현장에 있었던 민중들에게는 민중의 승리를 상징하는 의례로 해석되었다고 저자는 분석하고 있다(ibid., 155~160 참조).

미를 묻는 일련의 문화행사에서 무속 의례는 여전히 중요한 정치문화적 자원으로 활용되며, 또한 대중문화의 소재로서도 여전히 생명력을 가지고 있다. 문화체계로서의 무속의 어떤 상징들이 현대 한국사회를 살아가는 사람들의 삶의 양식에 설득력 있는 권위를 불어넣고 있는지, 무속의 실천적 양상에 대한 인류학적 연구가 계속 요청되는 이유도 여기에 있다.

제6장

해보면 알게 되는 것들

출산력조사와 '사회조사의 한국화' 기획(1960~1970년대)

연구의 목적과 범위

사회조사 지식의 특성과
냉전기 사회조사의 재인식

동조화 미국 사회조사방법론의 수용

현장화 '한국적인 것the Koreanness'에 대한 관심과 '융기하는 현실'

제도화경쟁 의사집단의 출산력조사에 대한 비판

질문지를 다시 열어보다 인구연구의 사회학적 전환

망각된 유산으로서의 '사회조사의 한국화'

1. 연구의 목적과 범위[1]

1960년대는 한국에서 출산력조사가 본격적으로 시작된 시대로 기억된다. 1962년에 연세대 예방의학교실의 양재모 교수팀이 경기도 고양에서 농촌지역 출산력조사를 실시했다. 1964년에는 서울대 예방의학교실의 권이혁 교수팀이 서울 성동구에서 도시지역 출산력조사를 실시했다. 1965년에는 서울대 인구연구소의 이해영 교수팀이 경기도 이천에서 중간도시 출산력조사를 실시했다. 이 조사들은 모두 미국 인구협회The Population Council에서 연구비를 지원받았고, 도시, 농촌, 중간도시의 출산력의 비교연구라는 협회의 목표에 기여했다. 인구협회는 록펠러재단The Rockefeller Foundation에서 출연한 기금으로 운영되었다.

양재모는 자서전에서 "그 자신이 의사이기도 했던 밸푸어가 1962년에 한국가족계획협회 연구진에 포함된 사회학과 교수들의 명단을 보고 'Don't be lost in the forestry of sociology'라고 말했다" 양재모, 2001 : 316~317고 회고한 바 있다.[2] 권이혁 역시 여러 편의 자서전

---

1   제6장은 Kim In-soo, "Tacit Knowledge and the Sociological Turn in Population Studies in Korea in the 1960s and 1970s", *Korea Journal* 63(2), 2023을 대폭 수정, 보완한 것이다.

2   이 조사에는 이만갑, 유의영 등 사회학자가 조사설계과정에 참여했다(이만갑 인터뷰, 국사편찬위원회, OH_04_005_이만갑_11, 2004). 이만갑은 권이혁의 출산력조사(1964)에도 조사설

을 쓰고 또 의사집단의 회고담을 편집하여 공중보건의 견지에서 출산력조사와 가족계획의 의미를 강조했다.권이혁 외, 2008 한국의 가족계획을 주관했던 기관들에서 펴낸 각종 역사서들도 의사들의 기여를 높이 평가했다.한국보건사회연구원, 1991; 대한가족계획협회, 1991 이러한 논의에 기초하여 조은주는 한국의 가족계획사업에서 의사 그룹이야말로 서구에서 교육받은 비서구 엘리트들의 주체성과 행위성을 잘 보여준다고 평가했다.조은주, 2018 : 165

그런데 1960년대 한국에서 출산력조사는 출산행위와 여성의 몸에 대한 국가의 개입 — 출산조절birth control, 피임 — 을 지향했고, 그 방법은 사회조사였다. 출산력조사의 사회적 의미, 그리고 사회조사로서의 의미가 지대함에도 불구하고, 사회학자들의 조사1965에 대한 조명은 제대로 이루어지지 못했다. 1965년의 조사에서 조교로 참가했던 권태환을 면담하여 사회조사론의 관점에서 일부 해석을 시도한 김인수의 연구가 있을 따름이다.김인수, 2015; 김인수, 2016 본 연구는 사회학자 그룹에서 실시한 1965년의 경기도 이천 출산력조사와 1972년에 한국사회학회 주관으로 개최된 학술회의한국 가족계획 연구활동의 사회학적 평가를 소재로 하여 '사회조사의 한국화'의 흔적을 발굴하고 그것이 갖는 의미를 음미하는 것을 목적으로 한다.

계과정에 참가하였다.

출산력조사의 설계와 진행에 이르는 과정'동조화', 사회조사를 실행하면서 그 주체들에게 일어난 내적 변화'현장화', 그리고 이러한 경험을 토대로 진행된 의사들에 대한 담론투쟁'제도화경쟁'을 분석한다. 자료와 분석방법은 다음과 같다.

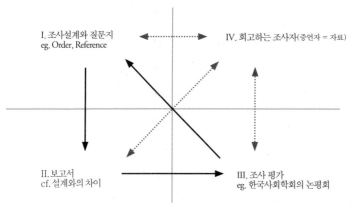

[I / II / III] The Rockefeller Archive Center (RAC), 한국사회과학자료원.
[IV] 구술자료 수집을 통한 자료생산.

2. 사회조사 지식의 특성과 냉전기 사회조사의 재인식

출산력조사를 사회조사의 측면에서 분석하기 위해서는 사회조사가 갖는 속성을 확인할 필요가 있다. 첫째, 사회조사는 비용과 행정력의 뒷받침이 필요한 일종의 사업이다. 사회조사를 실시하고자 하는 의지가 있지만 돈이 없거나 행정력의 미비로 표본설정이 어려워 실패에 봉착하는 일은 너무도 빈번하다. 둘째, 사회조사는 단순히 사실을 수집하는 것이 아니라 사실을 생산하는 장치이다. 사회조사에서 구사되는 개념이나 범주는 사후적으로 규정되는 것이 아니라 조사를 시작하기 이전에 이미 결정되어 있어야 한다.Hacking, 1986; 김인수, 2013a; 최정운, 2016 조사의 목적과 취지는 질문지, 측정도구에 투영되기 때문에, 이를 분석하면 조사의 인식관심을 파악할 수 있다. 셋째, 사회조사는 지식권력knowledge power(Foucault, 1980)이자, 상징권력symbolic power(Bourdieu, 2014)이다. 사회조사의 결과물은 '객관적인 지식'으로 인정받고 학술장 안에서 통용된다. 또, 조사능력은 학계의 상징자본을 둘러싼 담론투쟁에서 대단히 유용한 자원이 된다. 넷째, 조사의 결과물인 통계는 서로 연결되고 뒤섞이고 조합됨으로써 특정한 주장과 입론 그리고 보다 추상화된 개념을 생산해내는 데에 활용된다.라투르, 2016 : 444 따라서 통계의 생산과정사회조사이 객관화되어 드러나지 않는다면, 통계는 그저 현실에 관한 제한적인 정보만을 제공할 뿐이다. 다섯째, 사회조사는 조사를 실시하면서 훈련을 통해 지식을 체득하는 일종의 암묵지의 속성을 지닌다.

이러한 사회조사의 속성을 염두에 두면, 1960년대에 한국에서 이루어진 사회조사는 '조사주권'의 관점에서 양의적 의미를 가진다고 할 수 있다. 우선, 이때의 조사는 아시아 재단the Asia Foundation,

인구협회, 농업발전협회Agricultural Development Council 등 미국 민간재단에서 제공한 돈으로 수행되었다. 조사를 수행할 인물의 선택, 조사의 질문지와 표본의 설정 과정에도 민간재단의 연구진이 직접 관여했다. 연구비를 제공한 측의 인식틀이 사회정보 수집의 방향을 결정한 것이다. 또, 사회조사를 수행하는 원주민 지식 엘리트는 미국이 제공한 펠로쉽과 미국유학 경험을 통해 냉전기 미국 학계에 직접적으로 연결되어 있었다. 이런 점에서 한국의 '조사주권'은 불완전상태였다고 할 수 있다.

한편, 1960년대 한국의 학술장의 구조적 조건을 응시할 필요가 있다. 냉전은 '탈식민'을 정당화의 근거로 삼았고 이 점은 학술장에도 중대한 변화를 가져왔기 때문이다. 냉전기 학술은 지식생산의 현지화원주민 지식엘리트에 의한 지식생산를 추동했는데, 이것은 제국주의 시대에 이루어진 식민지 사회정보의 수집과정과는 큰 차이를 보인다. 식민지기에 한국인은 조사지식의 생산과정에서 완전히 배제되었다. 조선총독부와 경성제국대학이 조사를 독점했다. 해방 이후의 사정도 마찬가지였다. 정치적 혼란과 그에 이은 한국전쟁1950~1953의 참화 속에서 국가기구는 취약했다. 사회조사도 그 필요성에 비해 자원연구비과 수행능력이 크게 부족했다. 1950년대까지 한국사회에서 이루어졌던 각종의 조사는 현대적인 의미에서의 사회조사와는 크게 거리가 먼 것들이었다. 이런 점에서 볼 때,

1960년대의 사회조사는 식민지시대 이후로 한 번도 경험하지 못했던 '조사다운 조사'를 처음 실시해봄으로써 관념적이었던 조사에 실감을 불어넣은 체험이었다고 할 수 있다.김인수, 2018 : 456~457

3. 동조화 미국 사회조사방법론의 수용

한국사회학에서 본격적인 사회조사로서 명실상부하게 '최초'라고 불릴 만한 것은 1959년 1월에 아시아재단의 연구비 지원으로 실시된 "한국 농촌가족 조사"이다. 고황경의 주도 하에 이만갑, 이효재, 이해영이 실행하였다. 이 조사에 참여한 이만갑, 이해영은 록펠러재단 사회과학부 담당 Dr. Roger F. Evans의 내한을 계기로 하여 해당 재단의 장학금으로 1955년 10월에 미국에 유학한 바 있었다. 이들은 1960~1970년대 사회학계에서 실시한 출산력조사의 주역들이 된다.

이만갑은 지원서류1955에 "사회학은 사회에 대한 실증적이고 경험적인 연구이다. (…중략…) 나는 사회학이 미래에 맑시즘을 대체하고 사회 문제를 진정으로 해결할 수 있는 종합적인 과학이 되기를 바란다Sociology should be the positive and empirical study of society. (…중략…)

I desire that sociology may become a synthetic science which can supplant Marxism and really

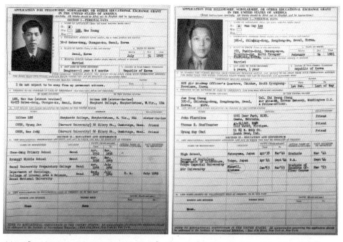

Figure "Application : Lee, Hae Young, 1955"
(Folder 5650, Box 385, FA 244, Series 613,
RG 10.1, Rockefeller Foundation records,
Rockefeller Archive Center)

Figure "Application : Lee, Man Gap, 1955"
(Folder 5652, Box 385, FA 244, Series 613,
RG 10.1, Rockefeller Foundation records,
Rockefeller Archive Center)

solve the social problem in future"라고 썼다.[3] 그는 코넬대학에 유학하여 로빈 윌리엄스Robin M. Williams의 지도를 받았고, 1956년 1월에는 "A Study of Attitudes of Korean Students in the U. S."를 설계했다. 그는 귀국 이후에 록펠러재단에 보낸 보고서에서 자신이 일본 도쿄제국 대학교[1941~1944]에서 배운 사회학은 사변적이고 철학적이었다고 말 했다. 이에 비해, 미국의 사회학은 경험적이며 한국과 같은 저발전 국가의 사회재조직 문제를 해결하는 데에 도움이 될 것이라고 평가 했다. 이만갑은 유학 시절에 사회조사방법론을 집중적으로 학습했 고 농촌사회학에 관한 원리적인 지식을 습득했다.[4] 이후 그는 '사회조사의 전도사'로 거듭났다. 그는 2004년에 한 글에서 "내가 미국에서 사회조사방법을 공부하려고 한 이유는 한국사회의 실상을 알아야 하겠다는 염원 때문이었다"이만갑, 2004 : 16~17고 회고했다.

이해영은 지원서류1955에서 도시와 농촌의 가족문제, 그리고 문화와 인격personality 간의 상관관계에 깊은 관심을 표명했다. 그 역시 사회조사방법론의 숙련에 힘쓰겠다고 다짐했다. 그가 가족문제에 관심을 갖게 된 이유는 한국전쟁 이후의 가족이산家族離散과 인구압력이 전통적인 가족시스템을 급속히 해체하고 있다는 인식 때문이었다. 그는 산업혁명 이후 가족형태의 변화에 관한 유럽과 미국의 최신 연구성과들이 중요한 참고가 될 것으로 기대했다. 장기적으로 한국사회에 관한 조사의 수요가 있을 것이기 때문에 이에 대한 준비를 해둘 필요가 있다는 점도 언급했다.[5] 이해영은 이만갑과 마찬가지로, 미국의 유수한 학자들 — Robert Morrison MacIver, William Fielding Ogburn 등 — 의 글을 탐독한다고 하면서, 독일 계통의 지극히 사변적이고 철학적인 사회학에 흥미

---

3   "Curriculum Vitae : Lee, Man Gap, 1955", Folder 5652, Box 385, FA 244, Series 613, RG 10.1, Rockefeller Foundation records, Rockefeller Archive Center.

4   "Report of Man Gap Lee : Submitted August 15, 1956", Folder 5652, Box 385, FA 244, Series 613, RG 10.1, RF records, RAC.

5   "Study Plan", Folder 5650, Box 385, FA 244, Series 613, RG 10.1, RF records, RAC.

를 갖지 못했다고 고백했다. 그는 미국사회학에서 발전한 실증적 방법론, 인류학과 사회심리학에 대한 선호를 분명히 밝혔다.[6] 이해영은 노스캐롤라이나 대학The University of North Carolina에서 John Gillin, Gordon W. Blackwell, Daniel O. Price의 지도 하에 연구했다. 그는 귀국 이후 록펠러재단에 보고한 서류에서 커뮤니티 연구 Community Study에 관해 언급하면서 사회학과 인류학의 학제간 접근 interdisciplinary approach이 중요성을 강조했다. 가족연구와 관련해서, 이해영은 Reuben Hill에게서 Marion J. Levy의 *Family Revolution in Modern China*를 읽어보라는 권유를 받았다. 이해영은 이 책을 한국과 중국의 유사성이 아니라 문제구성의 모범이라는 관점에서 높이 평가했다. 그리고 서구에서 생각하는 유교Confucianism적 가족생활의 관념이 실제의 현실과는 큰 차이가 있다고 덧붙였다.[7] 한편, 그는 미국 체류 중에 록펠러재단 사회과학부 담당 Roger F. Evans 박사에게 보낸 편지에서, 미국 대학에서 한국 파견 연구소the field laboratory in Korea를 설치할 필요가 있다고 언급했다. 유능한 미국 학자들을 한국에 파견하여 학생의 교육을 돕게 하자는 것인데, 그

---

6   "Curriculum Vitae : Lee, Hae Young, 1955," Folder 5650, Box 385, FA 244, Series 613, RG 10.1, RF records, RAC.

7   "Report to the Rockefeller Foundation," Folder 5650, Box 385, FA 244, Series 613, RG 10.1, RF records, RAC.

는 이를 위해 서울대와 교섭하기도 했다.[8] 이처럼 이해영은 미국 유학 중에 아시아사회에 대한 미국 인류학의 편견과 그에 대한 비판적 성찰의 시도를 접했고, 연구 인력을 훈련시킬 필요성을 역설했다. 1964년에 이해영은 The Population Laboratory를 설립하고 경기도 이천의 출산력조사[1965]를 실시하면서 인구학, 사회조사 인력을 양성하게 된다. 유학생활에서의 다짐이 큰 계기가 된 것으로 생각된다.

이만갑과 이해영이 귀국한 뒤에 사회조사 질문지 작성의 지침으로 활용한 책은 Goode W. J.와 Hatt P. K의 *Methods in Social Research*[1952]였다. 이 책은 이후 한국의 사회조사와 농촌 조사에서 중요한 위상을 차지하게 된다. 이만갑은 서울대 사회학과 대학원의 학생들과 함께 이 책을 교재로 학습한 뒤, 이를 번역하여 방법론 교과서를 출판했다.[9] 경기도 이천 지역의 출산력조사에서 질문문항과 측정도구를 마련하는 과정에서도 이 책은 주요 참고서가 되었다.

그런데 당시 사회조사가 한국사회학의 제도 안으로 수월하게 통합된 것은 아니었다. 사회학계 안에서 "사회조사에는 철학과 이

---

8   "Letter from Hae Young Lee to Roger F. Evans (1956.5.16)", Folder 5650, Box 385, FA 244, Series 613, RG 10.1, RF records, RAC.

9   권태환 교수에 대한 인터뷰자료(2014.4.15). 그 교과서는 1960년에 출판된 『사회조사방법론』

론이 없다"는 비판에 마주하게 된 것이다. 이만갑은 막스 베버Max Weber와 에밀 뒤르켐Emile Durkheim도 미국의 사회조사방법론에 매우 큰 영향을 미쳤다는 점을 강조했지만이만갑, 1958, 동료들을 설득하는 데에는 성공하지 못했다. 이것은 당시 사회조사방법론이 처한 위치를 단적으로 보여준다. "방법론의 외래성으로 말미암아 한국사회에 관한 통합적인 시각을 유지하는 데에 치명적인 약점을 내포한 것이 아닌가"라는 의구심이 학계에 팽배해 있었던 것이다. 1963년에 한국사회학회는 "한국사회학의 연구와 문제점"이라는 주제로 토의를 가졌고, 이어 1965년에는 한국사회학회 창설 10주년을 맞아 "한국사회구조 분석에서의 방법론적 문제"라는 주제로 토의했다. 여기에서는 경험적 연구방법론이 한국사회에 보다 적합하게 조정될 필요가 있다는 주문이 있었다. 이러한 비판은 1970년대에 '사회과학의 토착화 / 주체화' 또는 '한국적 사회과학'이라는 문제의식으로 이어졌다.한국사회과학연구협의회·유네스코한국위원회, 1979; 황성모, 1977; 신용하, 1976; 김진균, 1997 결과적으로, 미국유학을 통해 사회조사방법론을 숙련했던 일군의 사회학자들은 방법론의 현실적합성과 타당성을 증명해야 하는 새로운 문제계에 직면하게 되었다.

(민조사)이다.

4. 현장화 '한국적인 것'에 대한 관심과 '융기하는 현실'

이만갑은 '사회과학의 토착화 / 한국화' 논의에 대해 '사회조사의 과학성'을 옹호함으로써 문제의 성격을 전환하려 했다. 그러나 한국의 현실을 제대로 포착하기 위해서는 그에 맞는 방법론이 요청된다는 점을 강조한 이들도 있었다. 사회조사 그룹에서도 자신들이 사용하는 방법론과 한국의 현실 사이에 존재하는 격차를 의식할 수밖에 없었다. 이해영은 서구와는 다른 개발도상국의 인구문제가 지니는 고유성을 먼저 해명해야 한다는 문제의식을 피력했다.

> 현재 많은 사람들이 개발도상국에 맞는 모형의 개발을 추진하고 있다. 그러나 가장 중요한 문제점은 개발도상국의 경우, 그 사회의 체계에 대한 이해가 근본적으로 부족하다는 점이다. 모델을 만들고 고치는 일은 기술적인 것이다. 한편, 사회체계에 대한 이해는 발전적 맥락 속에서 인구문제를 해결하는 데에 본질적인 중요성을 갖는다.^{이해영·권태환 편, 1978 : 서문}

1965년 출산력조사에 참가했던 원로 사회조사가 권태환의 다음과 같은 증언도 이채롭다.

록펠러재단, 포드재단에서 연락이 오는 거야. "너희 왜 이번에 우리 프로그램에 지원을 안 하느냐?" 그래서 내가 뭐라고 편지를 썼느냐면 : "우리는 당신들의 요구가 싫다, 아주 정교한 통계기법을 써야 하고 그걸 못해내면 그걸 열등한 연구처럼 생각하는데, 그건 우리와는 맞지 않다. 우리는 현재 우리의 지식상태에서 가장 적합한 연구방법을 생각한다".[10]

이러한 인식은 사회조사에서 한국의 현실에 적합한 문항을 질문지에 적극적으로 반영해야 한다는 주장으로도 이어졌다. 권태환의 회고이다.

1974년 세계출산력조사World Fertility Survey, WFS가 다케시타라고 DC에서 파견된 외국인 교수가 있었는데,[11] 일본인인데, 그 양반이 한국을 스터디하다가 이천 조사자료의 Questionnaires가 굉장히 좋다는 것을 알고 그걸 중심으로 해서 질문표를 개발을 했어. (…중략…) 모든 나라가 다 채택해야 하는 Core Questionnaire가 있었고, 또 Module이 있었어. 그 나라에 사정에 따라서 관심에 따라서 경제적인 모듈, 문화적인 모듈, 심리학적인 모듈, 이런 식으로. 김인수, 2015 : 103

10 권태환 교수에 대한 인터뷰자료(2014.4.15).
11 Dr. Yuzuru Takeshita : 미시건대학에 재직했고 WFS 스텝으로서 한국(과 필리핀) 담당이었다. 1976년 중반에 한국을 방문해서 Country Report No.1 초고의 교열을 보았다.

각국을 대상으로 한 국제비교조사이기는 했지만, the Koreanness 에 대한 관심이 저변에 자리하고 있었음을 알 수 있다. 물론, 연구를 발주한 미국 민간재단과 국제기구의 앎의 의지와 측정방법이 당시 한국에서 진행된 사회조사의 전반적 흐름을 규정했다. 통계표로 가득한 영문보고서는 연구비를 제공한 미국 민간재단과 국제기구의 이해관심에 봉사했다. 1960~1970년대 한국의 사회조사는 연구비, 학술장, 평가주체에서 비대칭적인 국제관계의 영향을 받았고, 또 외부의 힘에 종속되어 있었다. 이때의 사회조사는 이른바 '주문형생산OEM'이었다. 따라서 국제비교라고는 하지만 한국의 현실이 갖는 고유한 의미를 도드라지게 하는 정당한 비교는 애초부터 불가능했다. 사회조사가 놓인 객관적 위치와 사회조사를 수행하는 주체의 의지는 이처럼 괴리되어 있었던 것이다.

다른 한편, 1960년대 한국의 사회경제적 배경은 사회조사에서 측정범주를 제한했다. 예를 들어, 직업의 분류·범주는 사회구조의 미분화未分化를 그대로 반영하고 있었다. 이것은 종종 산업화가 진행된 서구 국가들과 다른 '후진성'으로 표현되었다. 사회조사에서 한국의 '후진성'은 곧바로 방법론적 문제를 야기했고, 한국사회에 맞는 도구를 새롭게 고안해야 한다는 문제의식을 자극했다. 하와이대학의 구해근은 유학 시절에 학위논문을 작성하면서 느꼈던 미국과 한국의 사회적 격차를 다음과 같이 토로한 바 있다.

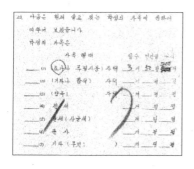

질문지 : 「대도시지역의실업교육의효과에관한연구」
(서울대학교인구연구소,1967.10)

질문지 : 「대도시지역의실업교육의효과에관한연구」
(서울대학교인구연구소,1967.10)

하와이대학의 Herbert Barringer 교수와 서울대의 이만갑 교수가 공동으로 연구하는 한국의 이농離農 현상에 관한 프로젝트에 연구조교로 참여하였다. (…중략…) 두 교수님들 허락을 받아 조사자료를 나의 논문에 쓰기로 했다. 그런데 미국에 돌아와서 자료정리를 하면서 나는 중요한 사실을 발견했다. 직업분류를 하면서 나는 미국의 표준 직업분류에 의하면 한국의 다양한 자영업자들을 적절하게 구분할 수 없다는 점을 깨달았다. (…중략…) 이것은 단지 직업구분의 문제가 아니라 선진국과 후진국의 경제구조의 차이에 기인한다는 점도 깨달았다.구해근, 2001 : 72~73

이 회고는 한 사회의 근대화, 산업화의 위치가 측정도구의 선택에 직접적인 영향을 준다는 점을 시사한다. 1960년대 한국의 사회조사에서는 직업의 분류는 지금처럼 객관식 선택지로 표시되지 않았고, 주로 주관식으로 기재하는 방식이었다. 계층구분도 소득구간을 선택하는 형태가 아니라 '상 / 중 / 하'처럼 간략히 기재하는 형태를 띠었다. 산업화가 진전되어 구성원들 다수가 급여 salary를 받는 사회에서만 제대로 된 직업 분류가 가능한 것인지도 모른다. 이외에, 가옥의 소유형태자가, 임대나 가전제품의 소유여부를 통해 계층을 간접적으로 파악하기도 했다.

'후진사회後進社會'인 한국의 현실은 사회조사의 과정 그 자체에 이미 반영되어 있었음을 알 수 있다. 관찰되는 사회의 속성은 사회조사방법론에 직접적으로 영향을 미치고 있었고, 연구자의 자의식은 이 지점을 응시했다.[12]

요컨대, 사회조사를 한국적 상황에 맞게 실시해야 한다는 이른바 '사회조사의 한국화'의 기획이 이 시대를 풍미했던 것이다. 현장에 나간 조사자는 자신의 경험을 통해 잘 정련되어 있는 미국의 방법론과는 괴리된 비균질적인 한국의 현실을 인지할 수밖에 없

12　말과 현실의 괴리로 인한 번역불가능성이 가시화되기도 했다. "묘지기(墓直), 산지기(山直), 창고지기(庫直), 머슴의 역사적 사실을 모른 채, 그저 외국에서 통용되는 개념을 원용하면 문제가 된다. 외국에서 하듯이 농가계층을 지주, 자작농, 소작농, 농업노동자로 분류하고 어느 것에 해당하느냐를 체크해달라고 요청한다면 한국의 농촌사회에서 계층의 상태가 올바로 파악될 수 없다"(이만갑, 1979, 25쪽).

었다. 이것은 연구자의 자의식을 자극했다. 사회현실을 '남의 안경'으로 바라볼 수밖에 없었던 식민지시대가 끝나자, 한국인은 곧바로 당혹스러운 상황을 마주할 수밖에 없었다. 한국사회를 다루기에 적합한 방법론은 아직 가시화되지 않았고, 그럼에도 불구하고 '선진과 후진의 사회성질의 차이'를 의식하면서 미국에서 배워온 사회조사방법론을 교정하고 보완해야 했던 고뇌의 순간이 이들을 기다리고 있었던 것이다.

5. 제도화경쟁 의사집단의 출산력조사에 대한 비판

1972년에 한국사회학회에 의해 개최된 "한국 가족계획 연구활동의 사회학적 평가"는 기념비적인 사건이었다. 이 심포지엄은 아시아재단의 후원으로 개최되었다. 이 학술회의는 기존의 가족계획사업, 출산력조사 활동에 대한 사회학적 비평의 형태를 띠었다. 이 토론회의 녹취록이 남아있는데, 이를 살펴보면 매우 흥미로운 지점이 발견된다.

1960년대에 출산력조사를 지원한 PC의 입장은 제3세계에서 경제성장이 이루어지기 전에 인구과잉상태가 지속되면 문제가 심각하기 때문에 피임을 통한 적극적이고 기술적인 산아제한이 필요하다는 것이었다. 한국의 의사그룹은 이를 충실히 따랐다. 의사들이 실시한 가족계획사업은 출산력조사와 피임선전, 그리고 보건소의 피임시술이 결합된 산아제한의 실천이었다. 그것은 'action research'였다.

이에 대해, 사회학자들은 한국적 상황, 한국의 현실에 적합한 인구조절의 필요성을 제기했다. 의사그룹에 의한 산아제한 일변도의 기술적technical 해결이 갖는 문제점과, 이들이 피임시술이 여성의 몸에 가져오는 부작용을 경시하고 있음을 비판했다. 예를 들어, 여성의 자궁 안에 설치하는 Lippe's Loop의 경우 여성의 몸에 많은 부작용을 낳은 피임 시술법이었는데, 의사들은 출산력조사를 실시하면서 PC로부터 이것을 제공받아 시술했다. 그것은 안전성이 검증되지 않은 상태에서 한국과 대만의 여성들을 임상대상으로 하여 실시된 실험이었다.배은경, 2004 : 226~231 이와 함께, 사회학자들은 의사들이 한국 상황을 오해하고 가족계획사업을 오도하고 있다고 비판하였다. 한국사회학자들의 비판은 가족계획을 오로지 산아제한으로 한정짓는 의사들의 사고에 초점이 맞춰졌다. 나아가 사회학자들의 비판은 제3세계의 발전경로에 대한 서구 학자들의 논의에까지 향했다.

출산력의 감소는 1960년대 이전에도 급격히 일어났다. 1960년대 이후의 급격한 감소 경향은 가족계획사업보다 오히려 이때 발생한 급격한 도시화, 공업화, 나아가 급격한 가치관의 변화에서 초래된 결과라고 생각한다. 이것은 도시가족계획의 연구사업에 대한 평가에서도 이미 실증되고 있다.^{이만갑·김영모, 1972 : 86}

토론에서도 출산력 저하가 의사집단 주도의 가족계획사업의 성과가 아니라, 초혼연령의 급속한 상승, 교육수준의 향상, 사회문화적인 환경의 변화, 전통적 생활의식이나 행위양식의 해체, 대가족제도의 붕괴 등 가족계획 외부의 '사회적 요인들'에 의한 것이었다는 주장이 나왔다.^{한국사회학회, 1972 : 147}

출산행위의 복잡하고 다양한 결정요인과 독립변수를 발견하고 그 결정요인들의 작용과 효과를 가족계획사업의 계획과 실천에 반영하려는 노력이 결핍되었다는 것은 흔히 지적되어온 사실이다.^{임희섭, 1972 : 90}

요컨대, 한국의 인구정책을 산아제한 일변도로 유도하는 서구의 관점, 그리고 그 충실한 실행자인 의사그룹에 대한 비판이 제출된 것이다. 조사 설계 과정에 대한 문제도 제기되었다.

가족계획 평가사업의 담당자들은 조사항목의 변화는 그때그때의 필요 때문에 불가피했으므로 비교가 힘들다거나 일관성이 결여되었다는 비난을 받을 수 있다는 것을 시인했다. 그러자 "그때그때의 필요라는 것이 한국의 필요가 아니고 주로 연구비를 대준 외국의 필요가 아니었느냐"는 반론이 제기되었다. 이제는 한국의 필요에 따라 조사가 실시되어야 한다는 주장이 나왔다.한국사회학회, 1972 : 152

이에 더해, 가족계획사업이 조사단위로 설정하고 있는 농촌이 과연 균질한가, 그리고 사례의 대표성이 확보되었는가에 대한 비판이 이어졌다.

자연촌 중심의 한국농촌은 제각기 역사, 입지, 생업, 규모에 따라 다른 특성을 갖고 있다. 서울 근교인 고양, 김포지구를 조사하여 얻어진 결론으로 한국 농촌 전체의 가족계획사업의 모델로 삼는 것은 매우 위험한 시도이다.고영복·김대환, 1972 : 53

조사대상을 가임기 기혼여성으로 한정한 것도 문제가 되었다. 가부장제가 팽배한 한국 농촌의 현실에서는 출산이 남편의 기대에 의해 좌우되기 때문이었다. 남편에 대한 조사가 함께 이루어져야 한다는 의견이 제시되었다.한국사회학회, 1972 : 153 한국사회에 팽배한 아들절대주의 가치관을 중요한 변수로 설정해야 출산력 현상을 제대로 파악할 수 있다는 주장은 이효재로부터 나왔다.

한국인들 사이에서는 이상자녀수를 정하는 데에나 가족계획을 실천하는 데에 아들의 존재가 중요한 요인으로 작용하고 있음이 여러 연구조사의 결과를 통해 거듭 제시되었다. 한국인의 출산행위에 영향을 주는 중요한 변인은 아들절대주의가치관이다. 1966년 서울의 주부들을 대상으로 한 조사에서 피임법을 사용하는 비율이 높은 집단은 아들 2명, 딸 1명을 둔 이들로, 이들의 피임률은 80.8%이다. 딸만 3명을 둔 집단의 피임률은 22.6%이다.^{이효재, 1972 : 133~134}

당시 도시빈민층을 대상으로 한 조사에서 아들을 원하는 이유 중 가장 많은 부분을 차지하는 것은 "노후생활보장"이었다.^{이효재, 1972} 이것은 당시 한국에서의 아들선호현상이 사회복지의 부족을 가족자원을 통해 벌충하려는 태도와 밀접히 관련되어 있었음을 시사한다.[13]

이외에도, 도시빈민가에 대한 접근처럼 가족계획이 당면한 새로운 문제들에 대처하기 위해서는 의료서비스적인 방법만으로는 안 되고 반드시 사회학적 지식이 동원되어야 한다는 주장, 한국사

---

[13]　이효재는 1973년에 한국사회학회의 회장으로 재직하면서 The Asia Foundation으로부터 연구비를 받아 "an eighteen-month study of the effect of Woman's employment and organizational participation on their attitudes toward family planning in Korea"를 수행했다("Letter of agreement : Dr. Lee Hyo-chai", 1973.1.12. Grant No. K-3039).

회를 잘 모르는 미국의 사회학자들이 조사표를 만드는 것은 문제가 있다는 주장, 의사들의 조사는 가족계획을 찬성하지만 피임을 하지 않게 하는 매개요인intermediate variables을 검출할 수 없기 때문에 이 방면의 노력이 필요하다는 주장 등이 제출되었다.한국사회학회, 1972 : 149~151

이처럼 '사회조사의 한국화'는 외국의 원조기구의 주문 하에 질문지를 만들어 조사를 실행하면서 정작 현실에서 난점에 봉착하게 된 결과 제기된 의제였다. 이와 동시에, 의학과 보건 계통의 인구학자들과 자신을 구별하고 그 우위에 서고자 했던 사회학자들의 슬로건으로서 전유되었다고 할 수 있다. 한국 가족계획사업의 성취는 의학의 기술적 해결로 이루어진 것이 아니며 그 장래도 그들에게 맡길 수 없다는 선언, 그리고 한국사회의 속성과 메커니즘을 파악하여 가족계획사업을 재구성해야 한다는 선언이 이들 사회학자에 의해 제창되었던 것이다.

6. 질문지를 다시 열어보다 인구연구의 사회학적 전환

1972년의 학술회의에서는 종전까지의 의사 중심의 인구연구를 사회학적으로 전환시키고자 하는 사회학자들의 열망이 표명되었다. 그것은 주도권을 쥐기 위한 경쟁이었다. 이 경쟁을 위한 지식자원은 1965년 경기도 이천의 출산력조사였다. 조사를 해봄으로써 다른 조사를 비판할 수 있는 역량, 이른바 암묵지tacit knowledge를 확보하게 된 것이다.

실제로 한국의 인구연구는 그 이전까지 의사집단에 의해 진행되어왔다. 식민지시대에는 경성제국대학 위생학예방의학교실이 인구연구를 주도하였다. 조선인 개개인에 대한 의료적 개입이 아니라, 조선인 전체를 생물학적인 인구집단의 차원에서 관리하려는 목적 속에서 그 집단의 출생률, 사망률, 수명을 조절하기 위한 장치로서 통계지식이 구축되었다. 식민지 인구연구의 가장 핵심적인 목표는 일본 민족의 생존이었다. 일본 본토에서 거주해 온 일본인들이 기후와 풍토가 다른 식민지로 이주했을 때 일어나는 생명력Vitality의 변화와, 그 대조군으로서 식민지의 환경에 적응을 마친 원주민 민족들의 생명력을 파악하기 위한 작업이 진행되었다.박지영, 2019 : 14

출산력의 측정도 조선총독부가 1944년에 실시한 조사가 처음이었다. 도시 5곳과 농촌 7곳에서 재조일본인과 조선인의 출산력을 조사했다. 이것은 1940년에 일본에서 실시된 출산력조사의 관례를 따랐다.朝鮮總督官房調査課, 1944a; 1944b 일본의 조사는 최초의 전국적 규모의 출산력조사로서 표본추출이 실시되었다.Ozaki, 1940 그러나 식민지 조선은 그럴 수 있는 상황이 아니었고, 도시와 농촌을 몇 곳 선별하여 대강의 추세를 확인하는 데에 그쳤다.

양재모와 권이혁의 출산력조사는 역사적으로 양의적인 의미를 갖는다. 그들은 탈식민 사회의 전문가집단으로서 미국유학을 통해 새로운 지식을 습득한 존재들이었다. 하지만 동시에, 그들은 의학에 종사하는 전문가집단이었고 게다가 경성제국대학의 의학자들 역시 미국유학을 통해 보건학과 예방의학을 숙련했다는 점을 고려하면 그들과 상당히 동질적인 존재이다. 『조선주민의 생명표朝鮮住民の生命表』1938를 쓴 미즈시마 하루오水島治夫는 록펠러재단의 장학금을 받아 존스홉킨스대학 보건대학원에 유학1928~1930하여 박사학위를 받고 경성제국대학에서 위생학예방의학강좌의 교수로 근무한 인물이다.[14] 양재모는 세브란스 의학전문대학을 마치고 미국 미시건대학 보건대학원에서 석사를 받았다. 권이혁은 서울대를 마치고 미국 미네소타대학 보건대학원에서 유학했다. 인구현상을 바라보는 의학적 시선에서 이들은 공중보건, 사회위생, 예방의학의 동일한 관점을 갖고 있었다고 봐도 무방하다. 그렇다면 사

14　1920년대 후반 경성제국대학 의학부장 시가 기요시(Shiga Kiyoshi)는 미국의 록펠러재단과 수차례 교섭하여 경성제대 의학부와 조선총독부 의원에 대한 후원을 요청했다. 그는 미국식 의학을 도입하여 공중위생교육, 연구체제를 갖추고자 하는 의지를 피력했다. 이 구상은 결과적으로 실패로 돌아갔다. 록펠러재단 펠로쉽을 수령한 미즈시마(Mizushima)의 사례는 다소 예외적이다(松田利彦, 2019, 523·551쪽).

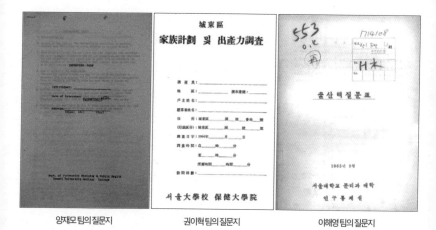

| 양재모 팀의 질문지 | 권이혁 팀의 질문지 | 이해영 팀의 질문지 |

회학자들의 출산력조사는 이들과 어떤 차이를 갖고 있었을까?

각 연구팀에 의해 수행된 출산력조사의 차이를 살펴보기 위해 질문지를 검토할 필요가 있다. 우선, 양재모 팀의 조사는 KAP Knowledge, attitude, practice of contraception survey였다. 이 조사는 개인과 집단을 대상으로 한 클리닉센터와 교육프로그램의 운영을 병행했다. 또, 이 교육프로그램의 효과를 평가하는 조사를 별개로 실시하기로 했다. 이 조사는 이른바 'action research'였던 것으로, 이것은 인구협회PC의 발푸어 박사Dr. Marshall C. Balfour가 요구한 사항이었다.[15] 발푸어는 양재모에게 일본의 인구학자들Yoshio Koya, Minoru Tachi,

---

15   "Demographic Grant : College of Medicine, Yonsei University", Folder 670, Box 47, RG
      1, Accession 1, FA 210, Series 2, Grant Files, Population Council records, RAC. Ronald
      Freedman은 양재모에게 보낸 편지(1963.5.21)에서 "The Success in obtaining acceptance

M. Muramatsu 등과 교류할 것으로 추천했고, 대만의 출산력조사와의 비교를 제안했다. 당시 대만에 체재하고 있었던 인구협회의 다케시타 유즈루Takeshita Yuzuru는 발푸어의 요청을 받아 관련 자료를 양재모에게 발송했다.[16] 이 조사는 총 53개의 문항을 포함한 질문지로 진행되었는데, 사회심리학적 변수Sociological and psychological variables로 설정하고 있었던 항목의 내용은 다음과 같다.

    1. Social settings :

      ① Role of individuals in Kinship, friendship, workship

      ② Participation in social environment

    2. Family variables :

      ① Marital adjustment, Husband or wife dominance

      ② Family composition and structure

      ③ Family division of labour

      ④ Family interaction

---

of contraception in the action program seems quite exceptional"이라고 평가했다(동일한 Folder에 소재).

16   "Letter from Ronald Freedman to Dr. Jae Mo Yang (1963.5.21)," Folder 670, Box 47, RG 1, Accession 1, FA 210, Series 2, Grant Files, Population Council records, RAC.

3. Persons variables :

① Style of life, familistic work-mobility, mobility orientation

② Social attitudes toward work, economic anxiety

③ Psychological characteristics

④ Privacy in house[17]

구체적인 질문문항으로는, "가정 내의 의사결정권자는 누구인가?", "결혼생활의 만족도는 어떤가?", "원하는 자녀의 수에 관해 남편과 상의한 적이 있는가?" 등이 특기해둘 만하다. 가족생활과 피임 및 출산의 관계를 탐문한 것이다.

다음으로, 권이혁 팀의 출산력조사[1964]의 질문지는 ① 결혼·임신·출산과 '출산기록표', ② 임신능력, ③ 가족의 크기, ④ 가족계획에 대한 지식·태도·실천[KAP], ⑤ Communication과 관념, ⑥ 남편과 부인의 개인속성[학력, 종교 등], ⑦ 가구와 가재도구 보유여부의 항목으로 구성되었다. 조사설계 당시부터 대만의 출산력조사와의 비교를 의식했다는 점, 근대적 미디어의 접촉도가 출산행위에 미치는 영향을 측정하고자 했다는 점이 이색적이다.[18] 이를 제외하

---

17   "Over all draft of study contents of family planning study," Folder 670, Box 47, RG 1, Accession 1, FA 210, Series 2, Grant Files, Population Council records, RAC.

18   "Comment, Questions, and Suggestions : Design of the Sungdong-gu Action Research

면 양재모 팀의 조사와 거의 비슷했고, 역시 'action research'였다.

이에 비해, 이해영 팀의 조사는 이들과는 사뭇 색다른 측면이 있었다. 일단 인구협회 측의 주된 자문역adviser이 펜실베이니아대학 사회학과의 빈센트 휘트니Vincent H. Whitney였다. 그는 이해영이 1963년에 2차로 미국에 유학했을 때 깊이 교류했던 인사였다. 이에 비해, 양재모, 권이혁 팀의 조사에서는 자문역이 의사출신의 발푸어였다. 이러한 차이가 영향을 주었을 개연성이 있다. 휘트니는 이해영 팀의 조사설계 과정에서 조언을 아끼지 않았다. 그는 몇 년 뒤 한국 정부의 가족계획사업의 성과를 측정할 수 있게 하기 위해 기초정보base line information를 강화해야 한다고 했다. 휘트니는 이해영에게 '읍Eup'이라는 중간도시middle town를 선택하게 된 과정과 이를 정당화하는 방법, 독신 청년들을 인터뷰어interviewer로 했을 때 출산력 조사에서 생겨나는 난점, 인터뷰이interviewee의 사생활을 보호할 수 있는 방법, 조사설계에서 대만의 출산력조사와 비교할 수 있게 하는 방법, 인구학 인력을 훈련시키는 방법 등에 관한 조언을 했다.[19]

이해영 팀의 질문지에는 피임과 부부생활, 가족생활에 관한 항

Project" (by M. C. Balfour, 1964.2), Folder 915, Box 57, RG 1, Accession 1, FA 210, Series 2, Grant Files, Population Council records, RAC.

19   "Letter from Vincent H. Whitney to Hae Young Lee (1964.6.19)," Folder 985, Box 59, RG 1, Accession 1, FA 210, Population Council Records, RAC.

목이 포함되었다. 여기에는 결혼연령, 남편과의 동침과 동거 / 별거 여부, 사산, 자발적 / 비자발적 유산, 인공유산, 분가分家시기, 동거인, 중매결혼 / 연애결혼, 효孝의 방식, 조상에 대한 제사 여부 등 양재모, 권이혁 팀의 질문지에서는 보이지 않았던 질문들이 다수 있었다. 이해영 팀의 질문지에는 차별출산력Differential Fertility과 중간변수Intermediate Variables라는 사회학적인 개념이 투영되어 있었다.[20] 이해영이 제출한 연구계획서proposal에 따르면, 서구에서는 소득, 교육, 거주 등 사회적 변수와 관련된 전통적인 의미의 차별출산력은 이미 격차가 줄어들었지만, 한국에서는 상황이 다르다. 피임을 통한 인구조절이 도시지역에 한정되어 있지만, 이곳에서는 차별출산력이 중요한 의미를 갖는다. 한편, 이해영은 한국의 차별출산력은 도시를 제외하고는 별다른 차이가 없을 것으로 예상했다. 한국은 사회경제적 배경과는 무관하게 가능한 한 아이를 많이 낳으려는 경향을 보이는 사회이기 때문이다. 이해영 팀이 설정한 차별출산력의 변수는 교육, 직업, 종교, 도시 / 농촌의 거주, 방의 수와 내구소비재계층 측정의 지표(indicator), 잡지와 신문 등 근대적인 매체들과의 접촉도였다.

---

20   "Research Proposal on a Study of Differential Fertility in Korea" (Submitted by Hae
       Young Lee, 1964), Folder 985, Box 59, RG 1, Accession 1, FA 210, Population Council
       Records, RAC.

다음으로, 중간변수intermediate variables[21]는 출산력의 사회문화적 결정요인을 파악하기 위한 것이었다. 그것은 데이비스Davis와 블레이크Blake가 고안해낸 개념으로 성교, 임신, 출산에 직접 영향을 미치는 요인들을 의미한다. 중간변수는 생물학적으로 결정되는 현상, 개인의 의지와 관계없이 사회문화적으로 결정되는 현상, 그리고 사회문화적으로 제한을 받기는 하지만 개인의 자의적인 결정이 중요한 역할을 하는 현상들로 구분된다. 사회학자들의 출산력조사는 비자의적인 태아사망처럼 생물학적 현상에 영향을 주는 사회적 환경이나 생활조건을 밝혀내려는 시도였다.한국인구학회, 2016 : 798~801 나아가, 이해영 팀은 special sub-sample을 추출하여 추가로 조사를 실시했다. 표준화된 질문항목standardized questionnaire이 인간의 행동을 결정하는 기초적인 동기부여의 결정요인the basic motivational determinants을 드러내기에 한계가 있다는 조사경험상의 인식에 기초하여, 개방형 질문지로 비공식적이고 심층적인 조사를 수행했던 것이다.

요컨대, 이해영 팀의 출산력조사는 인구연구 안에 사회문화적 변수를 도입하려 했던 것이라고 평가할 수 있다. 한 가지 덧붙여 둘 점은, 당시 이해영도 발푸어로부터 부분적으로 조언을 받고 있

---

21   개념의 출처는 Davis, Kingsley and Judith Blake, "Social Structure and Fertility : An Analytical Framework in Economic Development and Cultural Change," *Economic Development and Cultural Change* 4(3), 1956, pp.211~235이다.

었다는 점이다. 발푸어는 이해영의 조사가 양재모, 권이혁 팀이 수행해온 'action research'와 어느 정도 연관은 되어야 하겠지만 그들의 'action research'의 사본이 되어서는 안 된다는 충고를 이해영에게 건넸다.[22] 한국의 출산력 현상을 제대로 파악하기 위해서는 'action research'만으로는 불충분하고, 반드시 한국사회의 현실적 맥락을 이해할 필요가 있다는 발푸어의 뒤늦은 자성이 있었는지도 모르겠다.

7. 망각된 유산으로서의 '사회조사의 한국화'

1960년대 한국의 사회조사 지식이 미국의 영향력 하에서 성립되었다는 점은 잘 알려진 사실이다. 미국유학의 펠로쉽, 사회조사 연구비, 자료편집과 도서구매에 필요한 비용은 물론 조사방법론 지식까지 모두 미국으로부터 원조를 받았으며, 그 귀결은 '지식의 미국화'와 '제도적 종속'이었다. 1970년대 이후로 사회과학 학계에서는 토착화한국화의 주장이 강화되었는데, 이것은 그에 대한 비

---

22   "Letter from Hae Young Lee to M. C. Balfour(1964.5.12)," Folder 985, Box 59, RG 1, Accession 1, FA 210, Population Council Records, RAC.

판이었다. '사회과학의 토착화^{한국화}'는 한국사회를 실제로 움직이는 힘과 메커니즘을 역사와 문화의 토대 위에서 다시 파악해야 한다는 학술운동의 모습을 띠었다.

그러나 1960~1970년대 학술장의 구도에 대한 이러한 이해는 절반은 옳고 절반은 틀리다. 일반적으로 '문화냉전' 연구는 연구비와 학문 지식의 네트워크가 미국 중심적이었다는 점을 강조하면서 그 수용을 중심에서 주변으로의 일방적이고 비대칭적인 전파로 이해하는 경향이 있다. 그러나 냉전기 미국 민간재단의 연구비 투여와 사회조사 지식의 확산이 오로지 그러한 결과만을 가져온 것은 아니다. 당시 사회조사자들은 미국 민간재단의 주문^{order}에 따라 질문문항을 개발하여 조사대상과 접촉했지만, '현장의 우발성'에 의해 조사를 수정하고 재구성할 수밖에 없었다. 사회조사는 주체들에게 지속적인 피드백을 요구하고 성찰성^{reflexivity}을 자극하는 과정이었다. 이것은 '현장'을 매개로 한 지식의 재구성으로 나아갔다.

이와 동시에, 사회조사는 주체의 변형을 가져오는 사건이기도 했다. 조사를 실시하고 난 뒤 조사자^{주체}는 이전과 달라져 있었다^{practical effects}. 조사 지식의 숙련경험^{tacit knowledge}은 제도화된 학술장에서 주도권^{initiative}을 쥘 수 있게 해주는 무기, 이른바 '상징자본^{symbolic capital, Burdieu}'이 되었다. 이해영 팀은 출산력에 작용하는 사회문화적 변수들을 질문항목^{Questionnaire}에 반영하고 그 척도를 만

들어 측정함으로써 의학계열의 인구학을 비판할 수 있는 지식의
역량과 자원을 확보하였다. 이것이 1965년 출산력조사와 1972년
한국사회학회의 학술대회가 갖는 의미이다.

그렇다면 왜 이러한 '사회조사의 한국화' 기획은 현재 사회학
계에서 기억의 저편으로 망각된 것일까? 첫째, 조사자원의 취약성
을 들 수 있다. 사회학계의 출산력조사는 대안을 마련하는 데에까
지 도달할 정도의 정기적이고 심층적인 조사는 되지 못했다.[23] 그
런 사정은 1972년의 학술대회에서도 언급되고 있다.

논쟁이 발전함에 따라 의사들은 사회학자들에게 비판만 하지 말고
대안을 제시해 달라고 요청했다. 사회학자들은 이번 세미나가 한국의
가족계획이 어디까지 와 있고 앞으로 어떤 방향으로 추진되는 것이 바
람직한가를 사회학적 관점에서 검토해 보자는 것이었지, 그동안 가족계
획에 대한 충분한 연구 끝에 어떤 대안을 갖고 나온 것은 아니라고 해명
했다.한국사회학회, 1972 : 156

---

23 이해영 팀이 1974년에 이천에서 출산력조사를 다시 실시한 점(재조사)은 기억해둘 만한 중
     요한 사건이다.

1973년, 인구협회의 한국 철수로 "연구비fellowship / grant → 훈련된 인력 → 현장조사 → 보고서 출판report publication → 학계의 재생산academy"의 연쇄로 구성된 사회조사의 조립공정assembly이 해체되고 인구연구 분야가 축소된 것도 또 다른 이유일 것이다.

둘째, 당시 사회조사 지식이 권위주의 국가에 의해 장려되고 활용되면서 사회조사에 대한 학문후속세대 연구자들의 심리적 저항과 불신이 커졌던 것도 중요한 이유이다. 국가의 사업추진을 위한 정책연구는 사회조사를 권력의 도구로 전락시키는 경향이 강하다. 독재국가의 경우 이러한 경향은 더 심할 수밖에 없었다.[24] 1970년대 후반에 제기된 사회조사에 대한 비판과 '사회과학의 한국화' 주장의 이면에는 이러한 맥락도 존재했다. 나아가, 마르크스주의 비판학술을 위시하여 1980년대를 풍미한 '사회과학의 당파성' 논의, 그리고 다시 현재까지도 이어지고 있는 사회과학 장場 안에서의 '상징 투쟁'은 본고에서 분석한 이 '사회조사의 한국화' 움직임을 실체 그대로 응시하지 못하게 하는 부정적 힘으로 작용해왔다고 할 수 있다.

오늘날 사회에 대한 측정기법으로 빅데이터 기술이 부상하는 상황 속에서 현장과 결합된 사회조사, 심지어는 전통적인 표본조

---

24   권태환, 「사회조사와 한국 사회학」, 2006(퇴임강연, 미간행원고).

사$^{sampling\ survey}$도 사회과학 안에서 점차 쇠퇴하고 있다. '현장'은 사회과학의 지식생산에서 아예 생략되거나, 오로지 질적 연구의 대상으로서만 회자될 뿐이다. 그렇게 현장은 종언을 고했다. 어떻게 하면 사회과학의 현장을 새롭게 발굴할 수 있을까? 한국의 사회조사의 원풍경이자 원점인 1960~1970년대 출산력조사와 그 담론투쟁에 착목해본 이유는 바로 이 의문에 대한 힌트와 실감을 얻기 위해서이다.

제7장

메커니즘으로서의
'한국적인 것'에 관한 응시

탈식민 / 근대화 여정 속에서의 '한국적인 것'의 추출

가족 연구의 지층

사회의식 조사를 통한
'한국적인 것'의 체계적인 검증

1. 탈식민 / 근대화 여정 속에서의 '한국적인 것'의 추출

한국사회에서 1960년대 후반은 여러 모로 문제적인 시기였고 중요한 기점momentum이었다. 김원은 1967년 무렵 이후 학계 안에서 내재적 발전론적 태도가 '발견'되고 있다고 말한다.김원, 2013 신주백은 한국, 일본, 북한의 역사론-네트워크에서 '내재적 발전'의 태도가 나오기 시작한 것은 1960년대 초반이었고 비록 학계 안에서 소수에 불과했지만, 1960년대 후반이 되면 일정 정도 정식화가 이루어졌다고 보고 있다.신주백, 2014 황병주는 정부와 학계에서 제출된 통치언어이자 비판언어로서의 '근대화 담론'의 궤적을 추적했는데, 그에 따르면 '근대화' 개념과 관련하여 '전통' 개념이 부정적·대조적 뉘앙스에서 점차 긍정적·연속적 뉘앙스로 전환된 것이 마침 1960년대 중반의 일이었다.황병주, 2008 : 3장

이상의 논의를 통해 1960년대 중반을 거치면서 한국사회에서 '전통'의 의미가 변용되고 재해석되고 있었음을 확인할 수 있다. 그 시점은 대체로 한일국교정상화1965 이후로 제1차 경제개발계획 1962~1966의 완료시점과도 맞물려 있다. 종래 근대화를 가로막는 걸림돌로서, 정체성停滯性 일변도로 규정되어 온 한국의 전통 속에서 오히려 근대화에의 계기를 찾아낼 수도 있다는 인식이 점점 부상하고 있었던 것이다. 넓은 의미에서 '한국적인 것'에 대한 진지한

물음이 시도되고 있었던 것인데, 탈식민 사회과학은 이를 가능하게 한 제도적 토대가 되었다.

2. 가족 연구의 지층

1) 탈식민 사회과학과 한국인론, 한국사회론의 출발
최재석의 성격론

1950~1960년대 이래로 한국에서 한국인론 / 한국사회론을 본격적으로 또 지속적으로 전개해온 인물로는 우선 최재석을 꼽을 수 있다. 그는 외부연구비를 일체 거부한 채 학생들과 사회조사 작업을 수행한 것으로도 유명하다.

최재석 교수. 이 양반은 외부기관에서 연구비를 받아서 data collection을 한 것이 아니고. 그런데도 data collection을 많이 했어요. 가족관계. 직접 나가서 조사하고. 그 대신 전부 자비로. (웃음) 학생들. 왜냐하면 연구비를 신청하려면 까다롭잖아요. 스탠다드를 맞춰야 하고. 하고 싶은 것 맘대로 못하고. 시간에 쫓기고. 그러니까 그게 싫다고. 자기 돈으로 소규모 조사. 농촌가족 조사. 다 자비로. case study야, 말하자면. 초기에 우리나라 센서스의 자료 일부를 통계청에서 얻어서 그걸 양적으로 분석해놓은 것도 있어. 그걸 학위논문으로 썼지. 그런 식으로 돈을 받아가지고 안 한다니까. 일체 외부의 용역비를 안 받은 사람이야. 우리나라에 그런 사람도 드물어.김인수, 2015 : 316[1]

'한국적인 것'과 관련하여, 최재석의『한국인의 사회적 성격』1965은 이후로도 한국의 사회과학계에서 두루 회자되는 몇몇 중요한 발견들을 담고 있다. 그는 이 책에서 한국인의 성격을 ① 가족주의, ② 감투지향의식, ③ 상하서열의식, ④ 친소親疏구분의식, ⑤ 공동체지향의식으로 정리했다. 이 책의 부제는 "주로 언어생활의 분석에 의한 접근"이다. 언어의 사회성을 고려할 때, 사회적 성격은 언어생활을 통해 파악할 수 있다는 것이 논의의 출발이다. 비록 이 책의 분석이 사회조사를 토대로 한 것은 아니지만, 그 전후 시기의 사회조사에 대한 그의 천착을 고려할 때 이 책에서 제출된 '직관'들은 사회조사의 직접적인 결과물이거나 사회조사를 준비하는 단계에서의 선험적a priori 지식이었을 개연성이 있다. 그가 연구의 주된 레퍼런스로 삼은 것은 다음과 같다.

---

1   김일철 교수 인터뷰(2014.7.22, 분당 서현역 인근 카페).

David Riesman, "The Lonely Crowd^{고독한 군중}", 1950.

G. Gorer, "The Americans : A Study in National Character^{미국인의 성격}", 1948.

R. Benedict, "The Chrysanthemum and the Sword : Patterns of Japanese Culture^{국화와 칼}", 1946.

E. Fromm, "Escape from Freedom^{자유로부터의 도피}", 1941.

K. Young, "A Handbook of Social Psychology^{사회심리학 핸드북}", 1946.

　최재석의 논의 가운데 '가족주의'에 관한 부분을 살펴보도록 하자.[2] 그는 이 책을 집필하게 된 동기로서, "해방이 된 지 20년이 경과하였고 서구 민주주의가 마치 홍수처럼 밀려들어와 한국이 서구의 제도를 급속히 모방하는데도 불구하고 어째서 한국인의 생활은 그 이전 시대의 삶과 그리 달라진 점이 없는가"라는 물음에 대한 답을 찾기 위해서였다고 토로했다. 그가 착목한 것은 장차 민주주의의 교육장이 되어야 할 가정으로서, 최재석은 그곳이 여전히 전제專

2　최재석은 『韓國人의 社會的 性格-주로 언어생활의 분석에 의한 접근』(1965, 15~16쪽)의 「제1장 가족주의」에서 가족주의를 다음과 같이 정의하고 있다. 첫째, 사회의 구성단위는 집(家)이며, 둘째, 이 집은 어떠한 사회집단보다 중시되며, 셋째, 한 개인은 이 집에서 독립하지 못하고, 넷째, 집안의 인간관계도 자유롭고 평등한 것이 아니라 언제나 상하(上下)의 신분(身分)의 서열에 의하여 이루어지며, 다섯째, 이와 같은 인간은 비단 가족 내에 있어서뿐만 아니라 가족 바깥의 외부사회에까지 확대되는 사회의 조직형태.

制와 예속, 이기와 배타의 단련장이 되고 있는 현실을 개탄했다.

　최재석은 한국사회가 가족 안에서의 인간관계를 사회로까지 확대시켜야 안심하는 사회이며, 이러한 "집가족의 관념은 사회의 모든 집단을 집으로 의식하며 그 집단의 성원의 행동양식이 집에서의 인간관계와 동일하게 이루어지기를 희망하는"최재석, 1965 : 39~40 사회라고 보았다. 그는 공동체로부터 미분화未分化된 개인이 자신의 내면의 목소리보다는 체면으로 불리는 외적인 시선에 민감하다는 점을 언급하면서, 전시戰時 일본 문화연구의 수작으로 꼽히는 『국화와 칼』Benedict, Ruth, 1946의 논의를 빌어, 한국의 문화 역시 일본과 마찬가지로 서양의 '죄의 문화'에 대조되는 '수치의 문화'임에 틀림없다고 단언했다.최재석, 1965 : 162 최재석은 집의 원리가 사회로 확대되면서 자기에게 소위 은혜를 베푼 상위자에 대해서는 그가 어떠한 비합리적 행동을 행하여도 이것을 합리적인 것으로 의식하고 지지하는 행태, 이를 의리로 간주하는 사고가 전면화된다고 평가했다. 그리고 이 속에서 개인은 내면적 자주, 자율정신에 근거한 주의, 주장을 내세울 수 없는 자기를 발견하게 되고, 자신의 평화와 안전도모의 필요상 스스로 개인적 행동의 책임감이 없어져 무사주의無事主義 내지 적당주의適當主義에 빠지게 된다고 경고했다.최재석, 1965 : 183**3**

　전체적으로 최재석의 논의에서는 1960년대 이후 한국에서 '가족주의를 위시하여 위의 다섯 가지 성격들'가 부정적인 뉘앙스를 그대로 유지하면서도 내적인 자기성찰을 불러오는 개념으로서 '재생', '확대'될 수 있었다. 식민지 조선에서 가족주의가 조선사회의 멍에이자 정체성의 근거로 두루 회자되면서 식민지 지식인의 콤플렉스를 자극하던 것과는 사뭇 이채로운 풍경이다.[4] 이를테면, 최재석의 이 모습은 탈식민 이후 '강박으로서의 식민지'로부터 한층 자유로워진 학계의 심정적 여유를 잘 대변한다고 할 수 있다. 탈식민의 새로운 사회에서 '조사를 통해 조사를 극복하고자 하는 의지', 종전까지의 조선학을 국학 / 한국학으로 혁신, 대체하고자 하는 의지가 견지되는 가운데, 한국사회를 돌아보며 스스로 자기 사회의 강점과 약점을 두루 여유롭게 관조할 수 있는 시각이 제출된 것이라고 평가할 수 있다.

이런 속에서, '조선적인 것'에 드리워진 정체성의 흔적 / 콤플렉스는 점차 사라져가고 있었다. 비록 해방 이후 한국이 마주한 새로

---

3   이 부분의 논의는 루스 베네딕트의 일본문화론, 이를테면 사무라이의 '의리'론을 논의한 대목을 연상하게 하고, 다른 한편 마루야마 마사오(丸山真男)가 분석한 바 일본천황제 가족국가론에서의 '억압의 이양', '무책임의 구조'를 떠올리게 한다.

4   식민지 조선에서 가족주의의 문제에 천착하여 이를 '조선적인 것'으로 의미화하거나 이러한 연구경향을 비판적으로 재해석한 인물들로는 조선총독부촉탁 젠쇼 에이스케(善生永助), 경성제국대학 교수 시가타 히로시(四方博), 불교전문학교 교수 김두헌(金斗憲), 연희전문 교수 노동규(盧東奎) 등을 들 수 있다. 이 가운데 젠쇼와 시가타는 관변조선학의 전형적인 모습을 보여주었고 김두헌과 노동규는 한국 사회의 성격을 가족주의로 고착화시키는 데에 대해 비판적인 목소리를 냈다(김인수, 2013b, 95~99쪽).

운 현실이 세계체계 속의 '후진사회'라 할지라도 국가/민족의 노력여하에 따라 언제든 '후진'에서 탈피하여 '선진사회'로 진전해갈 수 있다는 비전이 거기에는 존재했다. 이러한 감각은 새로운 현상으로서 한국사회는 비로소 세계사적인 역사발전의 연속계열 위에 자리하게 된 것이다. '한국적인 것'에 대한 탐문은 이러한 심정적 여유 위에서 진행되었던 것이었다. 그곳은 바야흐로 미국에서 발산된 '미국판 역사유물론', 이를테면 일원론적 세계관으로서의 근대화론Modernization Theory이 득세하게 되는 시간대와 정확히 겹쳐 있었다. 이 속에서 최재석은 다음과 같이 균형 잡힌 시각을 제시했다.

> 한국의 사회적 성격에 관한 것을 설명해왔지만, 이것은 현재에도 변용하고 있는 사회적 성격을 그대로 묘사한 것이 아니라 말하자면 종래의 것을 좀 더 강조해본 것이다. 그렇다고 하여 현재 전통적인 것이 전혀 남아 있지 않다는 것은 아니다. (…중략…) 자기에 대한 객관적인 비판은 발전의 기초가 될 것이다. 자학도 금물이지만 자화자찬도 좋지 않다.최재석, 1965 : 맺음말

2) 사회적으로 확대된 가족주의 김해동의 한국관료제론

다음으로, 행정학자로서 사회조사론에 능통했던 김해동의 작업에서 '한국적인 것'이 어떻게 추출되고 있는지 살펴보자. 그는 최재

석과 마찬가지로 한국의 가족주의를 깊이 숙고했으며, 거기에 독특한 진단을 내리고 있다. 우선 김해동은 한국의 '가족'이 영어 Family와는 상이한 의미를 갖는다고 하면서, 다음의 속성을 열거했다.

① 혈연관계. 가족구성원의 범위는 서양 사람들의 그것에 비해 훨씬 광범하다.

② 가족 의식이 강하고 광범하다. 예)가문, 문중, 집안.

③ 서양은 종가, 큰 집, 작은집 등 개념이 없거나 약하다.

④ 우리나라의 가족구성원의 독립적인 태도는 매우 강하다.

⑤ 서열의식이 강하다.

⑥ 가부장 중심적이다.

그가 가족주의를 연구할 필요성을 언급하는 대목은 최재석과 상당히 비슷한 문제의식을 보여준다. 그는 "1945년 이후 미국의 영향을 받은 우리나라의 젊은 층에 민주주의, 독립성, 합리성, 개인의 권리 등의 가치관이 주입되었고 근자에는 고도의 산업화, 도시화로 인한 핵가족화 경향을 몰고 와서 일견 우리나라의 전통적 가족관계가 일시에 붕괴되는 것 같은 인상마저 주고 있으나, 한국의 가족관계의 실태는 근본적인 가족관계의 패턴은 뿌리 깊이 남아있는 것 같다"는 소회를 표명한다.김해동, 1978 : 95~96

이뿐만이 아니다. 김해동은 한국의 전통적 가족관계가 관료제에도 강하게 영향을 주고 있다고 평가하면서, 예를 들어 강한 권위주의나 서열의식, 할거주의割據主義[5] 의리의식과 능률의 극대화 현상, 상급자에 대한 강한 충성의식, 권한의 집중화현상, 관직사유官職私有 사상 등이 한국의 가족관계에서 강하게 영향을 받은 행태라고 지적하고 있다. 나아가, 능력이나 실력, 노력정도, 성실성 같은 것보다는 직책, 계급, 금전, 가문, 출신 등에 의해 사람을 평가한다고 보았다.김해동, 1978 : 97 요컨대, 행정기관을 하나의 확대된 가족으로 간주하는 행태가 한국 관료사회에서 목격된다는 것이다.

김해동은 가족주의가 현대 관료제에 미친 영향 가운데 긍정적인 부분도 함께 적시하였다. 우선, 가족주의는 법규지상주의, 획일주의적인 관료조직 속의 공식적 인간관계의 벽을 무너뜨리고 무표정한 조직구성원에게 희로애락의 감정을 불어 넣는 장점을 가진다. 비공식채널informal channel을 통한 정보의 교류, 권한의 교환, 업무협조 같은 것은 대단히 효율적이라는 것이다. 다음으로, 가족주의가 내포하고 있는 의리의식은 관료조직의 여러 미흡한 조건

---

5   김해동은 한국사람들에게 공공의식이나 고발의식이 약하다고 보면서 그 근본적인 요인으로 가족주의를 들었다. 한국 사람의 Privacy는, 개인을 중심으로 사고하는 서양과 달리, 가족에 초점화되어 그 울타리 안에서 보장된다는 것이다. 그는 내집단과 외집단의 철저한 구별과 내집단을 절대시하는 경향을 할거주의로 표현하였다(김해동, 1978, 102쪽).

들을 보완하는 역할을 일부 담당한다. 후진국의 관료조직에서, 관료 한 사람 한 사람의 비공식적인 고충급여부족, 출장의 이상과 현실의 차이 등을 비공식적 차원에서 협조함으로써 해결하고 있는데 거기에 모종의 의리의식이 작용한다는 것이다. 이것은 대체로 법규를 어기는 것이고 부정을 저지르는 일이지만, 융통성을 제공하여 한국관료제의 생존에 크게 기여하고 있다고 평가했다.김해동, 1978 : 108

3) 규범으로서의 '근대화'와 거리의 측정 김경동의 마음론

한국의 전통에서 한국인의 태도 / 마음 / 심성을 추출하고 그 속에서 그나마 길어낼 수 있는 것을 찾고자 한 노력은 김경동에 의해 수행되었다. 잘 알려진 바와 같이, 김경동은 록펠러재단 펠로십으로 미국 코넬대학에서 연수를 마치고 1956년에 돌아온 이만갑에게 처음 사회조사방법을 배웠다.김경동, 1964 : 55 그는 미시건대학에 유학하여 1년 만에 석사학위를 마치고 귀국했고, 유학시절 익힌 사회조사와 통계방법론을 기초로 1962년 11월 3일 한국사회학회에서 "최근 사회조사방법의 문제점"이라는 제목의 글을 발표하였다. 김경동은 여기에서 당시 유행하고 있었던 조사방법의 맹목적 수용과 적용을 반성하고 그 문제점을 지적했다.정수복, 2016 : 69

김경동은 "과거의 요소로서 가장 강하다고 볼 수 있는 유교적 사고방식과 생활태도를 오늘날 우리 사회 성원들 속에서 찾아냄으로써 그로 인하여 일어나는 가치의 충돌"을 가려내고 나아가 "새로운 가치지향의 모색에서도 유용한 것과 유해한 것을 지적해줄 수 있을 것"이라고 하면서 유교가 한국의 근대화에 미친 영향을 탐색할 것을 촉구했다.김경동, 1992 : 5 일찍이 그는 1964년 『한국사회학』 제1호에 「태도척도에 의한 유교가치관의 측정」을 발표한 바 있다.

뿐만 아니라, 김경동은 한국인의 성향과 가치지향에 관해 지속적인 관심을 기울였다. 그가 이 부분에 착목한 이유는 국가주도의 경제개발, 근대화로의 동원에서 "과연 국민 쪽에서는 얼마만큼이나 이에 동조, 협력할 정신적인 준비태세readiness를 갖추고 있느냐"김경동, 1992 : p.44를 설명하기 위해서였다. 이를테면, 공업발전의 준비태세로서의 가치관에 대한 관심이었다. 그가 이런 관심 속에 수행한 연구는 다음과 같다.

「관리자와 근로자의 성향과 가치지향」[1967]
「관리자와 근로자의 근로관과 직업관」[1967]
「최고경영자의 가치관」[1967]
「관리자와 근로자의 근로관과 직업관」[1978]
「의식구조의 변화와 사회발전」[1978][6]

6　이 글들은 모두 김경동, 『한국인의 가치관과 사회의식』, 박영사, 1992에 실려 있다.

이 논문들은 모두 그가 수행한 사회의식 조사의 결과를 토대로 한 성과였다. 이를 통해, 한국사회의 속성, 한국인의 의식에 관해 몇몇 인상적인 발견이 이루어졌다. 「관리자와 근로자의 근로관과 직업관」1967에서는 "경제발전에 공헌이 크다고 평가되는 직업 ─ 기사, 광부, 대학교수, 숙련기술자, 직공, 교사 등 ─ 은 사회적 지위 평가에서는 오히려 낮게 평가되고 있는 현상대학교수만 예외"이 나타나 며, 이러한 "심각한 불일치는 산업인력의 질적, 양적 개발에 상당한 문제점으로 고려되어야 한다"김경동, 1992 : 194~195는 결론을 얻었다. 그는 이 연구결과는 한국사회에는 여전히 지식과 학력을 숭상하는 사농공상의 전통적인 직업관이 지배적이라는 사실을 보여준다고 평가하였다. 이러한 태도는 산업화사회로의 진전을 가로막는 것이라고 할 수 있다.

한편, 김경동은 약 10년 뒤의 「의식구조의 변화와 사회발전」1978 이라는 글에서는, "지난 10년 동안의 경제성장을 이룩한 것이 과연 어떤 여건에서 시작되었는가"를 따져보면서 자원과 자본이 결핍된 속에서 "인간요소 (…중략…) 한국사람들은 대체로 성취지향이 강하다는 점"김경동, 1992 : 317에서 찾을 수 있다고 보았다. 그는 지난 10여 년 간의 경제성장의 성과를 제기하면서 "본래 우리나라 사람들은 게으르고 단결력이 적고 숙명적인 태도를 지녔으며 문약하여 상업과 물질을 경시한다는 식의 스테레오타입을 내세운 바 있지만," 이는 전적으로 오류이며 한국인의 강한 성취동기의 바탕은 "전통적으로 높았던 향학교육열"김경동, 1992 : 319이라고 적었다. 이 점은 그에게 '한국적인 것'은 그 내실과 가치평가에서 고착된 것이 아니라 유동적인 역사적 산물로서 인지되고 있었음을 암시한다.[7]

김경동 자신 역시 한국인의 의식과 태도에서의 변화를 의식조사를 통해 계속 관찰하고 있었다. 그는 「도시 중간계급의 경제발전관」1984라는 글에서 사람들의 마음속에 담긴 주관적 요소에 대한 이해가 필요하다고 주장했다. 현재적 관점에서 본다면 대단히 중요하고 시사적인 측면이 있는데, 다름 아니라 그가 이 사회의식 조사를 통해 1980년대 초반 한국의 "도시 중간계급의 사람들이 물질적, 경제적인 것에 대한 관심보다도 비물질적, 비경제적인 차원에서 삶의 질적인 문제와 사회구조적인 쟁점에 대한 관심을 더 짙게 띠기 시작했음"을 확인한 점이다. 김경동은 "욕구와 현실의 격차를 메우고자 하는 동기는 다음에 올 사회경제변동의 자극제"가 되는 한편, "그 간격이 일종의 상대적 박탈감을 조성하여 현실 여건에 대한 불만의 요인으로 작용, 사회적 불안정을 촉진"할 수도 있다고 결론

---

7   김경동은 같은 글에서 '농촌에서의 전통가치관의 변화와 의식의 근대화'라는 도표를 제시했는데, 여기에는 1959년, 1964년, 1977년, 1978년의 조사자료를 시계열화하여 비교하는 수치들이 담겨 있다. 1960년대에 비해 1970년대 한국 농촌의 사회의식이 크게 변화했음을 확인할 수 있다(김경동, 1992, 329쪽).

지었다.김경동, 1992 : 448~450 1987년의 거대한 역사적 변동을 떠올릴 때 매우 의미 있는 관찰이 아닐 수 없다.

　김경동의 연구는 한국인의 사회의식에 대한 조사와 관찰을 통해 그것이 근대화와 산업화에 적합한지를 측정하고자 하는 관심에서 점차 '한국적인 것한국적인 마음, 한국적인 심성'의 심연을 탐구해가는 것으로 전환되었다. 방법상으로 보면, 가치관, 태도, 주관적 요소마음[8]의 측정이라는 점에서 일관성을 가진 것으로 볼 수 있다. 그는 1991년에 발표한 「한국인의 정치의식」에서 한국인의 과잉정치화 현상을 포착하고 그 원인을 분석하였다.김경동, 1992 : 제12장 ① 권력, 지위지향성감투선호의식 ② 자의성과 편법주의부정선거, 쿠데타, 정부번복 등 ③ 권위주의적 특권의식군국주의적·관료주의적 권위주의, '운동권' 대학생의 권위주의적 태도 ④ 연고 중심의 집합주의적 파벌의식연줄, 지연, 학연, 職緣, 가족주의 ⑤ 저항의식도덕성 요구[9] ⑥ 정치적 소외무규범성과 무의미성.

　큰 틀에서 보면, 최재석이 연구비로부터 독립된 '자립적인 조사'를 통해 얻어낸 한국사회에 대한 여러 직관과 통찰'한국적인 것'의 추출이,

---

8　김경동은 경제학자 J. J. Spengler의 글을 인용하면서 스펭글러가 말한 마음의 내용(the content of mind)이 사회학에서 말하는 '의식'과 동일한 것이라고 정리했다. 특히, 동양의 경우 마음(心)은 단순한 이성적 인지작용만이 아니라 정(affection)의 요소도 포괄한다고 보았다. 한국인에게 마음은 머리(mind)와 가슴(heart)이 결합된 용어라는 것이다(김경동, 1992, 487쪽).

9　김경동은 이 저항정신이 민주화에 기여한 점은 인정하지만 그것이 자칫 권위주의적 정체의 경화를 가져올 수 있다고 경고했다(김경동, 1992, 509쪽).

국내외의 굵직굵직한 여러 기금의 지원을 받아 수행된 김경동의 의식조사를 통해 경험적으로empirically 확인되는 모습이 목격된다.

3. 사회의식 조사를 통한 '한국적인 것'의 체계적인 검증

이재열에 따르면, 한국의 조사에서 의식consciousness이라는 말은, 태도attitude, 가치관value, 여론public opinion, 세계관world view, 편견prejudice, 문화culture 등과 종종 혼용되어왔다. 또, 1990년대까지 한국에서 이루어진 사회의식조사는 대부분 시계열적 특징이나, 국제 간 비교가 가능하지 않게 구성되었다는 문제점을 안고 있었고, 이후 이 문제는 점차 개선되었다. 1980년대 전두환 정권이 들어서면서 '사회정화' 슬로건이 제창되었고, 국민의식개혁운동이 진행되었다. 전두환 정권은 국가발전의 장애를 부패의식, 무질서의식, 인플레의식 등의 부정적 의식으로 규정하고, '사회정화'의 차원에서 국민들의 의식수준을 정교하게 측정하려 시도하였다. 여기에 사회과학자들이 참여하면서 한국인의 사회의식에 관한 경험적 연구자료가 축적되기 시작했다. 고영복이 현대사회연구소를 통해 수행한 시계열적 연구들이 그것이다.이재열, 1999 : 2·19~21 한국에서 체계적인 사회의식 조사의 출발이 군사정권의 사회통제 전략과 서로 긴밀하게 맞물려 있었다는 사실을 확인할 수 있다. 비록 군사 정권의 의도 하에 수행된 조사이기는 했지만, 이 조사는 중산층으로 대표되는 국민 일반의 의식을 체계적으로 측정하여 사회변화를 '감지'하는 데에 큰 도움이 되었다. 사회의식의 측정과 관련하여 사회과학 학술의 토대를 만들었다고 평가해도 무방하다.[10]

1) 중산층 의식조사 1980년대의 '전환'과 '변하지 않은 것'의 이중구조

한때 한국인의 높은 주관적 중산층귀속의식은 많은 관심을 받았다. 1983년의 한 자료에 따르면 한국인의 82%가 자신을 중산층이라고 대답하고 있다.[11] 김성국은 이를 '기대수준의 상향'으로 해석했지만, 홍두승은 계급의식의 제한성으로 분석했다.박치현, 2019 : 70 서구와는 다른 경험으로 의미화했다는 점에서는 공통적이다.

1980년대 중반에 이루어진 중산층의식조사는 사회과학의 자료축적에 큰 도움이 되었던 것은 물론 학문의 사회적 기여라는 차원에서 학자들의 자부심을 한층 고양시켰다. 특히, 1986~1987년

---

10   한상진은 자신의 은사인 현대사회연구소의 소장을 맡고 있었던 고영복을 도와 해당 연구소의 연구실장으로 부임했다. 이 기관에 몸담으면서 대대적인 국고지원을 받아 광범위한 자료 수집을 해낼 수 있었고 이를 토대로 중산층 연구, 나아가 중민이론의 제창으로 나아갔다(한상진, 1987, 65~66쪽).

11   「국민생활의 의식조사」, 『중앙일보』, 1983.

간에 두 차례에 걸쳐 실시되었던 중산층의식조사가 그랬다. 주지하는 바와 같이, 1987년의 '6월항쟁'은 한국사회에서 민주화의 상징이자, 민주화의 길을 열고 지탱해간 일대사건이었다. 어떤 하나의 역사적 사건, 그것도 정치적으로 큰 변화를 이루어낸 사건이 일어났을 때, 그것은 갑작스런 발생이기보다는 이미 사회의식의 기층, 기저에서 큰 변화가 있었을 가능성이 농후하다. 서울대학교 사회과학연구소^{사회과학연구원의 전신}에서는 1986년에 국민의식조사를 실시하여, '6월항쟁' 이전에 중산층을 중심으로 사회의식에 이미 큰 변화가 발생하고 있었음을 먼저 간취하였다. 당시 이 연구에는 한완상, 권태환, 홍두승 교수가 참가하였고, 김채윤, 김세원, 정종욱 교수가 자문하였다. 『한국일보』는 그 결과를 단행본으로 펴냈다.[12] 흥미로운 점은 이 조사가 1987년 '6월항쟁' 이전에 실시되었고 그 결과물도 그 이전에 출간되었다는 사실이다. 이 조사연구는 민주화의 사회적 열망이 중산층을 중심으로 들끓고 있었음을 확인하여 '6월항쟁'을 예고하는 역사적 의미를 갖는 연구였다. 말하자면, 1987년 6월항쟁에서의 '넥타이부대'의 출현을 예견한 셈이다. 조사의 배경을 이룬 대략적인 상황적 맥락은 다음과 같다.

---

12   서울대 사회과학연구소, 『한국의 중산층』, 한국일보사, 1987.

한국일보에서 한 것은 사회과학연구소. 김세원 선생이 소장. 한완상, 권태환, 홍두승. 86년에 하고 87년에 또 하고. 공교롭게도 (87년에) 629선 언이 나오고 절묘한 타이밍이었어요. 86년에 1차, 87년에 2차. 마침 한완 상 선생 사회학과 동기가 이문희 편집국장. 김창렬 사장, 이문희 편집국 장, 오인환 부국장. 오인환 씨가 YS 때 공보처장을 했고. 정치부장이 윤국 병. 아웅산 취재했던 사람. 문화부장이 나중에 사장하신 장명수. 끝나고 술을 한 잔 했지.김인수, 2015 : 349[13]

이 조사의 결과 얻어진 몇 가지 발견은 1980년대 후반 이후 1990년대까지 한국사회의 기본속성으로서 인정받아 사회 각계에 서 널리 회자되었다. 우선, 한국사회의 미래에 대한 국민들의 지향 에 관한 것으로서, 그 예를 들면, ① 국민들은 대기업 육성보다는 중소기업 육성을 계속 바랄 것, ② 노동자들의 권익을 위한 노조 활동이 더욱 국민들의 지지를 받게 될 것, ③ 경제성장과 소득증 대가 다소 희생되더라도 공해산업을 금지시켜야 한다는 국민여론 이 고양될 것, ④ 민간주도형 경제정책을 확실하게 지지할 것, ⑤ 언론자유와 기본권을 신장시키는 정치 프로그램을 더욱 지지하게 될 것, ⑥ 안보의제로 기본권유린이 발생한다면 국민적 비판과 저

---

13 홍두승 교수 인터뷰(2014.9.18, 서울대 교수연구실).

항을 강하게 받게 될 것 등이다. 결정적으로 이 조사는 중산층으로 불리는 사회계층, 특히 젊은 미래세대의 지향을 적실하게 파악해냈다.서울대 사회과학연구소, 1987 : 14~15

이때까지 잘 살게 되었고, 미래도 밝게 전망하는 중산층의 고등교육 받은 사람들이 오늘의 현실, 특히 정치적 후진성이라는 현실을 가장 날카롭게 비판한다는 사실이다. 이제까지 중산층 고등교육 받은 사람들은 대체로 안정을 바란다고 생각되기 때문에 보수적 성향을 띨 것으로 생각되었다. 특히 소득이 높은 층은 자동적으로 현실긍정적인 보수성을 띨 것으로 주장되었다. 그런데 이번 조사를 통해 우리는 고소득층, 고등교육 받은 도시인들일수록 명백하게 경제적 안정을 바라긴 하나 정치적 변화를 강력하게 바라고 있음을 확인했다.

저자들은 이러한 성향을 "옆으로부터, 또는 '비스듬히 위로부터의 정치변혁'을 바란다"는 것으로 표현했고, 나아가 '중산층혁명'의 가능성을 타진했다. 특히 한완상은 "이 중산층은 민중과 지배자 사이에 서서 양측을 조정 내지 완충하려는 이른바 '중간층'과는 다르다는 사실"에 주목해야 한다고 말하며, 이들이 "친노조, 친중소기업, 기업독점반대, 반외채, 반공해의 입장을 압도적으로 지지하는 중산층"이라고 주장했다. 그는 "한국의 중산층은 민중의 뜻을 수용하고 대변하며 나아가 그들과 함께 아파할 수 있는 집단이라는 점이 이 조사의 성과"라고 분명한 어조로 밝히고 있다.서울대학교 사회과학연구소, 1987 : 31 자신의 계급적, 계층적 이해관계를 초월하여 민중을 연민하고 공감하는 존재로서의 한국 중산층, 이것은 1980년대의 사회조사사회의식 측정가 찾아낸 대단히 이색적이고도 놀라운 '한국적 고유성singularity'이었다고 할 수 있다.

이후, 서울대학교 사회과학연구소는 백상재단한국일보의 지원을 받아 1987년 5월 4~13일에 걸쳐 중산층 사회의식에 대한 2차조사를 실시하였다. 분석결과는 1987년 12월에 『한국의 중산층 – 전환기의 한국사회 조사자료집』 II로 발행되었는데, 주지하는 바와 같이 조사와 결과물 발표 사이에는 6월항쟁과 7, 8, 9월의 노동자대투쟁이자 중산층과 노동자계급의 이해관계 상충 / 괴리와 이반이라는 사건이 존재하고 있다. 서문에서 조사결과를 요약한 김세원 교수의 언급은 여러 가지 생각할 거리를 던져주고 있다.

> 어떤 정의를 따르더라도 한국사회 내에는 그간 여러 측면에서 변혁과정을 겪으면서 두터운 중산층이 형성되어 왔다는 것을 부인할 수 없다. 그러나 유감스럽게도 이러한 사회적 중간계층의 '생각'이나 '바램'이 표출되지 못한 채 그들이 바라보는 세계와 사회 현실과의 괴리는 더욱 두드러져 왔다. 지난 6월 숨가쁜 긴장 속에서 보낸 순간순간들도 따지고

보면 중산층의 욕구가 일부 표면화될 수 있었던 계기로 볼 수 있다. 이번 조사를 통해 무엇보다도 강하게 드러난 것은 한국 중산층의 특징이라 할 수 있다. 솔직히 말하여 중산층은 급속한 경제성장의 혜택을 받았다고 할 수 있음에도 불구하고 현실 체제에 안주하기 위하여 보수적 성향을 띠거나 중도조정적 입장을 취하지 않는다. 그렇다고 과격하거나 급진적인 변혁도 반대하고 있다.^{한국일보사, 1987 : 서문}

조사를 통해 확인한 중산층은 국내적으로 기본권을 존중하는 민주화를 열망하고 대외적으로는 민족의 자주를 바라는 잠재세력으로 커가고 있는 존재였다. 이들은 절충주의보다는 단호하게 현실을 판별하고 선택하며 민중의 생존권 투쟁에도 각별히 관심을 갖는 존재들이다. 이들은 보수적인 안정세력이 아니고 또 산술평균적 조정과 화해의 역할에 봉사하고자 하는 존재가 아니다. 한국의 중산층은 새 역사를 열 수 있는 힘찬 진보적 세력인 것이다.^{한국일보사, 1987 : 25}

그런데 이 조사를 통해 중산층의 속성, 나아가 한국사회의 고유한 속살이 가시화되기도 했다. 특히, 「중산층의 자화상」에서 "중산층에 대한 견해"라는 장은 중산층 의식의 이중성과 양면성을 고스란히 전달하고 있다.^{한국일보사, 1987 : 12}

중산층에 대한 견해	찬성비율(%)
1. 중산층은 우리 사회의 발전에 큰 기여를 해왔다.	85
2. 점진적인 개혁을 바라지만 급진적인 개혁에는 반대한다.	82
3. 민주화의 중심세력이다.	76
4. 신문이나 TV에 대해 비판적이다.	73
5. 말로는 비판적이지만 행동이 따르지 않는다.	72
6. 기회주의적인 속성이 많다.	47
7. 생활 형편에 걸맞지 않게 지출을 많이 한다.	39
8. 못사는 사람들의 요구에 대해 무관심하다.	36
9. 자기 목적을 이루기 위해서는 수단과 방법을 가리지 않는다.	21

"중산층의 사회의식"이라는 장에서는 보다 구체적인 논의가 전개되었다. "경제성장을 이유로 한 대기업에 대한 정부의 특혜에 대해 약 70%가 대폭 억제되어야 한다고 주장"하고 있는데, 중산층 대다수가 대기업 고용자임을 고려하면 이는 대단히 놀라운 사실인 것이다. 또, "현재의 재산상속 제도에 문제가 있고 재산상속을 대폭 줄여야 한다는 데 대해 약 60%가 찬성하고 있는데, 이것은 비교적 비판적인 견해가 적은 것"이다. "'우리나라와 같은 자본주의 국가에서는 근로자가 가난하게 살 수밖에 없다'는 의견에 45%가 동의"하고 있는 것 역시 고도성장 자본주의의 산물인 중산층이 자본주의의 모순을 비판하고 있다는 점에서 대단히 독특한 인식임에 틀림없다. 특히, 저자들은 한국의 중산층이 "빈부격차에 민감한 반응을 보이면서도 절대적 빈곤을 지적한 경우는 5%에 머물고 있다는 점"에서 "중산층이 절대적 빈곤에서 벗어나 있다는 사실" 이상으로 "강한 평등주의적 성향을 갖고 있음을 시사"한다

고 평가했는데,한국일보사, 1987 : 14~16 한국의 사회과학계에서 이 평등주의 성향은 현재까지도 한국사회의 고유한 심성, 또는 '제2의 자연'으로까지 인식되고 있다.송호근, 2006

2) '가족자본'과 그 양면효과[14]

(1) 생존주의적 가족주의

김동춘은 가족주의를 고정되거나 고착된 개념이 아니라 주어진 역사적, 사회적 조건에 의해 규정된, 변화하는 개념으로서 재정의한다. 김동춘은 한국전쟁을 거치면서 전통적 가족주의와 다른 새로운 가족주의, 이른바 부정적 가족주의Negative Familism가 출현했다고 본다.

식민지를 겪고 전쟁을 거치면서 가족주의의 부정적인 측면만이 더욱 강하게 착근하게 되었다. 전통적 가족주의는 개인을 가족의 굴레로부터 해방시킨 근대화의 물결, 그리고 그러한 개인들을 극히 불투명하고 불안정한 상황으로 내몬 전쟁이라는 상황 속에서 새로운 모습으로 변형되었다.김동춘, 1999 : 313

---

14   이 부분은 김인수·이상직, 「가족주의」, 한국학중앙연구원 편, 『한국학 학술용어』, 한국학중앙연구원출판부, 2020의 일부를 대폭 수정, 보완한 것이다.

유교적 가족중심주의가 현대의 가족주의로 변용된 것은 자본주의화 과정에서 혈연집단, 지연집단을 대체할 수 있는 시민공동체가 형성되지 않았던 것이 주된 원인이라고 볼 수 있지만, 일제의 억압적인 지배체제의 체험, 한국전쟁 당시의 사회혼동과 불안 등 정치적 경험, 자본주의 체제 속에서의 생존경쟁을 겪으면서 공권력의 권위가 붕괴하고 사회적 신뢰가 무너진 상태에서 피해의식을 가진 인간들이 유일한 근거지인 가족의 사사로운 이익에만 매달리게 된 결과라 볼 수 있다.김동춘, 1999 : 109[15]

하용출 역시 현대 한국의 가족주의는 전통으로부터 연원한 것이라기보다는 생존위기와 신뢰의 부족 속에서 생겨난 생존주의survivalism의 강력한 도구라고 본다. 그는 이를 신가족주의Neo-familism라고 명명하였다.

현대 한국인의 가족이기주의는 전통 고유의 가족주의에서 연유한 것이라기보다 외세에 의한 생존위기와 전화戰禍에 의한 신뢰부재의 상태에 맞딱뜨린 한국인들이 생존전략을 강구하다보니 어쩔 수 없이 가까운 사람에게 믿고 의지할 수밖에 없는 상황에서 배태된 신가족주의Neo-familism이다.Ha Yong-chool, 1995

(2) 의제가족주의와 공사혼용

의제가족주의는 가족이 공사公私의 구분 없이 두 영역의 핵심원리로 작동하는 현상을 지칭한다. 그것은 국가와 기업과 일상생활 모두를 규제하는 원리인 것이다.

의제가족주의란 "가족이 아닌 사회의 영역을 마치 가족처럼 간주하여 가족 내에서 통용되는 원리를 적용시키는 것"을 의미하며, 그 하위범주로서 ① 국가가족주의국가를 확대된 가족으로 생각, ② 경영가족주의기업을 가족집단처럼 생각, ③ 연고가족주의직장과 일상생활에서 마주치는 모든 인간관계를 형님-아우 관계로 환원를 들 수 있다.이승환, 2004 : 48[16]

이 의제가족주의는 모든 공적인 것의 부재, 또는 공사의 혼용에 의해 시민의식을 약화시키고 사회적 이슈의 공공화, 또는 공공적 해결을 제약한다. 그 결과, 공적인 제도와 조직에 대한 신뢰의 부재가 양산된다.

---

15 후쿠야마는 저신뢰사회(low-trust society)에서 가족, 가족가치가 사회적 자본(social capital)의 역할을 한다고 주장했다(Fukuyama, 1995).

16 국가가족주의, 경영가족주의, 연고가족주의에 대한 설명도 이승환의 글(2004, 51~ 52쪽)이 상세하다.

가족주의 논리에 따르면 가족이 있고 난 다음에 다른 모든 인간관계와 조직이 있다. 그러한 가족주의는 시민의식의 부재를 가져와 사적 이익을 넘어선 공익과 공공성에 대한 생각을 거세한다. 가족주의는 가족 구성원의 안전과 복지와 이해관계만을 생각하는 공공윤리의 부재상태를 만든다. 가족주의가 강한 곳에서는 가족을 넘어서 공동으로 주어진 문제를 해결하려는 의식도 미약하다.^{정수복, 2007 : 123~124}

가족주의가 비판을 받는 이유는 가족 내 인간관계를 사회적으로 확대하는 경우 가족주의가 가족이기주의, 집단이기주의, 연고주의와 정실주의와 같은 양상으로 나타나고 있으며, 이 모든 현상의 저류에는 사私, 즉 가족, 집단과 파당을 공公에 앞세우는 태도가 공통적으로 흐르고 있기 때문이다.^{김동춘, 2002 : 97}[17]

(3) 가족자유주의—가족주의와 생존, 사회재생산, 사회복지

가족자유주의는 한국사회의 사회복지와 사회재생산에서 관찰되는, 국가 및 사회가 응당 감당했어야할 사회재생산의 역할을 국가/사회의 취약성으로 인해 가족제도가 벌충해왔던 현상, 그리고 경제위기와 양극화를 거치면서 그 가족자원family as a resource이

---

[17]   조한혜정 역시 이러한 관점에서 '가족집단주의'라는 개념을 제안했다(조한혜정, 「가족윤리 — 공리적 가족집단주의와 도덕적 개인주의」, 『현대사회와 가족』, 아산사회복지사업단, 1986).

더 이상 작동하지 않고 있는 현상을 지칭하기 위해 고안된 개념이다. 장경섭은 현재 한국사회가 겪고 있는 저출산고령화, 다시 말해 '사회재생산의 위기'의 원인이 이 가족자유주의에서 발원하고 있다고 진단한다.

가족자유주의는 가족이 경제생산economic production과 사회재생산social reproduction을 포괄적으로 관장하며 소속 개인은 가족을 매개로 국가 및 시장경제와 관계를 맺는 사회체계라고 할 수 있다. 그리고 한국의 개발자본주의 질서 하에서 이미 개발국가에 의해 야기된 경제생산과 사회재생산 관계의 종속, 위계성을 가족이 스스로의 선택에 의해 확대재생산시킨 것으로서 궁극적으로 다른 사회들과 비교하기 힘든 차원의 사회재생산 위기가 전개되고 있다. 이러한 사회재생산 위기는 초저출산 추세에 따른 '인구절벽' 가능성으로 회자되지만, 궁극적으로 농민, 노동자 계급의 인적 충원이 불가능해지는 일종의 '계급절벽' 가능성으로도 바라볼 수 있다.장경섭, 2018 : 192~193**18**

가족자유주의가 강화된 사회에서 일, 주거, 교육, 부양, 보호 등 사회재생산과 관련된 제반 영역은 가족적 자조self-help의 영역으로 전화轉化된다. 가족자유주의는 비단 한국사회만이 아니라, 체제전환 이후의 동유럽 사회주의 사회, 2008년 금융위기 이후의 미국

사회 등, 자본주의 재생산양식의 한 역사적 양태로서 보편적으로 관찰되는 현상이다.

대다수 탈사회주의 사회들은 인민들로 하여금 일과 복지를 가족적 자조self-help를 통해 관리, 해결하도록 요구하는 체제전환 정책들을 통해 결과적으로 가족자유주의적 성격을 갖게 되었다. 더욱 최근에는, 이른바 탈산업화 시대에 접어든 구미의 전형적인 개인자유주의 사회들, 특히 2008년 금융위기 이후의 미국은 중산층과 빈곤층을 아우르며 일, 주거, 교육, 부양, 보호 문제를 가족 간 의존과 지원을 통해 해결하려고 절박하게 애쓰는 가운데 가족자유주의적 성격이 강화되고 있음이 대중매체의 반복적 보도로 전해지고 있다. (…중략…) 가족자유주의는 가족이 경제생산과 사회재생산을 포괄적으로 관장하며 소속 개인은 가족을 매개로 국가 및 시장경제와 관계를 맺는 사회체계라고 볼 수 있다.장경섭, 2018 : 194~195

---

18   장경섭은 가족의 생존을 위한 전략적 선택으로서 '가족자유주의'와 쌍을 이루는 개념으로서 국가전략으로서의 개발자유주의를 들고 있다. 그 요소는 ① 사회정책의 탈정치화, 기술관료화, 개발주의적 착종, ② 사회정책 대상주체들의 개발주의적 포섭, ③ 국가-자본의 기업가적 결합과 국가의 노자관계에 대한 직접적 개입, ④ 사회권(혹은 사회적 시민권)의 가족주의적 재설정, ⑤ 복지다원주의와 시민권 부정이다(장경섭, 2018, 199쪽). 장경섭은 이러한 논의를 종합하여, 『내일의 종언? - 가족자유주의와 사회재생산 위기』(집문당, 2018)을 펴냈다.

가족자유주의는 국가와 사회가 가진 공적 역할의 후퇴를 '위험의 가족화familialization of risks'를 통해 벌충하는 성격을 가진다. 그것은 '가족 피로family fatigue' 현상을 전면화시킨다.

'한국적인 것'은 대중의 호기심을 자극하는 동시에 학계에서도 크게 주목을 받으며 다루어진 주제이다. 최근에는 한국의 국가 위상이 고양됨에 따라 한류韓流는 물론 '한국적인 것'의 규명에 대한 대중적 갈증은 커졌고, 학계 역시 이에 부응하여 나름의 대답을 내놓아야 하는 상황에 처했다. 본 연구는 '한국적인 것'을 사회조사라는 경험적 사회과학의 영역에서 검증해보고자 한 시도였다.

이 책은 식민지기의 '조선적인 것'과 해방 이후 '한국적인 것' 간의 지시물의 차이, 담론장에서의 재구성 과정에 대한 분석김경일, 2020의 연장선상에 자리하고, 1950~1960년대 한국의 아카데믹 사회학의 출현과 그 계보를 다룬 최근의 연구정수복, 2022를 비판적으로 보완하는 성격을 갖는다. 사회조사는 사회 현실을 객관적으로 추출하고 정리하는 실천이지만, 이와 동시에 역사적·사회적 맥락성을 강하게 띨 수밖에 없는 일종의 재현representation이라는 것이 본 연구의 문제의식이다. 본 연구를 통해 '한국적인 것'이 사회조사라는 경성사회과학硬性社會科學의 자장 안에서 발견, 발굴, 재현되고, 다시 사회과학 지식생산의 방향을 이끌어가는 과정을 확인해볼 수 있었다.

제1장은 해방 이후 사회조사가 자리했던 딜레마적 상황과 그

안에서 진행된 지식실천에 관한 것이다. 조선인으로서는 실행할 수 없었던 현장에 대한 조사를 한국인이 되어 처음으로 실행할 수 있었다는 역사적 사실, 이때 사회조사를 수행한 한국인은 조사의 주도권을 갖지 못한 채 특정한 목적을 위해 기금을 출연하고 사회조사 학술을 훈련시킨 미국의 각 재단에 종속될 수밖에 없었다는 사실, 그럼에도 불구하고 사회조사를 해가는 과정에서 현장과의 마찰과 이로부터의 자각이 움틀 수밖에 없었다는 사실을 확인했다. 이 상황을 일러 일종의 '신식민지적 상황'이라고 부를 수 있을지는 모르겠지만, '한국적인 것'이 한국인에게 의식되고 발견되는 역사적·사회적 맥락은 이러한 명명을 빼고는 온전히 이해되기 어렵다. 일본의 제국주의가 양산한 식민지 지식의 압박에서 벗어나 자신이 거^居하는 사회의 현실을 새롭게 응시하고 분석한다는 희망에 들뜬 지식인들이 필연적으로 미국의 돈과 학술이라는 자원 resources 없이는 이 과업을 수행할 수 없음을 직감하게 되는 아이러니가 그 장을 가득 채우고 있었던 셈이다. 그나마 미국의 학술을 기초로 사회조사를 수행했던 한국의 사회과학자들의 눈앞에 한국사회라는 현장은 매우 이질적이고 납득하기 어려운, 위화감의 장소로 융기했고, 이를 정직하게 응시하며 고민과 분투 속에서 방법론을 벼려내고 새롭게 분석의 틀과 단위를 고안해간 지식인들이 그 자리에 존재했다는 사실을 확인했다. 본 연구는 이들이 자신의 눈으로 발굴하고 식별해간 '한국적인 것'의 흔적을 그들의 후예의 자격으로 궁구窮究해본 소박한 시도일 따름이다.

제2장에서는 1950~1960년대 한국사회학과 인류학에서 중요한 연구대상이었던 촌락사회 연구의 경향들에 대해 고찰했다. 초기 한국사회과학의 주된 문제 관심은 농촌문제와 인구문제였다. 그것은 당시 한국사회가 지닌 내실, 이른바 '후진사회'와 '전환기사회'의 속성이 지식실천에도 그대로 투영되어 나타난 일이다. 사회조사의 실행자들이 농촌과 인구를 탐색한 결과 만나게 된 것은, 해방 이후 농지개혁1950으로 대표되는 균均의 정치적 상상이 한국전쟁을 거치면서 전통적인 신분의 해체 및 신분 의식의 탈각과 맞물려 주조해낸 거대한 소농사회였고, 또 이 안에서 다시 연줄과 (현재의 능력주의로 귀결될) 교육에 몰두해간 고독한 주체들의 사회였다. 이러한 속성이 과연 '후진사회' 일반, 또는 '전환기사회' 일반의 것인지 아니면 한국사회만의 고유한 것인지, 그리고 그것이 이후 한국사회에 미친 영향이 무엇인지는 추후 별도의 연구를 통해 해명해야 할 주제라고 할 것이다. 다만, 이것이 1950~1960년대의 사회조사를 통해 추출된 '한국적인 것'의 한 양태라는 점만큼은 부정할 수 없다.

우리는 이어서 1960년대 한국의 촌락사회를 연구했던 빈센트 브란트와 한상복이라는 두 명의 초기 인류학자들의 작업에 주목

하며 그 특성을 파악하고자 했다. 두 명의 연구자를 선택한 이유
는, 미국 출신으로 1960년대 중반 한국의 농촌 사회를 현지 조사
했던 빈센트 브란트와 한국의 1세대 인류학자로서 강원도 산촌에
대한 연구로부터 어촌, 그리고 농촌으로 연구대상지를 확장했던
한상복이 각각 당시 한국사회의 촌락에서 한국적인 것을 발견하
고자 했던 바깥으로부터의 시선과 토착적인 시선을 대표하는 학
자로 간주할 수 있다고 생각했기 때문이다.

   빈센트 브란트의 연구는 한국사회의 이중모델을 통한 한국문
화의 유형을 파악하는 데 초점이 맞춰졌다. 씨족 vs. 사회공동체,
농업 vs. 어업, 위계조직 vs. 평등주의, 혈통적 지위 vs. 개인의 카리
스마, 공식적 vs. 비공식적, 유교적 가족의례 vs. 무속·정령숭배는
한국사회를 이해하는 전통적인 이원적 모델이자, 근대화라는 변
화의 흐름 속에서 그 위상의 변화를 추적하는 작업을 통해 전통과
근대가 혼재해 있는 과도기 상태의 사회의 모습, 나아가 미래의 변
화를 예측할 수 있다는 점에서 많은 인류학자들이 친숙하게 사용
해온 모델이다. 브란트의 작업은 흔히 이러한 이원론적 모델을 한
국사회의 고유한 전통, 즉 한국적인 것이라는 불변의 이념형으로
설정해버리는 초기의 인문학적 연구에서 벗어나, 인간의 행위와
가치에서 나타나는 법칙성이나 발현적 속성의 패턴, 그리고 서구
적 근대화라는 정치경제적, 그리고 사회적 변화에 따른 모델 내부

의 변화를 추적한 초기 인류학적 연구라는 점에서 그 의의가 있다.

한편 한상복의 연구는 농촌 촌락이 아닌, 산촌과 어촌이라는 당시 거의 주목을 받지 못했던 촌락사회에 대한 연구를 통해, 기존의 한국사회의 모델에서 벗어나는 예외적인 문화적 양상을 생태학적·문화적 적응이라는 관점에서 포착해내고 있다는 점에서 흥미로운 작업이다. 더구나 한상복은 자신의 초기 연구가 진행됐던 1960년대로부터 50여 년의 세월이 흐른 2010~2020년대 자신이 연구했던 지역들을 재방문해 추가 조사하면서, 그 변화상까지 추적하는 일련의 연구 작업을 수행해냈다는 점, 그리고 질문지법과 참여관찰을 병행했던 초기 인류학의 연구조사 방법론까지 제시해주고 있다는 점에서 연구사적으로도 그 가치를 높이 평가할 수 있을 것이다.

하지만 이렇듯 촌락을 중요한 연구대상으로 설정하면서도 왜 한국사회의 실체를 규명하는 가장 중요한 단위가 촌락인가, 그리고 촌락이란 무엇인가에 대한 물음이 초기의 두 인류학자 모두에게 결여되어 있었다는 것은 아쉬움으로 남는다. 제3장부터 제5장까지는 한국사회에 대한 이념형을 모색해왔던 초기 사회학 / 인류학의 조사에 대한 리뷰를 통해 위의 물음을 해명하기 위한 장이다.

제3장에서는 특히 한국사회 연구의 가장 중요한 단위인 종족 lineage과 촌락, 즉 마을village이라는 연구대상에 대한 관심들이 어떻

게 형성되었는지를 계보학적으로 검토하고자 했다. 잘 알려진 것처럼 '종족'은 아프리카 사회를 연구했던 초기 인류학자들이 가장 관심을 가졌던 대상으로, 단계출계집단, 즉 UDG 모델은 초기 인류학의 중요한 연구 단위였다. 하지만 아프리카와 같은 소규모 단순사회가 아닌, 비교적 중앙집권적 정치제도가 오랫동안 존속해왔고 이질적 요소들이 혼재하는 복합사회인 중국이나 한국과 같은 아시아의 사회에서도 종족이 오랫동안 중요한 정치 단위로 기능하고 있는 상황은 이 지역을 연구하는 인류학자들에게 흥미로운 연구 질문을 제공해왔다.

이러한 전제 아래 제3장에서는 조선의 향촌 사회의 역사적 형성 과정과 식민지시기 일제라는 새로운 통치기구의 등장과 함께 재편되는 향촌 사회의 질서에서 종족의 위상에 주목해온 역사학적 연구들에 대한 리뷰로부터 시작해서, 1945년 해방 이후 근대화의 물결 아래 점차 촌락사회의 기존 질서가 붕괴되는 과정에서 전통적 질서의 핵심적 담지자였던 종족이 어떻게 변화하고 적응해가는지에 주목한 인류학적 연구들에 대한 리뷰를 통해 사회구조의 변화에 따른 종족조직의 적응을 통시적으로 추적하고자 했다. 근대화와 함께 전통사회의 질서가 붕괴되면서 전통사회의 단위들도 해체될 수밖에 없을 거라는 일반적인 시각과 달리, 현대 사회에서 종족과 같은 전통적 조직이 새롭게 적응해가는 양상에 대한 세밀한 민족지적 작업은 현대 한국사회에서 한국적인 것의 의미를 검토하는 우리의 연구주제를 해명하는데 많은 도움이 되었다.

제4장 '한국 '마을' 연구의 초기 경향을 통해 본 '마을' 개념의 계보학적 탐구'는 앞서 2장의 마지막에 제기된 물음인 왜 한국사회의 실체를 규명하는 가장 중요한 단위가 촌락인가, 다시 말해, 1960년대부터 본격적으로 시작된 농촌에 대한 인류학·사회학적 연구에서 '촌락', '부락', '마을', '공동체' 혹은 '지역사회'라는 연구단위가 어떻게 형성되었는가라는 물음에 대한 답을 찾기 위한 일환으로, 식민지기 경성제국대학에서 연구했던 스즈키 에이타로의 작업을 비판적으로 검토한 장이다. 일본 농촌사회학의 권위자로서 스즈키 에이타로는 이미 일본 농촌 사회 분석을 위한 하나의 모델로서 '자연촌'이라는 개념을 제시한 바 있었다.

그의 작업이 갖는 연구사적 의의는 무엇보다도 자연촌이라는 모델을 통해 한국사회를 분석하는 과정에서 자연촌 모델로는 설명할 수 없는 한국사회의 독특한 차별성에 주목했다는 것이다. 즉 자연촌과 유사한 단위인 '구동리' 외에도 한국사회에 뿌리 내린 유교문화와 동족조직, 유림의 존재, 그리고 군郡의 사회적 통일성에 주목했던 그의 작업은 조선의 해방과 함께 비교적 짧은 시간에 끝나고 말았지만, 그가 남긴 학문적 유산은 이후 미국의 사회과학을 '현교'로서 도입한 한국 학계에서 일종의 '밀교'로서 유지되었다는 것이 우리들의 결론이다. 하지만 현교와 밀교의 이중구조는 결코 오랫동안 지속될 수 없다. 왜냐하면 '밀교'는 그 본성상 숨겨진 것이기 때문에 학문 1세대에게는 그 이중구조가 긴장관계를 유지하며 지속될 수 있지만, 시간이 흐르면서 밀교는 현교에 의해 장악되며, 동시에 밀교의 기원 자체가 망각되기 때문이다. 이 글은 그 기원을 다시 거슬러 올라가는 작업이자 동시에 공동체 및 마을에 대한 최근의 한국과 일본의 연구에서 스즈키의 논의가 다시금 소환되는 양상에 주목하면서 한국적인 것이란 무엇인가라는 질문을 다시 던지는 포스트식민주의적 연구라고도 할 수 있을 것이다.

　제5장에서는 한국적인 것이란 무엇인가, 혹은 한국문화의 진수를 어디서 찾을 수 있는가 라는 물음이 나올 때 종종 거론되는 '무속巫俗'에 대한 한국 인류학의 다양한 연구들을 시계열적으로 리뷰하면서, '무속'이라는 이념형ideal type의 정립 및, 그 앎knowledge의 식민지적 기원, 그리고 무속에 대한 새로운 시각들을 검토했다. 한국문화의 원형으로 종종 언급되는 무속에 대한 앎이 실제로는 식민지기 일본의 학자들에 의해 만들어진 것이라는 사실은 최근의 많은 포스트식민주의적 연구들에 의해 밝혀진 바 있다. 이러한 지식사회학적 연구들은 지식 형성의 이데올로기적 기반에 대한 성찰 없이 무비판적으로 이전 연구들을 답습해온 기존 민속학에 대한 철저한 비판적 성격을 갖는다. 나아가 이전의 연구들이 무속의 문

화체계로서의 측면에 주로 초점을 맞춰 이루어졌다면, 최근의 연구들은 현대 한국사회에서 무속이라는 종교의 실천적 함의에 주목하는 경향을 보이고 있다. 이 장에서는 관련 연구들을 리뷰하면서, 한국사회에서 무속이 갖는 다양한 모습들을 조명하고자 했다.

제6장은 1960년대 한국에서 인구협회Population Council의 후원으로 진행된 세 차례의 출산력조사 — 양재모연구팀1962, 권이혁연구팀1964, 이해영연구팀1965 — 의 실태를 방법론 내적인 차원에서 비교, 검토해본 것이다. 의사그룹을 중심으로 정리해온 최근의 인구학 연구사의 흐름을 비판하고, 사회학적 인구 연구의 문제의식과 그들이 온당히 차지해야 할 몫을 되찾아주려는 시도였다. 특히, 서울대 사회학과의 이해영 교수가 주도한 경기도 이천지역의 출산력조사1965와 1972년에 한국사회학회가 "한국 가족계획 연구 활동의 사회학적 평가"라는 제목으로 주최한 학술대회를 중심으로 1960년대와 1970년대에 걸쳐 이루어진 한국 인구연구의 사회학적 전환을 재조명했다. 1960년대 출산력조사의 학문적 토대미국 학계와의 결합과 동조화, 현장에서 조사를 실행하는 행위자들의 내적 변화'현장의 피드백'과 각성, 그리고 사회조사를 해보면서 알게 된 암묵지식tacit knowledge을 통해 의사집단 주도의 출산력조사에 대한 도전제도적 자원의 경쟁을 분석했다. 결론적으로, 이들의 문제의식을 '사회조사의 한국화'로 정리했다. 덧붙여, 사회(과)학 분야에서 이러한 '사회조사

의 한국화' 시도와 인구연구의 사회학적 전환이라는 유산이 잊혀진 이유를 몇 가지 잠정적인 시나리오를 통해 가늠해보았다.

마지막 장인 제7장은 한국의 사회과학 지식집단이 한국의 경제성장과 정치민주화의 여정 속에서 자의식과 자신감을 확보하면서, 종래 근대화를 가로막는 걸림돌이자 정체성停滯性의 상징처럼 여겨온 한국의 전통 속에서 오히려 근대화에의 계기를 찾아낼 수도 있다는 인식을 하게 되었다는 과감한 가설을 제시하고, '한국적인 것'에 대한 진지한 물음이 시도되고 있었던 시대를 응시했다. 이때 '한국적인 것'은 한국사회의 속성인 동시에, 나아가 한국사회의 질서를 재생산해가는 메커니즘에 가까운 것이었다. 대표적인 사례로서, 가족주의와 중산층 의식을 들었다. 이 두 가지는 한국사회를 활력 있는 곳으로 만들고 사회 골격의 모든 것을 주조해온 동력이자, 어느 순간부터는 한국사회의 전망을 어둡게 만드는 부정적 요소로 전화하고 있다. 말하자면 이것들은 한국사회의 화이트홀white hole이자 블랙홀black hole인 셈이다. '한국적인 것'에 대한 사회과학으로부터의 응답이 사회를 움직이는 메커니즘의 발견과 그것이 가져온 일종의 반전irony에 대한 주목이라면, 가족주의와 중산층 의식은 앞으로도 우리 학계가 깊이, 또 처절하게 부여잡고 연구해가야 할 중요한 소재라고 할 수 있겠다. 후속 연구가 활발히 이루어지길 기대한다.

참고문헌

1차 자료

The Rockefeller Archive Center (RAC. Sleepy Hollow, New York, U.S.A.) materials.

한국사회과학자료원(KOSSDA) 아카이빙 자료 (https://kossda.snu.ac.kr).

2차 문헌

강신표, 「최근 사회학과 한국」, 서울대 사회학과 연구실, 『사회학보』 제1집, 1958.

강원택·이내영, 『한국인, 우리는 누구인가—여론조사를 통해 본 한국인의 정체성』, 동아시아연구원, 2011.

강준만, 『한국현대사산책 1950년대편』 3권, 인물과사상사, 2004.

고영복·김대환, 「농촌에서 있어서의 가족계획사업에 대한 분석 및 평가」, 한국사회학회, 『한국 가족계획 연구활동의 사회학적 평가』, 1972.

고황경 외, 『한국 농촌가족의 연구』. 서울대 출판부, 1963.

구해근, 「한국의 산업화와 계급 연구에 대한 자전적 성찰」, 석현호·유석춘 편, 『현대 한국사회 성격논쟁—식민지, 계급, 인격윤리』, 전통과현대, 2001.

국정홍보처, 『한국인의 의식·가치관 조사』, 2006.

기어츠 클리포드, 문옥표 역, 『문화의 해석』, 까치, 1998.

권보드래·천정환, 『1960년을 묻다—박정희 시대의 문화정치와 지성』, 천년의상상, 2012.

권태환, 〈사회조사와 한국사회학〉(퇴임강연, 미간행원고), 2006.

김경동, 「최근 사회조사방법의 문제」, 『합동논문집』(계명대, 서울여대, 숭실대, 대전대), 1964.

_____, 『한국인의 가치관과 사회의식』, 박영사, 1992.

_____, 「한국사회학의 아이덴티티문제」, 서울대 사회과학연구원, 『한국사회과학』 제27권 제1·2호, 2005.

_____·이온죽, 『사회조사 연구방법』, 박영사, 1986.

김경일, 『한국의 근대 형상과 한국학—비교 역사의 시각』, 한국학중앙연구원출판부, 2020.

김광억, 「촌락사회의 변화와 정치구조의 성격」, 『삼불 김원룡 교수 정년퇴임 기념논총』, 일지사, 1987.

_____, 「문화공동체와 지방정치─씨족의 구조를 중심으로」, 『한국문화인류학』 25, 1991.

_____, 「전통적 관계의 현대적 실천」, 『한국문화인류학』 33(2), 2000.

_____, 「문화공동체와 지방정치─씨족의 구조를 중심으로」, 『한국문화인류학』 25, 1991.

김동춘, 「가족이기주의」, 『역사비평』 통권 47호, 1999.

_____, 「유교와 한국의 가족주의─가족주의는 유교적 가치의 산물인가?」, 『경제와 사회』 제55호, 2002.

_____, 『한국인의 에너지, 가족주의』, 피어나, 2020.

김성례, 「무속전통의 담론분석─해체와 전망」, 『한국문화인류학』 22, 1990.

김성철, 「종족과 사회─한국과 중국의 비교」, 『비교문화연구』, 서울대 비교문화연구소, 1997.

김유동, 「농촌사회의 문화변동과 정치적 갈등에 관한 연구─지도자의 역할을 중심으로」, 『한국문화인류학』 21, 1989.

김영미, 『동원과 저항─해방 전후 서울의 주민사회사』, 푸른역사, 2009.

김원, 「1960년대 냉전의 시간과 뒤틀린 주체─시민의 시간과 민족의 시간」, 『서강인문논총』 38, 2013.

김인수, 「범주와 정치」, 일본사학회, 『일본역사연구』 제38호, 2013a.

_____, 「총력전기 식민지 조선의 사회과학 비판─인정식의 비교에 관한 소고」, 고려대 아세아문제연구소, 『아세아연구』 56(4), 2013b.

_____, 『서울대학교 사회발전연구소 50년사─1965~2015』, 한울아카데미, 2015.

_____, 「농석 이해영의 사회학」, 한국사회학회, 『한국사회학』 50권 제4호, 2016.

_____, 「한국의 초기 사회학과 '아연회의'(1965)」, 국제한국문학문화학회, 『사이間 SAI』 22, 2017.

_____, 「냉전과 지식정치」, 동북아역사재단, 『동북아역사논총』 61호, 2018.

김인수·이상직, 「가족주의」, 한국학중앙연구원, 『한국학 학술용어』, 한국학중앙연구원출판부, 2020.

김진균, 『한국의 사회현실과 학문의 과제』, 문화과학사, 1997.

김택규, 『씨족부락의 구조연구』, 일조각, 1979.

김필동, 「경성제국대학의 사회학 교육—제도와 사람들(1926~1945)」, 『사회와 역사』 127, 2020,

김해동, 「관료행태와 가족주의」, 『한국행정학보』 12, 1978.

나카네 지에, 양현혜 역, 『일본사회의 인간관계』, 소화, 1999.

대한가족계획협회 편, 『가협30년사』, 대한가족계획협회, 1991.

라투르 브뤼노, 황희숙 역, 『젊은 과학의 전선』, 아카넷; [원저] Latour, Bruno, *Science in Action*(1987), Harvard Univ Press, 2016.

로살도 레나토, 권숙인 역, 『문화와 진리』, 아카넷; [원저] Rosaldo, Renato, *Culture & Truth : The Remaking of social analysis : with a new introduction*(1993), Boston : Beacon Press, 2000.

메리 루이스 프랫, 김남혁 역, 『제국의 시선—여행기와 문화 횡단』, 현실문화연구, 2015.

문옥표, 「한국의 인류학—한 개인의 관점」, 한상복 선생님 기념논총, 『한국문화인류학의 理論과 實踐』, 소화, 2000.

미야지마 히로시, 노영구 역, 『양반—역사적 실체를 찾아서』, 강, 1996.

바바 호미 K., 나병철 역, 『문화의 위치』, 소명출판; [원저] Bhabha, Homi, K., *The Location of Culture*(1994), London; New York : Routledge, 2002.

박명규·서호철, 『식민권력과 통계』, 서울대 출판부, 2003.

박자영, 「문중조직의 성격과 그 변화에 관한 연구—위토의 경영을 중심으로」, 서울대 석사논문, 1991.

박지영, 「제국의 생명력—경성제국대학 의학부 위생학예방의학교실의 인구통계 연구」, 서울대 박사논문, 2019.

배은경, 「한국사회 출산조절의 역사적 과정과 젠더」, 서울대 박사논문, 2004.

부르디외 피에르, 김현경 역, 『언어와 상징권력』, 나남, [원저] Bourdieu, Pierre, *Langage et Pouvoir Symbolique*(2001), Contemporary French Fiction, 2014.

브란트 빈센트, 김지영·강정석 역, 『한국에서 보낸 나날들—인류학자 빈센트 브란트 박사의 마을현지 조사 회고록』, 국사편찬위원회, 2011.

손창섭, 「미해결의 장」, 『손창섭단편전집』 1, 가람기획, 2005.

송호근, 『한국의 평등주의, 그 마음의 습관』, 삼성경제연구소, 2006.

서울대 사회과학연구소, 『전환기의 한국사회—국민의식조사자료집』(조사기간:1986.12.2 ~12), 1987.

서울대 언론정보연구소, 『서울대학교 언론정보연구소 50년사 1963~2013』, 한길사, 2013.

스키너 윌리엄, 양필승 역, 『중국의 전통시장』, 신서원, 2000.

신용하, 「한국사회학의 발전과 방향」, 『서울대학교 사회과학논문집』 제1집, 1976.

신주백, 「관점과 태도로서 '內在的 發展'의 形成과 1960년대 동북아시아의 知的 네트워크」, 『한국사연구』 164, 2014.

아오키 다모쓰, 최경국 역, 『일본문화론의 변용』, 소화, 2003.

안승택, 「식민지조선의 근대농법과 재래농법—경기남부 논밭병행영농의 환경·기술·역사에 대한 인류학적 연구」, 서울대 인류학과 박사학위논문, 2007.

_____, 「한 현대농촌일기에 나타난 촌락사회의 契 형성과 공동체 원리」, 『농촌사회』 24-1, 2014.

양재모, 「사랑의 빛만 지고」, 큐라인, 2001.

양춘, 「韓國 社會學發展小考」, 서울대 석사논문, 1967.

월러스틴 이마누엘, 이수훈 역, 『사회과학의 개방』, 당대, 1996.

유명기, 「동족집단의 구조에 관한 연구」, 『인류학논집』 3, 1977.

윤해동, 「일제하 촌락재편정책」, 역사문제연구소 편, 『사회사로 보는 우리 역사의 7가지 풍경』, 역사비평사, 1999.

이광규, 『한국가족의 사회인류학』, 집문당, 1997.

이동헌, 「해제—한 인류학자의 한국 농촌 현지 조사와 25년 후의 회고」, 빈센트 S. R.

브란트,『한국에서 보낸 나날들』, 국사편찬위원회, 2011.

이만갑, 「미국사회학의 발전−사회조사방법을 중심으로」, 서울대 문리과대학 학예부,『문리대학보』6권 제1호, 1958a.

_____, 「사회조사방법에 대한 그릇된 견해」, 서울대 문리과대학 사회학과 연구실,『사회학보』제1집, 1958b.

_____,『한국농촌의 사회구조』, 재단법인 한국연구도서관, 1960.

_____, 「한국사회과학 연구방법의 현황」, 한국사회과학연구협의회 · 유네스코한국위원회,『한국사회과학의 토착화−연구방법을 중심으로』, 유네스코한국위원회, 1979.

_____,『삶의 뒤안길에서』, 세계일보사, 2004.

_____, 「농촌사회의 구조와 변화」, 한국사회과학연구소 편,『한국사회론』, 1980.

_____, 「지역사회의 사회적 분석」,『한국농촌사회연구』, 다락원, 1981[1964].

_____, 「농촌사회의 어제와 오늘」,『한국농촌사회연구』, 다락원, 1981[1965].

_____ · 김영모, 「도시 가족계획연구사업의 평가」, 한국사회학회,『한국 가족계획 연구활동의 사회학적 평가』, 1972.

이봉범, 「냉전과 원조, 원조시대 냉전문화 구축의 역동성−1950~1960년대 미국 민간재단의 원조와 한국문화」,『한국학연구』제39집, 2015.

이상백 · 김채윤,『韓國社會階層研究−社會階層의 豫備的 調査』, 민조사, 1966.

이승환, 「한국 '가족주의'의 의미와 기원, 그리고 변화가능성」,『유교사상문화연구』20, 2004.

이시은, 「1950년대 학술장의 재편과 문학의 '학(學)'적 체계화」, 연세대 박사논문, 2011.

이영진, 「제국의 시선들 사이에서−19세기 말 조선의 문명 담론과 근대성 문제에 대한 일 고찰」,『비교문화연구』22⑴, 2016.

이영훈, 「18 · 19세기 大渚里의 身分構成과 自治秩序」, 안병직 · 이영훈 편,『맛질의 농민들』, 일조각, 2001.

_____,『한국경제사』1 · 2, 일조각, 2016.

이영훈, 『대한민국 이야기-〈해방전후사의 재인식〉 강의』, 기파랑, 2007.

이하나, 『국가와 영화-1950~1960년대 '대한민국'의 문화 재건과 영화』, 혜안, 2013.

이해영·권태환 편, 『한국사회 인구와 발전』 제1권, 서울대 출판부, 1978.

_____·김진균, 「한국 가족계획사업의 회고와 전망」, 한국사회학회, 『한국 가족계획 연구활동의 사회학적 평가』, 1972.

이해준, 「朝鮮後期 村落構造變化의 背景」, 서울대 한국문화연구소, 1993.

_____, 『조선시기 촌락사회사』, 민족문화사, 1996.

이효재, 「출산행위의 사회학적 요인」, 한국사회학회, 『한국 가족계획 연구활동의 사회학적 평가』 1972.

_____·이동원, 「도시 빈민가족문제 및 가족계획에 관한 연구」, 『이화여대 여성자원개발연구소 연구총서』 제2호, 1972.

임희섭, 「'근대적 태도와 출산행위'에 대한 평가」, 한국사회학회, 『한국 가족계획 연구활동의 사회학적 평가』, 1972.

자넬리 로저, 임돈희·김성철 역, 『조상의례와 한국사회』, 일조각.

장경섭, 「가족자유주의와 한국사회-사회재생산 위기의 미시정치경제적 해석」 (2018), 『사회와 이론』 제32집, 2000.

장덕진 편, 서울대 사회발전연구소 기획, 『압축성장의 고고학』, 한울아카데미.

정문영, 「광주 오월행사의 사회적 기원-의례를 통한 지방의 역사 읽기」, 서울대 인류학과 석사논문, 1999.

정승모, 「향촌사회 지배세력의 형성과 조직화과정」(1989), 『第十九回東洋學學術會議 講演抄』, 檀國大學校 東洋學研究所, 2015.

_____, 「동족촌락의 형성배경」, 『정신문화연구』 16권 제4호, 1993.

_____, 「鄕村社會와 地方文化」, 비교문화연구소, 2001.

정일준, 「해방 이후 문화제국주의와 미국 유학생」, 『역사비평』 15, 1991.

_____, 「미국의 냉전문화정치와 한국인 '친구 만들기'-1950~1960년대 미공보원 (USIS)의 조직과 활동을 중심으로」, 학술단체협의회 편, 『우리 학문 속의 미

국』, 한울, 2003.

정수복, 『한국인의 문화적 문법』, 생각의 나무, 2007.

_____, 『아카데믹 사회학의 계보학』, 푸른역사, 2022.

정진영, 「조선후기 동성촌락의 형성과 발달」, 역사문제연구소 편, 『사회사로 보는 우리 역사의 7가지 풍경』, 역사비평사, 1999.

_____, 「조선후기 동성촌락의 형성과 발달」, 역사문제연구소 편, 『사회사로 보는 우리 역사의 7가지 풍경』, 역사비평사, 1999.

조강희, 「문중조직의 연속과 변화−상주지역 한 문중의 사례를 중심으로」, 『한국문화인류학』 21, 1989.

조옥라, 「인류학적 관점으로 본 한국농촌부락 연구」, 『한국문화인류학』 13, 1981a.

_____, 「현대 농민사회와 양반」, 『진단학보』 52, 1981b.

_____, 「현대농촌마을의 계층구성에 관한 일고찰」, 『삼불 김원룡 교수 정년퇴임 기념 논총』, 일지사, 1987.

조은주, 『가족과 통치』, 창비, 2018.

존 리, 이윤청 역, 『한없는 한−남한의 경제발전과 정치적 민주화』, 소명출판, 2022.

최길성, 『한국민간신앙연구』, 계명대 출판부, 1989.

최명 외편, 『사회조사 10년, 1979~1988』, 서울대 사회과학연구소, 1989.

최문환, 「사회학」, 유네스코 한국위원회, 『유네스코한국총람』, 1957.

최석영, 「한국 '巫俗' 연구사 서술상의 문제점」, 『비교민속학』 11, 1994.

_____, 『일제의 동화이데올로기의 창출』, 서경문화사, 1997.

최재석, 『韓國人의 社會的 性格−주로 언어생활의 분석에 의한 접근』, 민조사, 1965.

_____, 「동족집단의 구조와 기능」, 『민족문화연구』 2, 1966.

_____, 『한국농촌사회사연구』, 일지사, 1975.

_____, 「산업화와 문중조직−경북 경산군 용성면 곡란동 〈소암문중〉의 사례」, 『교육논총』 13, 고려대 대학원, 1983.

최정운, 『지식국가론』, 삼성출판사, 1992.

_____, 『지식국가론』, 이조, 2016.

최정운, 『한국인의 탄생』, 미지북스, 2013.

_____, 『한국인의 발견』, 미지북스, 2016.

푸코 미셸, 이규현 역, 『말과 사물』, 민음사, 2012.

프리드만 모리스, 김광억 역, 『東南部 中國의 宗族組織』, 일조각, 1996.

한국보건사회연구원 편, 「인구정책 30년」, 한국보건사회연구원, 1991.

한국사회과학연구협의회·유네스코한국위원회 편, 『한국사회과학의 토착화−연구
　　　방법을 중심으로』, 유네스코한국위원회, 1979.

한국사회학회, 『한국 가족계획 연구활동의 사회학적 평가』, 1972.

한국인구학회, 『인구대사전』, 통계청, 2016.

한국일보사, 『한국의 중산층−전환기의 한국사회 조사자료집』 II, 1987.

한건수, 「친족체계의 실천적 이해」, 『비교문화연구』 제6집 2호, 2000.

한상복, 「소흑산 가거도 기행」, 『新思潮』 9, 1963.

_____, 「한국 산간촌락의 연구−강원도 태백산맥 중의 2개 산촌에 관한 구조적 분
　　　석」, 『사회학논총』 1, 1964.

_____, 『평창 두메산골 50년−다시 찾은 봉산리와 용산리』, 눈빛, 2011.

_____, 『가거도 어민생활의 연속과 변화 1963~2017』, 대한민국학술원, 2017.

한상진, 『민중의 사회학적 인식』, 문학과지성사, 1987.

한봉석, 「1950년대 말 농촌 지도의 한 사례−지역사회개발사업 현지 지도원의 활동
　　　을 중심으로」, 『역사문제연구』 19, 2008.

허은, 「1950년대 후반 지역사회개발사업과 미국의 한국 농촌사회 개편 구상」, 『한국
　　　사학보』 17, 2004.

_____, 『냉전과 새마을−동아시아 냉전의 연쇄와 분단국가체제』, 창비, 2022.

황병주, 「박정희 체제의 지배담론−근대화 담론을 중심으로」, 한양대 박사논문,
　　　2008.

황성모, 「사회과학의 토착화에 대하여」, 한국사회과학연구소 편, 『현대사회과학방법
　　　론』, 민음사, 1977.

헨더슨 그레고리, 박행웅·이종삼 역, 『소용돌이의 한국정치』, 한울아카데미, 2000.

Anderson Benedict, *Imagined Communities : Reflections on the origin and spread of nationalism*, London : Verso, 1991.

Bakhtin M., "Rabelais and His World, tr. H. Tswolsky", Cambridge : MIT Press, 1968.

Brandt Vincent S. R., *A Korean Village : Between Farm and Sea*, Cambridge Mass : Harvard University press, 1972.

Brandt Vincent S. R · Mangap Lee, "Community Development in the Republic of Korea", eds. Ronald Dore and Zoë Mars, *Community Development : Comparative Case Studies in India, the Republic of Korea, and Tanzania*, London : Croom Helm, 1981.

Brandt Vincent S. R. · Man-gap Lee, eds. Ronald Dore · Zoe Mars, "Community development : comparative case studies in India, the Republic of Korea, Mexico and Tanzania", London : Croom Helm, 1981.

Cumings Bruce, *The Origins of the Korean War : libreration and the emergence of separate regimes 1945~1947*, Princeton : Princeton University Press, 1981.

Foucault Michel, ed. and trans. Colin Gordon, *Power/Knowledge : Selected Interviews and Other Writings, 1972~1977*. Pantheon Books, 1980.

Fukuyama Francis, *Trust : The Social Values and the Creation of Prosperity*, New York : Simon & Schuster, 1995.

Hacking Ian, "Making up People", eds. Heller, T. Et.al. *Reconstructing Individualism : Autonomy, Individuality, and the Self in Western Thought*, Stanford University Press, 1986.

Ha Yong-chool, "Colonialism, Neo-familism, and Rationality", Sowha, 1995.

Han Sang-Bok, *Korean Fishermen : Ecological Adaption in Three Communities*, SNU Press, 1977.

Hobsbawm E. · Ranger, T. ed, *The Invention of tradition*, New York : Cambridge University Press : 1983.

Janelli, R. M. · Janelli D. Y., "Lineage Organization and Social Differentiation in Korea", *Man* 13, 1978.

Kendall Laurel, *Shamans, Housewives, and Other Restless Spirits : Women in Korean Ritual Life*, University of Hawaii Press, 1985.

Kim In-soo, "Tacit Knowledge and the Sociological Turn in Population Studies in Korea in the 1960s and 1970s", *Korea Journal* 63(2), 2023.

Kim Kwang-ok, "History, Power, Culture, and Anthropology in Korea : Toward a New Paradigm for Korean Studies", *Korea Journal* 40(1), 2000.

Ortner Sherry B., "Theory in Anthropology Since the Sixties", Nicholas B. Dirks · Geoff Eley · Sherry B. Ortner ed. *Culture/Power/History*, Princeton Univ Press(1993), 1984.

Osgood Cornelius, *The Korean and Their Culture*, New York : Ronald Press, 1951.

Watson James, *Inequality among Brothers* : *Class and Kinship in Southern China*, Cambride : Cambridge University Press, 1985.

赤松智城·秋葉隆, 『朝鮮巫俗の研究』, 大阪屋號書店, 1938.

秋葉隆, 『朝鮮巫俗の現地研究』, 奈良 : 養德社, 1950.

岡崎文規, "出産力調査結果の概説," 『人口問題研究』 1(7), 1940.

川合隆男, 『近代日本における社会調査の軌跡』, 恒星社厚生閣, 2004.

久野収·鶴見俊輔, 『現代日本の思想－その五つの渦』, 東京 : 岩波書店, 1956.

喜多野清一, "鈴木農村社会学における村と家," 『鈴木栄太郎著作撰集 Ⅱ－日本農村社会学原理』 下, 東京 : 未来社, 1968.

佐藤健二, 『社会調査史のリテラシー』, 東京 : 新曜社, 2011.

鈴木栄太郎, "朝鮮の農村," 『鈴木栄太郎著作撰集 Ⅴ－朝鮮農村社会の研究』, 東京 : 未来社, 1973[1943a].

_____, "朝鮮の農村社会集団について," 『鈴木栄太郎著作撰集 Ⅴ－朝鮮農村社会の研究』, 東京 : 未来社, 1973[1943b].

鈴木栄太郎, "朝鮮農村社会瞥見記," 『鈴木栄太郎著作撰集 Ⅴ－朝鮮農村社会の研究』, 東京 : 未来社, 1973[1943c].

鈴木栄太郎,『朝鮮農村社会踏査記』,『鈴木栄太郎著作撰集Ⅴ-朝鮮農村社会の研究』,東京:未来社, 1973[1944].

嶋陸奥彦, "韓国農村における地縁的社会単位(自然村/自然部落)再考,"『東北人類学論壇』8(1-21), 2009.

田中耕一·荻野昌弘,『社会調査と権力』,京都:世界思想社, 2007.

朝鮮總督官房調査課,「都市出産力調査結果報告」第一報,『朝鮮總督府調査月報』15巻8·9號, 1944a.

─────────,「農村出産力調査結果報告」第一報,『朝鮮總督府調査月報』15巻9號, 1944b.

本田洋, "村はどこへいった-『朝鮮農村踏査記』と韓国農村共同体論の位相,"『韓国朝鮮文化研究第十号』, 2007.

牧野巽, "朝鮮の自然村を中心にして,"『鈴木栄太郎著作撰集Ⅴ-朝鮮農村社会の研究』,東京:未来社, 1973.

松田利彦, "志賀潔とロックフェラー財団-京城帝国大学医学部長時代の植民地朝鮮の医療衛生改革構想を中心に,"『植民地帝国日本における知と権力』,思文閣出版, 2019.

水島治夫,『朝鮮住民の生命表』,京城:近澤書店, 1938.

村山智順,『朝鮮の鬼神』,朝鮮總督府-調査資料 第二十五輯, 1929.

───────,『朝鮮の巫覡』調査資料 第三六輯, 朝鮮總督府, 1932.

───────,『朝鮮の類似宗教』,朝鮮總督府-調査資料 第四十二輯, 1935.